绩优企业
| 是这样炼成的 |

中小企业运营技巧最佳方案

ZHONGXIAO QIYE
YUNYING JIQIAO
ZUIJIA FANGAN

岱 沁 / 编著

内蒙古人民出版社

图书在版编目(CIP)数据

绩优企业是这样炼成的. 中小企业运营技巧最佳方案/岱沁编著. -- 呼和浩特：内蒙古人民出版社，2022.10
ISBN 978-7-204-17228-3

Ⅰ. ①绩… Ⅱ. ①岱… Ⅲ. ①中小企业-运营管理 Ⅳ. ①F272

中国版本图书馆 CIP 数据核字(2022)第 151789 号

绩优企业是这样炼成的：中小企业运营技巧最佳方案

编　　著	岱　沁
图书策划	石金莲
责任编辑	晓　峰　　王丽燕
封面设计	宋双成
出版发行	内蒙古人民出版社
地　　址	呼和浩特市新城区中山东路 8 号波士名人国际 B 座 5 层
印　　刷	呼和浩特市圣堂彩印有限责任公司
开　　本	710mm×1000mm　1/16
印　　张	22.5
字　　数	400 千
版　　次	2022 年 10 月第 1 版
印　　次	2023 年 4 月第 1 次印刷
印　　数	1—2000 册
书　　号	ISBN 978-7-204-17228-3
定　　价	38.00 元

如发现印装质量问题，请与我社联系。联系电话：(0471)3946173　3946120

前　言

中小企业是实施大众创业、万众创新的重要载体，在增加就业、促进经济增长、科技创新与社会和谐稳定等方面具有不可替代的作用，对国民经济和社会发展具有重要的战略意义。

中小企业运营与管理传统上是以制造业或者更确切地说是以机械制造业为背景的，随着数字工业化社会的到来和服务经济与服务管理研究的发展，它也越来越多地引入了服务于生产运营管理的内容。传统运营管理的概念局限于生产管理，认为它是管理过程是一种加工转换的过程。根据不同的生产目的，对生产系统投入不同的生产要素，通过生产系统的加工转换过程，最后生产出各种满足人们不同需要的产品。

本书关于中小企业运营管理的概念，与传统的企业运营与管理概念有所不同，认为它是由一系列相互关联、连续进行并贯穿于企业管理全过程中的经营管理活动所构成。这些活动包含人财物、供产销等经营活动过程中的计划、组织、领导、控制等管理职能。

企业的发展实际上很多时候是一种偶然，寻找到一个市场机会，企业就诞生了。出于一种必然，任何一个企业需要逐步经历诞生、成长壮大、发展高峰、业务回落、再次发展（或者退出市场或转换生存方式：并购别人或者被别人并购）的整个过程。而实质上对企业家来说，在这个过程中如何甄别市场机会、把握企业战略、合理调配企业的人财物等资源都会影响企业的发展状况。企业运营和管理其实就是在这样循环和变化中进行的，一个优秀的企业家和创业者必然应该知道在每个阶段如何合理地运营与管理自己的企业，从而使企业健康地发展，获取更多市场机会以发展和强大自己的企业。

本书将现代管理的前沿理论与企业管理实践相结合，帮助企业管理者了解企业由小到大的整个发展过程及在企业发展的各个不同阶段可能面临的问题，同时从管理学的角度去分析和研究问题产生的原因，将遍布在管理领域的各方面的知识综合起来，结合大量的案例编撰而成。

本书力图通过比较完整的理论阐述和丰富的案例分析为广大中小企业的健康发展贡献自己的绵薄之力，并竭力从理论和实践两个方面提供解决方案。

中小企业是推动国民经济发展，构造市场经济主体，促进社会稳定的基础力量。特别是当前，在确保国民经济适度增长、缓解就业压力、实现科教兴国、优化经济结构等方面，均发挥着越来越重要的作用。真诚希望本书能对我国民营中小企业的发展有所裨益，真诚希望中国大地能早日出现世界级的中小企业。

本书能够顺利在一年多的时间里编写完成，离不开诸多学者和创作伙伴的精心协作和努力。在这里要特别感谢徐凤敏、陈镭丹、贾瑞山、晶晶、李元秀、秦宇超、邓颖，感谢你们的努力与付出。在此付梓之际，一并向你们表示衷心感谢！

编　者

2022 年 5 月

目 录

第一章 创办中小型企业的运营与管理·· 1
　　创办中小型企业的成长规律··· 2
　　创办初期企业的营销管理··· 8
　　创办初期企业的财务管理·· 14
　　创办初期企业的人力资源管理··· 19
　　创办初期企业文化建设·· 24

第二章 中小型企业的战略管理·· 35
　　企业战略管理概述··· 36
　　中小型企业战略管理·· 40
　　中小型企业战略的制定及实施··· 45
　　我国中小型企业战略管理实践··· 56

第三章 中小型企业的人力资源管理··· 65
　　中小型企业的人力资源管理特点··· 66
　　中小型企业工作分析·· 68
　　中小型企业人员招募与甄选··· 72
　　中小型企业培训系统·· 81
　　中小型企业绩效管理·· 84
　　中小型企业薪酬管理·· 89
　　我国中小型企业人力资源管理现状及对策···································· 93

第四章 中小型企业财务管理··· 99
　　中小型企业财务管理的概述·· 100

中小型企业财务管理原则 ………………………………… 112
　　中小型企业财务环境分析 ………………………………… 120
　　中小型企业财务管理内容 ………………………………… 122
　　我国中小型企业财务管理现状及解决措施 ……………… 132

第五章　中小型企业的营销管理 ……………………………… 141
　　中小型企业营销管理的基本原理 ………………………… 142
　　中小型企业营销管理产品策略 …………………………… 146
　　中小型企业营销管理定价策略 …………………………… 157
　　中小型企业营销管理渠道策略 …………………………… 161
　　中小型企业营销管理促销策略 …………………………… 168
　　我国中小型企业营销管理问题分析 ……………………… 174

第六章　企业战略定位 ………………………………………… 179
　　企业战略定位概述 ………………………………………… 180
　　企业战略定位的相关理论 ………………………………… 186
　　营销战略定位 ……………………………………………… 191
　　市场战略定位 ……………………………………………… 194
　　产品战略定位 ……………………………………………… 197
　　企业战略定位误区 ………………………………………… 201

第七章　中小型企业风险及控制 ……………………………… 209
　　民营企业与市场营销风险 ………………………………… 210
　　民营企业的市场风险控制 ………………………………… 215

第八章　中小型企业转型战略 ………………………………… 229
　　企业转型的目的与意义 …………………………………… 230
　　企业转型遵循的原则 ……………………………………… 233
　　企业转型时机的选择 ……………………………………… 235
　　企业业务转型的路径 ……………………………………… 243

第九章　中小型企业的资本运营 ……………………………… 261
　　资本运营的组织环境 ……………………………………… 262
　　资本运营的法律环境 ……………………………………… 270
　　资本市场 …………………………………………………… 274

资本运营机制……284

第十章 中小型企业的信用管理与控制……299
  中小型企业信用管理与控制概述……300
  中小型企业信用评级……310
  中小型企业信用管理与控制内容……328
  中小型企业信用体系的建立……342

第一章

创办中小型企业的运营与管理

小企业虽然不如大企业的技术力量雄厚,但小企业常常是各攻一门专业技术和一种系列产品,不搞小而全,使其产品专业化、精尖化。"船小不到大海中去同大船相争捕鱼,而是在小河里捕捞大鱼",这是小企业能在市场上占有一席之地、赖以生存和发展的诀窍之一。

创办中小型企业的成长规律

创业者通常将企业的成长视为一个很难把握的过程,而对创业过程和相应的初创企业的生命周期的研究,为我们提供了有益的解决思路。当一个企业从种子期、初创期过渡到发展期、成熟期时,企业的组织和管理系统日益成熟化、系统化、正规化,组织文化随着业务和人员的发展固化到员工的行为和思想中,并最终形成统一的价值观和理念,业务领域的竞争位势也随之越来越巩固。

初创企业生命周期与企业成长阶段

1. 初创企业生命周期

创业生命周期理论认为初创企业是一个生命的有机体,因而是一个从诞生、成长、壮大、衰退直到死亡的过程。从最初创意的诞生到最终企业死亡的全部过程成为创业的生命周期。

创业的生命周期分为种子期、初创期、发展期和成熟期,如图 1-1 所示。

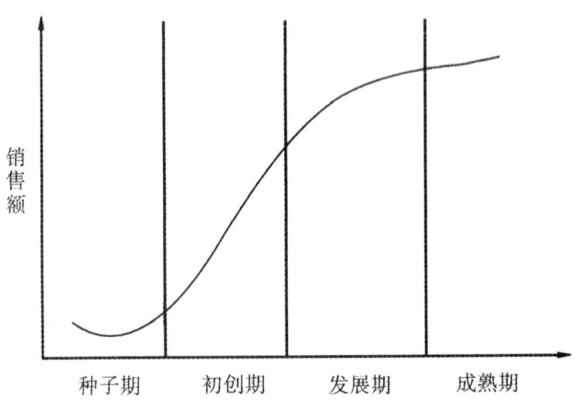

图 1-1 创业生命周期

（1）种子期

这一时期初创企业没成为现实，仍然是停留在创业者头脑中的创意或者机会，创业者殚精竭虑的是合理评价商业机会、构建独有的商业模式、招募合适的企业核心人员，获取足够的有形和无形资源。此时，企业的技术或某一高新技术产品正处于酝酿和发展阶段，还远远谈不上商品化和市场规模，更不涉及组织结构，企业只是几个志同道合创业者组成的创业团队，进行相关技术的研究开发和前期的准备活动。一旦时机成熟，创业者就可以正式创立企业。

（2）初创期

初创期是创业遇到的第一个挑战。这一阶段新产品的雏形已经产生，组织结构初步形成。此时的组织结构简单，创业者必须处理几乎所有的事务。由于缺乏良好的运作机制和充裕的资金支持，大量的初创企业不能赢得足够的顾客以获得企业生存必需的现金流。当企业的资金枯竭时，创业者只能选择出售企业或者选择破产，只有那些在这一阶段能够赢得足够顾客的企业才能进入下一个阶段。

（3）发展期

经过初创期，步入发展期的创业者可能稍微感到轻松。如果对这一阶段的发展掉以轻心，企业仍然可能遭受重大的打击，甚至破产。处于这一阶段的企业初步摆脱了生存困扰，开始考虑赢利。此时的组织规模开始膨胀，创业者初步尝到了发展的甜头。下一步要持续创新，要应对新出现的竞争者。面对层出不穷的问题，创业者需要考虑建立一套合理的管理制度来应对企业迅速的扩张。

（4）成熟期

随着企业逐步发展壮大，企业开始步入成熟期。企业的核心产品已在市场上占有较大份额，赢利剧增，技术风险、市场风险大大降低，管理成本增大。这一阶段的企业往往会出现阻止创新的惰性和障碍。创业者需要考虑如何保持企业的竞争力，从公司战略的角度看，进行多元化经营管理是创业者面临的主要问题。尽管企业正如日中天般蓬勃发展，然而，经营中存在的潜在风险和管理者发生的失当举措，使企业呈现衰退的端倪。

2. 创办初期企业成长阶段

创办初期企业的成长阶段是指在新创企业建立之后，成为成熟企业之间的这段区间，因此，初创期、发展期和成熟期这三个阶段是讨论的对象。初创期的企业自新创企业成立开始，能够用产品或者服务来满足目标市场的需求，业务初步稳定。进入发展期，企业基本摆脱了生存问题并开始考虑如何赢利，整合各种资源实现企业的快速成长。在迅猛增长的发展期的某一时刻，企业认识到变革的必要性，公司不再单独依靠增加人力、物力、财力来应对发展的需要，开展各种形式的组织建设工作，旨在使新创企业的组织机体更健康发育，从而能够更长远地应对各种变化。这时，新创企业便进入了规范期。

对于创业生命周期与创办初期企业成长阶段的关系，如图1-2所示。

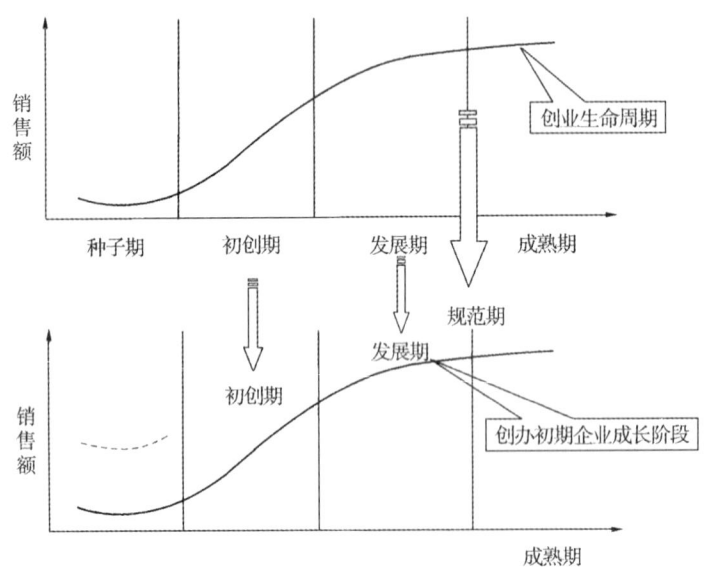

图1-2 创业生命周期与创办初期企业成长阶段

图1-2描述了创办初期企业成长的各个阶段、企业发展在各个阶段中的关键性问题、通常企业在各阶段的大致规模。

表1-1体了现创办初期企业不同成长阶段和规模。

表 1-1

成长阶段	关键发展领域	企业规模（销售收入）/万美元	
		生产型企业	服务型企业
初创期	识别市场、开发商品	小于 100	小于 30
发展期	获取资源、开发运营体系	100~1000	30~330
规范期	建立管理系统	1000~10000	330~3300

创办初期企业与管理规范企业的区别

当企业从一个成长阶段发展到另一个阶段时，它会出现多种变化。创办初期企业和规范的企业之间有本质的区别。前者往往表现为不规范、系统不完善，特征是自由精神主宰。后者则更加规范，具有完善的系统，并且为其专业化的、以利润为导向的经营管理方法而自豪。两种企业类型各有优劣，关键在于要在企业成长的不同阶段运用适当的方法。

创办初期，企业在向管理规范转型的过程中不可避免地要丧失一些东西。不过，在这个过程中有所失也必有所得。企业的管理风格如果超出了它的基础架构和管理风格，就必须转型。不能做到这一点，就会出现一系列的问题。

创办初期的企业和管理规范的企业之间的最重要区别体现在以下 9 个关键方面：利润、计划、组织、控制、管理培训、预算制定、创新、领导风格和文化。表 1-2 概括了在每一个关键领域中管理规范企业区别于创办初期企业的主要特征。

1. 利润

创办初期企业虽然追求利润，但利润却不是它的明确目标。企业家愿意加大投入或牺牲暂时利润来换取未来更大的发展。而在管理规范的企业中，利润是明确的计划目标而不是多余的钱或年底剩下多少算多少。

2. 计划

许多创办初期的企业即使有计划也只存在于企业家的脑子里。相反，管理规范的企业具有规范的书面经营计划。制订计划成为运营中的一种常态：企业开始着手设计战略规划（它要成为什么），同时设计公司各层次的运营计划。除了制订战略规划，运营计划和财务预算以外，还要制订出应急计划。非规范的、表面的、不正式的计划被定期的计划所取代。

表1-2 创办初期企业与管理规范企业的对比

关键成果	创办初期的企业	管理规范的企业
利润	把利润视为副产品	以利润为导向,把利润作为是一种明确的目标
计划	不规范、非正式的计划	规范的、系统化的计划过程: 战略规划 运费规划 应急规划
组织	职位重叠、职责不明	规范的、明确的角色描述,每一角色都是互斥的,分工专业化
控制	局部的非正式的控制;很少使用规范的评估	规范的、有计划地组织控制系统,包括明确的目标、目的、措施、评估和奖励
管理培训	非正式的培训,主要是在岗培训	有计划的管理培训: 识别出需求 设计培训项目
预算制定	预算不明;没有应急措施	根据标准和参数进行管理
创新	以重大创新为主;愿意承受重大风险	以局部创新为主;愿意接受适度风险
领导风情	领导风格可能千差万别,从指导型到自由放任型	伴随着职业经理人员的加盟,磋商式和参与式的领导风格
文化	宽松界定的以"家庭"为导向的企业文化	明确界定的企业文化

3. 组织

创办初期的组织结构很不规范,其中职位重叠,职责不明;企业指望员工完成所有必需的工作,不论其头衔和职位。这种模式对于小企业固然不错,但是随着企业的成长,混乱就会出现……因为人们根本不知道他们该做些什么。管理规范的企业有一套清楚界定职责的书面角色描述。这些互斥和详尽的角色描述用于帮助员工理解自己的角色,以便能够清楚将时间和精力集中于该做的事情上。

4. 控制

创办初期的企业往往缺少运营管理,即使有,也是分散的。企业通常

缺乏规范的评估手段和绩效评估系统。相反，管理规范的企业有着规范的、良好的设计和组织控制系统或绩效管理系统。这种系统充分利用明确的目标和目的、绩效测评方法、反馈、评估和奖励。

5. 管理培训

创办初期的企业的管理培训是未经过计划的，一般是通过在岗经验进行培训。尽管创办初期企业可以节省管理培训的费用，但员工却可能成为受害者，进而给公司带来低效、失误和置换费用。而在管理规范的公司，管理培训是经过良好计划的。公司会有意识地为个体成员管理技能的提高做出努力，同时储备一批能领导公司走向未来的管理者。

6. 预算制定

在创办初期企业中，预算一般缺乏细节，而一旦与预算不一致或背离的情况出现，也很少有改变措施。而管理规范的公司的预算系统重视预算的标准和变数，同时管理者根据预算目标对企业业绩负责。预算尽管不是面面俱到，却是业绩的指挥棒。

7. 创新

从定义上看，创办初期的企业是以创新为导向的。很多企业愿意在产品、服务和运营方式上进行重大创新，甚至有的企业家将公司命运赌在一项未来可能有很大成功回报的创新项目上。他们倾向快速出招或迅速获得回报。管理规范的公司倾向于以局部创新为导向。他们不大可能拿公司的命运做赌注，同时他们经常通过产品和项目投资组合来分散风险。他们愿意接受适度风险，同创办初期企业相比，相对厌恶风险。然而，很多管理水平一流公司倾向于持续的、渐进的改良，对不需要快速回报的重要创新进行长期扶持。

8. 领导风格

一般来说，创办初期的企业的领导风格包括指导型的领导风格，如独裁或温和独裁，也包括非指导型的领导风格，如自由放任型。在管理规范的公司，当今的趋势倾向于交互式领导风格，如磋商式和参与式管理，或者在少数情况下采取协同风格或团队导向风格。创办初期企业比管理规范的公司更可能给个人魅力型领导提供舞台，原因在于大型公司晋升选拔的程序的本质特性。

9. 企业文化

在创办初期企业中,企业文化界定松散,而且有时并没有被企业列入管理日程。通常创办初期企业的文化以"家庭"感觉为导向,这种文化在企业规模相对较小时是可行的。管理规范的企业更倾向于将组织文化明确作为一种需要管理和在整个企业传播的因素对待。他们往往将文化理解为保持持久竞争优势的源泉。

创办初期企业的营销管理

创办初期企业营销的特殊性

1. 创办初期企业营销的特点

(1) 规模小,环境适应性强

小企业由于规模小、投入少、技术装备简单、产品经营单一,因而它能适应市场环境的不断变化,及时调整生产结构,即"船小好掉头"。在日本,小企业每年的转产率在10%以上,充分体现了小企业反应快、应变能力强的特点。

(2) 善于在社会夹缝中求生存谋发展

一般而言,由于小企业在生产中批量小、消耗多、成本高,所以在同种产品的生产上往往竞争不过大企业。但是,社会是一个广阔的大市场,不可能全部被大企业所占领,总有大企业无暇顾及的市场空隙,这就给小企业留下了生存发展的机会。小企业总是利用反应快、应变能力强的优势,出其不意推出新产品,去占领市场,赢得顾客。

(3) 从事专业的生产,有较强的独特性

小企业虽然不如大企业的技术力量雄厚,但小企业常常是各攻一门专业技术和一种系列产品,不搞小而全,使其产品专业化、精尖化。"船小不到大海中去同大船相争捕鱼,而是在小河里捕捞大鱼",这是小企业能在市场上占有一席之地、赖以生存和发展的诀窍之一。

(4) 技术上勇于创新,产品更新换代快

小企业为了在市场竞争中站稳脚跟并持续发展，十分重视技术创新和技术进步的新动向，善于将新技术、新工艺、新材料、新设备运用到生产经营过程，促进产品的更新换代。在美国小企业的创新率为每百万雇员300多项，大企业则为200多项。小企业的创新率在仪器、化工和高技术行业更高。小企业是一支重要的技术创新力量，是迎接世界新的技术革命的尖兵。

（5）就地取材、就地加工、就地销售，营销费用较低

小企业分布于全国各个角落，因而可以充分利用分散的自然资源，做到就地加工，就地销售，这不仅可以缓解交通运输的紧张状况，还可以节省运费，降低产品成本。就地销售再加上小企业良好的售后服务，更能赢得消费者的信任，提高市场占有率。

2. 创办初期企业的营销观

小企业的营销观取决于小企业的营销特点。小企业的营销观，从总体上说就是：以消费者需求为中心，着眼于企业长期的生存和发展，充分发挥"小、快、灵"的优势，做大企业想不到、不想干或想干而干不了的事。

（1）市场导向

所谓市场导向就是小企业要顺应消费需求的变化，以消费者为中心，跟着市场走。因为消费者是企业赖以生存的主宰，消费者满意是企业兴旺的根本，所以企业产品的设计、价格、分销与促销活动都应以消费需求为出发点，做到消费者需要什么就生产什么，需要多少就生产多少，何时需要就何时生产，并采取正确的营销方式满足消费者的需求。

（2）灵活多变

小企业应利用经营规模小和应变能力强的优势，积极发现市场机会，抓住时机，及时进行产品结构调整和资金转移，做到"人无我有、人有我优、人优我全、人全我新、人新我转"，"以万变应千变"。只有如此，才能适应市场需求的变化，才能在激烈的市场竞争中立于不败之地。

（3）集中兵力

消费需求的多样性与企业资源的有限性使任何企业都没有能力满足消费者的所有需要。所以资金实力、生产能力较弱的小企业，不可能占有一个大的整体市场，也不能分散兵力于多个细分市场。只有在分析市场经营

环境和自身经营条件的前提下,集中兵力,把有限的资源投入到一定的目标市场。集中会带来风险,要求选择的目标市场要切实可行。

(4) 富于个性

小企业规模小、成本高、竞争能力差的劣势,决定了小企业不宜采用大众化的营销方式,面对面地与大企业直接竞争。小企业应遵循"一招鲜,吃遍天"的古训,采用"优质服务""专利经营""品质超群""物美价廉"等富于个性的营销方式,以特色经营、优势营销去占领市场和争取消费者。

创办初期企业的营销策略

1. 拾遗补缺策略

拾遗补缺策略就是小企业避开与强大竞争对手的直接对抗,见缝插针,将其位置定于某个市场空隙,开发目前市场上还没有企业生产经营,但消费者确实需要的产品或项目,开辟新的市场领域。实践证明,小企业不去侵犯大企业的市场而积极地寻找市场空隙是其在竞争中得以继续生存并成功的原因之一。

小企业应充分把握市场需求变化,利用经营机制灵活的特点,进入大企业尚未涉及的新兴的市场领域;发挥贴近市场的优势,活跃于竞争变化十分激烈的领域;集中力量参与那些大企业不愿涉足的批量小、品种多、零售微利领域的生产经营。由于拾遗补缺策略远离竞争激烈的市场,专找市场空隙——有消费需求、但长期被忽视的市场,所以市场风险相对较小,成功率很高。拾遗补缺策略一旦成功,能够迅速在市场上站稳脚跟,并能在消费者心目中树立起第一的形象。

采用拾遗补缺策略的企业应该注意以下问题:要摸清大企业不愿涉足的"真空地带"的真实状况;要开发的产品、要上的项目有无市场需求,市场需求有多大;本企业的实力如何,要开发的产品或项目在经济上、技术上是否切实可行。

2. 突出特色策略

突出特色策略就是根据企业的经营条件和所处的经营环境,采取一定的措施在某一方面突出自己的特色和风格,表现出差异性。也就是小企业要在竞争中取得优势,就不能循常规,随大流,而应当千方百计闯出自己独特的路子。在强手如林的市场上,在强大无比的大企业面前,小企业只

有从事有特色的营销才能站稳脚跟。实际上，特色就是优势。在营销过程中，小企业要想方设法保住自己在某一方面或在某一领域内的小优势，并充分利用这一优势，形成优势经营。

第一，产品上的特色。在产品的品种型号、规格、花色、包装上另辟蹊径，使产品表现出差异性。在实体产品大体相同的情况下，或是以开发具有特色的新产品取胜，或是靠优质的服务、良好的企业形象取胜，或是以物美价廉取胜等。如我国向西方国家出口的玩具，现代化的玩具目前尚不能与西方各国抗衡，但具有民族特色的玩具——布缝小狮、小猴、熊猫等，小巧玲珑，别具风格，深受各国儿童的欢迎，具有较强的竞争力。

第二，技术上的特色。如拥有专利技术、专有技术，或多年研究出来的精良技术，永远处于领先地位，其他企业无法跟上。

第三，市场上的特色。如占领特定的目标市场。有家经营平淡的小型女装店，在改为专门产销中老年妇女服装后，从此生意红火起来；如与客商关系融洽化，使客户非我莫属；保持客商多元化，东方不亮西方亮，保证企业持续稳定发展。

3. 技术创新策略

技术创新策略是把高新技术与小企业的灵活性相结合的一种策略，是以科学技术的日新月异为背景的。技术创新是小企业的生存之根，是小企业汲取营养的过程。这一创新过程不仅给予企业赖以生存的物质基础，也给予企业兴盛的精神之光。在物质上，创新能给企业带来丰厚的利润；在精神上，创新能使企业面貌一新，人才辈出。

小企业进行技术创新的可能性大，不可控因素多，相应风险也大，因此采用这种策略的小企业必须具备以下的条件：知识密集程度高，高水平技术人员多，能形成技术雄厚的绝对优势；应变能力强，面对激烈的竞争能迅速做出反应；信息渠道畅通，能从纷繁复杂的消息、资料、数据中选择出有价值的信息，并有90%技术创新的内容能从各种信息渠道取得，要有相应的足额的资金作保证。

4. 卫星式策略

又称依附策略。卫星式就是以一家大型企业或中型企业为龙头，周围众多的小企业为之供应零配件或从事某一道工序的加工。在社会化大生产

中,生产的专业与各种形式的协作,是市场经济发展的内在要求。小企业依附于大企业实行专业化分工协作也是一种必然的趋势。当前,我国的许多小企业为克服势单力薄的弱点,正在兴起一股与大企业协作生产,共同打天下的热潮。

卫星式策略的好处有:专业化的协作生产,使小企业的产品开发明确、单一,能够保证供销渠道;依靠大企业的技术实力和开发能力,能够突破小企业自身在资金、人才、设备、情报等方面的制约,形成相互促进、协调发展的局面;能够节约参与协作生产的各个企业的资金、人才和时间。

5. 人员营销策略

企业创办之后,创业者必须想办法把产品或服务推销出去,这对于创办初期的企业走出第一步和今后的持续发展至关重要。所谓人员营销策略是指创业者通过与消费者直接互动销售产品或服务活动的策略。对于创办初期的企业来说,最关键的是劝说消费者购买新产品,了解哪些活动会影响消费者的购买。有效的人员营销包括以下几个步骤:

首先,激发消费者对新产品或服务的兴趣。这就需要让消费者了解这种产品将满足他们的某些需求。例如,如果目标消费者是家庭妇女,她们很需要一种不伤手的洗洁精。如果创办初期的企业能够提供一种在厨房用于洗碗筷的、不伤手的洗洁精,她们就会产生购买欲望。

其次,识别消费者为了购买这种产品会有什么要求。例如,在洗洁精的例子中,消费者是需要超浓缩的,还是一般的?需要什么香型的?通过这些明确的要求,创业者就可以搞清楚消费者希望新产品或服务具备什么特征。这是销售过程的重要环节,而往往被创业者忽视。

最后,创办初期的管理者要正确解答消费者在使用新产品中存在的疑问。消费者几乎不可能在没有任何疑问的情况下购买新产品。在销售过程中,创业者需要对消费者的反问、迟疑做出满意的回答。如家庭主妇在购买不伤手的洗洁精时会问,创业者是否能保证产品真的不伤手?即使不伤手,产品是否环保,会不会挥发,造成室内空气不好?有什么特殊的使用方法?面对这些疑问,创业者就要耐心、仔细地对她们解释,这样,她们才会放心地购买。

6. 以产品为核心的定价策略

创办初期的企业采取定价策略要以为公司获得利润和获得并保持产品的市场需求为目标。具体的定价策略将由多种因素共同确定。对于创办初期的企业来说，一般将价格与产品的生命周期联系起来。随着产品的发展，客户需求和销售量会发生很大变化，因此，产品定价需要在生命周期的各个阶段进行调整。当产品刚开始引入时，他们采取一种定价策略。当产品开始成熟时，他们采取另一种定价策略。随着产品开始走向衰退阶段，他们又采取第三种策略，如表1-3所示。

表1-3 针对产品生命周期的定价

产品生命周期	定价策略	原因绩效效果
引入阶段 独特产品	撇脂定价：故意设置一个高价，短期的利润最大化	将初始价格设定得较高，可以建立一种质量形象，以提供资本来弥补开发成本，并且允许将来降低价格以应对竞争
非独特产品	渗透定价：设置一个很低的价格，以至于销售的产品处于亏损状态	通过提供低于竞争对手的价格，可以快速获得市场份额
成长阶段	消费者定价：将渗透定价与竞争定价结合起来，以获得市场份额；价格高低取决于消费者对产品的感知价值	设定的价格取决于潜在竞争对手的数量、总体市场的规模以及市场的分布情况
成熟阶段	面向需求的定价：这是一个比较灵活的定价策略，定价决策取决于产品需求水平	随着销售增长率的降低，客户会对价格越来越敏感
衰退阶段	削价策略：将产品的价格设定在成本以下，以吸引客户购买其他产品	产品对客户的吸引力很小或者没有吸引力，这种定价策略的目的是通过较低的价格吸引顾客去购买较新的产品

创办初期企业的财务管理

财务管理涉及企业管理的方方面面，是企业管理的核心。创办初期企业的财务制度不能像大企业一样保持着完备性和系统性，因为对于他们来说，决定性的东西不是财务制度的完备性，而是这种财务制度是否足以实现企业的控制和企业经营是否正常运转以及是否能保证企业的监督检查。企业创办初期的财务管理的重点是：制定报销制度、控制现金流量、制定预算、核算和控制成本等制度。在具体操作中则要注意财务监控。有关研究表明，许多创业初期的企业在一年内就倒闭的直接原因就是因为财务管理不善，应收账款的坏账太多，频频发生流动资金短缺问题。创办初期企业的财务部门常常是一个会计、一个出纳，完全不足以应付如此众多的挑战。创业者要特别注重财务监控问题，不能简单地把财务管理视为"记账"，要有具备专业技能的专人负责，并且有相应的激励机制和评估体系。

创办初期企业财务管理中的问题

由于小企业产出规模小，资本和技术构成较低，受传统体制和外部宏观经济影响大，使得小企业在财务管理方面存在着与自身发展和市场经济不相适应的情况。

1. 理财环境欠佳，筹资困难，资金严重不足，发展缓慢

融资难、担保难仍然是制约小企业发展的最突出的问题。其主要原因：第一，负债过多，融资成本高，风险大，造成小企业信用等级低，资信相对较差，金融机构贷款不放心；第二，国家没有专设小企业发展扶持机构，国家的优惠政策未向小企业倾斜，使之长期处于不利地位；第三，大多数小企业是非国有企业，很多银行等金融机构受传统观念和行政干预的影响，对其贷款不够热心；第四，中介机构不健全，缺乏专门为小企业贷款服务的金融中介机构和贷款担保机构。正因为融资不易，就算筹到一定资金，单位筹资成本费用与大企业相比偏高。筹资困难、资金不足，小企业想通过"技改"等来扩大经营规模十分不易，导致发展缓慢。

2. 资金紧张，投资能力较弱，管理落后，投资风险较大

一是小企业投资所需资金短缺。银行等金融机构是小企业资金的主要来源，但小企业吸引金融机构的投资或借款比较困难。银行即使同意向小企业贷款，也因高风险而提高贷款利率，从而增加了小企业融资的成本。二是追求短期化目标。由于自身规模较小，贷款投资所占企业总投资的比例比大企业多，所面临的风险也更大，所以它们总是尽快收回投资，很少考虑大步扩展自身规模和企业长远规划发展。三是由于财务管理落后，缺乏科学的财务预测、决策、预算、分析，投资盲目性大，投资方向难以把握。

3. 财务控制薄弱

一是对货币资金（现金、银行存款等）管理不严，造成资金闲置或不足。有些小企业认为货币资金越多越好，造成资金闲置，未参加生产周转；有些企业的资金使用缺少计划安排，过量购置不动产，无法应付经营急需的资金，陷入财务困境。二是应收账款周转缓慢，造成资金回收困难。原因是没有建立严格的赊销政策，缺乏有力的催收措施，应收账款不能兑现或形成呆账。三是存货控制薄弱，造成资金呆滞。很多小企业月末存货占用资金往往是超过其营业额的两倍以上，造成资金呆滞，周转失灵。四是固定资产管理疏忽，没有充分发挥使用效益。一部分小企业认为固定资产一直存放不动，不会随意变动、减值，资产台账不全，造成流失浪费严重。不少小企业的管理者，对原材料、半成品、固定资产等的管理不到位，出了问题无人追究，资产浪费严重。

4. 管理模式僵化，管理观念陈旧

一方面，小企业典型的管理模式是所有权与经营权的高度统一，企业的投资者同时是经营者，这种模式势必给企业的财务管理带来负面影响。小企业领导者集权现象严重，并且对财务管理缺乏应有的认识，致使其职责不分，越权行事，造成财务管理混乱，财务监控不严，会计信息失真。小企业中相当一部分属于个体、私营性质，企业领导者不重视财务管理，企业没有或无法建立内部审计部门，即使有，也很难保证内部审计的独立性。另一方面，企业管理者基于其自身的原因，没有将财务管理纳入企业管理的有效机制，缺乏现代财务管理观念，使财务管理失去了它在企业管

理中应有的地位和作用。

创办初期企业财务管理的提升方式

1. 高度重视现金流的管理，提高资金使用效率

大多创业者原始资本都是自己的血汗钱，或是找亲戚朋友借来的，如不重视现金流的管理，最终会造成账面有利润，账户无资金的困境，甚至发展到无以维持、无法周转的难堪境地。现金流对于企业，就像血脉对于人体，只有血液充足且流动顺畅，人体才会健康，良性现金流可以使企业健康成长。企业若没有充足的现金就无法运转，更可能危及企业生存。中小企业解决现金流问题可先重点选择下列财务活动着手：

（1）原材料货款尽量延期支付

可通过银行承兑汇票和商业承兑汇票将付款期延长3~6个月，加上进货后3个月的质量保证期，这样实际付款期可延长达9个月。

（2）销售应收账款尽可能及时催收

销售货款的回收是解决中小企业资金问题的关键点。只有销售货款的回收及时，才能解决因客户信誉不好而面临的应收账款的风险和坏账问题，才能安全地实现销售，加快公司的流动资金的周转。

（3）大型生产设备或固定资产尽量租用

现在产品更新换代较快，如因预测不准或决策失误，将造成投资难以收回的局面，大型生产设备或固定资产尽量租用，规避这一投资风险。待公司扩张到一定规模时，逐步扩展到规范的现金流管理。它包括现金预算管理、现金的流入与流出的管理、现金使用效率管理（如存货周转期、应收账款周转期、应付账款周转期等）和现金结算管理等内容。

2. 强化资金管理，加强财务控制

（1）改变思想观念，重视财务管理，制订或完成企业内部财务管理制度

针对不少小企业领导忽视财务管理，需要其加强学习和研究财务管理等企业管理知识，认识财务管理在企业管理中的重要性和作用，转变只重视生产经营而不注意财务管理的思想观念，从而确立财务管理在企业管理中的核心地位，让企业凭借良好的财务管理而迅速发展。为了有效提高财务管理，需建立企业财务管理体制，完善定额管理、财产清查及盘点、财

务预算编制、各项资产控制、成本费用利润分析等财务管理基础工作。

（2）提高认识，把强化资金管理作为推行现代企业制度的重要内容，贯彻落实到企业内部各个职能部门

由于资金的使用周转牵涉企业内部的方方面面，企业经营者应转变观念，认识到管好、用好、控制好资金不单是财务部门的职责，而是关系到企业的各个部门、各个生产经营环节的大事。所以要层层落实，共同为企业资金的管理作出贡献。

（3）努力提高资金的使用效率，使资金运用产生最佳的效果

首先，要使资金的来源和运用得到有效配合。例如，不能用短期借款来购买固定资产，以免导致资金周转困难。其次，准确预测资金收回和支付的时间。例如，应收账款什么时候可收回，什么时候可进货等，都要做到心中有数，否则，易造成收支失衡，资金拮据。最后，合理地进行资金分配，流动资金和固定资金的占用应有效配合。

（4）加强实物资产管理

建立健全财产物资管理的内部控制制度，在物资采购、领用、销售及样品管理上建立规范的操作程序，堵住漏洞，维护安全。对固定资产等财产的管理、记录、检查核对等设置专人负责。定期检查盘点财产，督促管理人员和记录人员保持警戒而不至于疏忽。

（5）加强对存货和应收账款的管理

近年来，很多小企业陷入经营流动资金紧缺的困境，加强存货及应收账款管理是重要的解困措施。加强存货管理，尽可能压缩过时的库存物资，避免资金呆滞，并以科学的方法来确保存货资金的最佳结构。加强应收账款管理，对赊销客户的信用进行调研评定，定期核对应收账款，制定完善的收款管理办法，严格控制账龄。对死账、呆账，要在取得确凿证据后，进行妥善的会计处理。

3. 正确进行投资决策，努力降低投资风险

（1）应以对内投资方式为主

对内投资主要有以下几个方面：一是对新产品试制的投资；二是对技术设备更新改造的投资；三是对人力资源的投资。目前应特别注意对人力资源的投资，从某种角度说，加强人力资源的投资，拥有一定的高素质的

管理及技术人才,是企业制胜的法宝。

(2)分散资金投向,降低投资风险

小企业在积累的资本达到了一定的规模之后,可以搞多元化经营,把鸡蛋放在不同的篮子里,从而分散投资风险。

(3)应规范项目投资程序

当小企业在资金、技术操作、管理能力等方面具备一定的实力之后,可以借鉴大企业普遍做法,规范项目的投资程序,实行投资监理,对投资活动的各个阶段做到精心设计和实施。另外,要注意实施跟进战略,规避投资风险。

4. 全面预算管理的实施和落实

创业初期可从计划做起,对某一项目先做估算,逐步过渡到全面预算管理。要开源节流,严格执行预算,控制各项费用开支和各类资源扩张规模,减少不必要的损失和资源浪费,用较少的投入完成公司预定的目标。在预算管理工作达到一定水平时,逐步完善、制定较严格的限额标准和较科学的预算控制管理办法和措施,确保全面预算管理达到预定目标。

5. 加强财会队伍建设,提高企业全员酌管理素质

目前,不少小企业会计账目不清,信息失真,财务管理混乱,企业管理落后。究其原因,一是企业财务基础薄弱,会计人员素质不高,又受制于领导,无法行使自己的会计职权;二是企业领导人的管理意识淡薄、水平不高,忽视财务管理工作的重要性。为要解决好上述问题,一方面,必须加强财会队伍建设,对财会人员进行专业培训和政治思想教育,增强财会人员的思想、业务素质。另一方面,也要加强全员素质教育,首先从企业领导做起,不断提高全员管理意识,增强企业管理水平。只有依靠企业全员上下的共同努力,充分发挥人力资源优势,才有可能改善企业管理状况,搞好财务管理,提高企业的竞争实力,促进企业长远发展。

6. 稳步推进信息化建设

中小企业可以按照自己的需要组织 1~2 人的 MIS 开发人员。按照财务部和相关业务部门的需求有步骤地自主开发仓库信息管理系统、销售管理信息系统、固定资产管理信息系统(与财务有关的三系统),财务部会计核算选用专业的会计软件,组成公司的信息管理系统,利用四大系统搭建公

司财务方面的信息管理的架构，完善公司的财务管理。这样会大幅提高公司财务管理水平，提升公司的经营管理能力。经验告诉我们，在信息日益成为企业发展的关键资源的今天，可以通过自主开发，利用较少的投入，打造出适合自身发展的信息、财务管理新模式。反过来这必将有力地支持公司的全面持续发展，取得可喜的佳绩。同时还会提高工作效率，节约管理成本。

要重视存货管理。在公司规模不大的情况下。运用管理软件进行库存管理，可以在保证存货供应的同时，节约存货上占用的资金。目前大多数企业采取零存货的方式，按单订制直接供应给客户，避免了存货因价格变动导致损失的风险。

销售管理系统能实现：随时提供各类销售信息，给高层的、中层的、个人的，财务管理方方面面的信息——价格、数量、成本、毛利、个人业绩等多种规范格式的统计表，各类查询信息，协调平衡月开票量等各类管理数据和信息；能方便地与客户对账、催收货款，对管理、控制销售全过程起到十分重要的作用。

创办初期企业的人力资源管理

创办初期企业人力资源管理的特点

1. 人才的选择和使用上任人唯亲

创业初期的企业面临着经营资金匮乏、投资风险大等问题，技术、管理、信息等资源都处于匮乏状态，因此他们在吸引人才方面关注血缘和亲缘关系，此类关系形成的理解、信任、支持和共同利益关系在帮助企业走向市场、获得创业成功和自我保护等方面发挥了重要作用。所以，企业创业初期对外部人才的需求并不突出，家族企业经营模式比较广泛。另外，小企业一般依靠企业家的社会关系网络为企业招聘人才，企业家职能促使他与员工形成私人的雇佣关系，而不是大型企业里那种比较正式的雇佣关系。

2. 依赖少数关键人才

企业中主要部门都可以见到一个或者几个明星式人物，他们是创业者的左右手，基本包揽了本部门的所有重要工作，而其余的多数员工往往充当助手的角色。创业者往往希望能雇佣到全才，因此，创业者对单个员工的突出业绩常常过多地重视，而不是用系统的眼光观察其所在团队、部门，甚至整个企业在背后的支持作用。当企业对少数员工太过倚重时，就会造成人员发展不匹配、不平衡。其结果是能力突出的员工感到曲高和寡，而能力相对较低的员工则感到不被信任，企业因而更难获得人才。

3. 职位和岗位不明确

创业初期企业人力资源管理的另一特点就是缺乏明确的职务描述和岗位说明。由于财务和人力资源有限，岗位划分多根据传统或者自己的经验，对于岗位之间的相互联系、任职能力等的分析都相当缺乏，相应的人员安置也不匹配，出现高能力者限于条件而无法充分发挥自己的才能，低能力者缺乏培训或榜样无法圆满完成任务，各项工作的权责划分不清晰等情况，员工需要承担多重任务。不明确的分工导致了对人员没有统一的指挥系统，一个员工并不是只接受一个上级的决定或命令，多重指挥的现象常常存在。

4. 直线管理者是主要决策者和执行者

首先，对人力资源的管理工作高度集中在企业高层，企业内人力资源工作没有专门负责部门，甚至没有专门人员主要负责。创业者就是人力资源第一决策者。企业的核心人物直接对人员招聘、绩效考核、薪酬管理等作决策；其次，人力资源管理者的个人经验和个性特征对组织建设的影响很大。创业阶段的企业内部的各项规章制度的建立或者完善都有待经营的实践经验积累，创业者是这些制度的主要提出者和制定者，他们常常会根据自己的个性和以往的社会经验来做决策，或对组织架构反复地调整，提出并执行新的规章制度。

5. 缺少合理的绩效考评及报酬激励体系

缺少规范化、定量化的员工绩效考评及报酬激励体系。对员工的奖惩多以主观判断为主，使得员工做事没有目标，像一盘散沙，也做不到对工作结果进行有依有据的判断，员工良莠不齐导致士气低落，容易以勾心斗角的方法来获得自己的利益，利益纷争的内耗很大，员工就不好管、不好

用，以致员工队伍不稳定。另外，注重对员工的短期的、见效快的激励方式，如基本薪金和奖金等直接薪酬，但是忽视来自工作本身的具有长期持续激励作用，但是见效慢的激励因素。如制定符合企业发展的人才培养规划、员工职业生涯发展规划等。

6. 员工培训机制缺失

处于创业期的中小企业限于时间、财力等条件，培训开发的职能也很少。对员工的培训往往不足，员工素质低下的局面长期得不到扭转，形成了恶性循环；员工不能及时树立市场经济应有的观念和应具备的技能，严重影响着企业产品质量和各项工作质量的提高。

创办初期企业人力资源管理不足的原因分析

1. 生存竞争激烈

统计数据显示，即使是在创业环境比较成熟的美国，仍然有62%的企业平均生命周期不到5年，而中国企业的平均寿命只有7~8岁。其中民营企业的平均寿命只有2.9岁，而且生存超过5年的不到9%，超过8年的不到3%。企业的竞争压力是来自多方面的，既有可能因为自身的实力弱小，而被其他处于相同阶段，或者大体相同阶段的竞争者排挤出市场，更有可能因为显示出蓬勃的生命力，而被行业中的大企业恶意攻击。生存压力迫使企业每时每刻关注于如何将产品推向市场以找到立足之地。企业上下，包括创业者在内，主要任务都是将产品介绍给市场。创业者把大量精力放在应付外部的压力，而没有精力考虑企业内部的管理，尤其是人力资源管理在企业中管理中呈现出的基础性、投资大、见效慢的特点。更不容易引起创业初期管理者的重视。

2. 资金不足的压力

资金不足是创业期固有的特点，创业者对资金的计划控制力度不够，经营计划的频繁变动都会相应地产生重复的现金支出。为了获得更多的资金以维持发展，企业会千方百计地寻找那些能给企业带来现金流的做法，如短期贷款用于长期项目周转、用大幅度折扣刺激产品的销售，等等。这种不断寻求短期利益的行为一方面耗费了创业者大量的时间和精力，另一方面又制造出更多意想不到的威胁。这又使整个组织忙于进行危机处理，而忽略了人力资源管理工作。

3. 企业主管忽略人力资源管理工作

新创立的企业人员不多，担任的工作也是相互重叠的。在创业者的个人魅力和创业精神的影响下，规章制度可能根本就不需要，大家都充满干劲，把企业发展放在首位。同时，人们相互之间比较了解，信息沟通顺畅，协调与合作都比较容易，矛盾冲突多数时候是通过非正式的沟通来解决的，企业并没有及时将已经屡次出现的问题程序化、制度化。这样既造成了因为不断解决重复问题而消耗，又使得累积的问题本身带来更多、更错综复杂的问题。然而，这种在创业初期显示出蓬勃生命力的、不规范的组织结构，容易使创业者倾向于一种意识：即使没有专门的人力资源管理工作，也能够有效控制和激励员工。进而，创业者从主观上轻视的人力资源管理在创业期的重要性。这种情况最多只能是最初的"过渡性问题"，它会成为企业的后续发展的桎梏。

创办初期企业人力资源管理的重要环节

创业期中小企业在人力资源管理上的问题实质上就是在人力资源的四个环节：招聘、培训和培养、绩效考核、报酬激励上的问题。相应地，在创业期企业人力资源管理中，可以通过在人力资源的这四个环节采取以下主要策略，建立起规范化的人力资源管理系统，提升企业的人力资源管理水平。

1. 为企业招募所需要的各种关键人才

有两种获得关键人才的途径：一种是内部挖掘培养，另一种是外部获取，即把社会上的优秀人才或同行业其他企业的优秀人才吸引过来。创业初期的企业，人员稀缺，内部挖掘显然不太可能，所以，从外部获取关键人才是主要途径。要获取关键人才，一方面，要广泛建立同高级人才市场，特别是专业的人才中介机构的联系，掌握人才供应信息。另一方面，关键人才的招聘，选拔对象的素质是第一位的，即应把丰富的工作经验和工作业绩作为选择的首要指标，而不是凭感情用事，把才能的大小置之脑后。由于需求量少，企业可以把工作申请资格定得高一些，这样符合标准的申请人就会少一些，企业可以花较多时间与费用仔细挑选最合适的人才。

同时，处于创业初期的企业规模往往比较小，业务还没有全面铺开，运营资本相对不足，企业没有必要进行全面招聘，只需要重点招募关键岗

位。招聘要以技术人员和市场拓展人员为主。依靠技术人员为企业提供高质量的产品，依靠市场人员为产品打开市场，为企业在市场竞争中寻求立足之地。确定招聘岗位后，依据岗位确定招聘标准，招募与企业要求相匹配的高质量的人才。

2. 建立绩效考核体系和报酬激励机制，用好人才并留住人才

人才是企业宝贵的资源。招聘完成后要考虑如何留住人才。留住人才对于创业初期的企业特别重要，因为优秀的员工队伍对企业经营业绩起着至关重要的作用。首先，要建立完备的绩效考评指标体系，包括从企业目标的规划到形成一套有效的业绩指导、业绩评价和业绩辅导改进体系，把创造绩效作为评价个人的主要指标。同时，要给员工一个自主的工作环境，提供一种自主的工作方式，对员工应充分地授权。例如，工作中，只要符合总体工作目标和工作进度，员工可自行决定具体的操作。只有这样才能充分发挥其主观能动性和潜能。其次，建立与绩效考核相适应的报酬激励制度、人员进退升迁制度，把员工个人的收益、晋升与其工作绩效紧密结合起来并及时兑现奖励。最后，允许员工在创业中犯错误，把对错误的分析总结置于对错误结果的处理之上。总之，通过绩效考核和报酬激励机制的建立和实施，营造出一种鼓励创业的工作氛围，刺激全体员工的创业意识。

3. 制订核心人才培养计划，注意发现和培养核心人才

一个企业将来发展得怎么样，核心人才的培养具有关键作用。通过培训为企业培养一批能够不断开发新技术、业务精通、善于组织管理以及懂得市场的人才队伍。首先，企业管理者要对此极为重视。其次，要制订核心人才培养计划，如为核心人才制订与企业共成长的职业生涯规划，以营造企业与员工共同成长的组织氛围，充分发挥团队精神，规划企业的宏伟前景，让员工对未来充满信心和希望同企业共同发展。再次，要营造有利于核心人才成长的环境，为有远大志向的优秀人才提供其施展才华、实现自我超越的广阔空间，让其在企业经营实践中能充分施展自己的才华并得到锤炼。最后，要把核心人才个人的利益与企业的长远利益有机结合起来，以使其能够长期为企业服务。给员工营造不断提升的机会，也是为企业创造持续发展动力的有效途径。

创办初期企业文化建设

企业文化概述

1. 企业文化的定义

文化的定义有广义和狭义之分。广义上说,文化是人类社会历史实践过程中所创造的物质财富与精神财富的总和;狭义上说,文化是社会的意识形态以及与之相适应的组织机构与制度。而企业文化则是发生在企业中的文化,是企业在生产经营实践中逐步形成的,为全体员工所认同并遵守的、带有本组织特点的使命、愿景、宗旨、精神、价值观和经营理念,以及这些理念在生产经营实践、管理制度、员工行为方式与企业对外形象的体现的总和。

美国学者约翰·科特和詹姆斯·赫斯克特认为,企业文化是指一个企业中各个部门,至少是企业高层管理者们所共同拥有的那些企业价值观念和经营实践;是指企业中一个分部的各个职能部门或地处不同地理环境的部门所拥有的那种共同的文化现象。特雷斯·迪尔和阿伦·肯尼迪认为,企业文化是价值观、英雄人物、习俗仪式、文化网络、企业环境。威廉·大内认为,企业文化是进取、守势、灵活性——即确定活动、意见和行为模式的价值观。

企业文化是企业的灵魂,是推动企业发展的不竭动力。它由企业内部产生,最终达到与周围环境的和谐共融,并在企业中传承下去。可以通过以下几个方面来理解企业文化。

第一,企业文化是在特定的社会文化背景下的产物,是一种亚文化现象;

第二,企业文化是企业在长期的生产经营实践过程中逐步形成和发展起来的;

第三,企业文化的实质是企业价值观念;

第四,企业文化的核心是企业精神;

第五，企业文化是以精神现象、规章制度和物质现象为载体的多层次的有序整体；

第六，企业文化是一种现代企业管理理论，是以人为中心的管理理论发展的新阶段。

2. 企业文化的内容

根据企业文化的定义，其内容是十分广泛的，但其中最主要的应包括如下几点。

（1）经营哲学

经营哲学也称企业哲学，是一个企业特有的从事生产经营和管理活动的方法论原则。它是指导企业行为的基础。一个企业在激烈的市场竞争环境中，面临着各种矛盾和多种选择，要求企业有一个科学的方法论来指导，有一套逻辑思维的程序来决定自己的行为，这就是经营哲学。

（2）价值观念

企业的价值观，是指企业员工对企业存在的意义、经营目的、经营宗旨的价值评价和为之追求的整体化、个异化的群体意识，是企业全体员工共同的价值准则。只有在共同的价值准则基础上才能产生企业正确的价值目标。有了正确的价值目标才会有奋力追求价值目标的行为，企业才有希望。因此，企业价值观决定着员工行为的取向，关系企业的生死存亡。

（3）企业精神

企业精神是指企业基于自身特定的性质、任务、宗旨、时代要求和发展方向，并经过精心培养而形成的企业成员群体的精神风貌。企业精神是企业文化的核心，在整个企业文化中占有支配的地位。企业精神以价值观念为基础，以价值目标为动力，对企业经营哲学、管理制度、道德风尚、团体意识和企业形象起着决定性的作用。

（4）企业道德

企业道德是指调整本企业与其他企业之间、企业与顾客之间、企业内部员工之间关系的行为规范的总和。它是从伦理关系的角度，以善与恶、公与私、荣与辱、诚实与虚伪等道德范畴为标准来评价和规范企业。虽然它不具有强制性和约束力，但有积极的示范效应和强烈的感染力，当被人们认可和接受后具有自我约束的力量。

(5) 团体意识

团体意识是企业内部凝聚力形成的重要心理因素。企业团体意识的形成使企业的每个员工把自己的工作和行为都看成是实现企业目标的一个组成部分，使他们对自己作为企业的成员而感到自豪，对企业的成就产生荣誉感，从而把企业看成是自己利益的共同体和归属。因此，他们就会为实现企业的目标而努力奋斗，自觉地克服与实现企业目标不一致的行为。

(6) 企业制度

企业制度是在生产经营实践活动中所形成的，对人的行为带有强制性，并能保障一定权利的各种规定。从企业文化的层次结构看，企业制度属中间层次，它是精神文化的表现形式，是物质文化实现的保证。企业制度作为员工行为规范的模式，使个人的活动得以合理进行，内外人际关系得以协调，员工的共同利益受到保护，从而使企业有序地组织起来为实现企业目标而努力。

3. 企业文化的功能

研究企业文化，其目的是利用企业文化为企业的生存与发展发挥作用。它能促使企业树立良好的自我形象，充分发挥员工的潜能，最大限度地提高经济效益和社会效益。具体说来，企业文化的功能主要体现在以下几个方面。

(1) 凝聚功能

企业文化以人为本，尊重人的感情，从而在企业中造成了一种团结友爱、相互信任的和睦气氛，它是通过重视人的价值，珍惜和培养人的感情，促进员工加强内部团结，增强集体观念，把企业的所有员工紧密联系起来，增强员工的归属感和凝聚力，从而形成一个命运统一体。而作为企业文化核心的企业精神与企业共同价值观，对于一个企业的生存和发展关系重大，共同价值观与企业精神是企业的凝聚力、向心力所在，共同的价值观念形成了共同的目标和理想，它们都具有一种凝聚功能，因此，企业文化也具有凝聚功能。对于创业初期的企业来说，面对许多经营方面的压力，需要全体努力、团结一心、奋发图强去克服各种困难。员工会把企业看成是一个命运共同体，把本职工作看成是实现共同目标的重要组成部分，整个企业步调一致，形成统一的整体。

(2) 导向功能

所谓导向功能就是通过它对企业的领导者和员工起引导作用。经营哲学决定了企业经营的思维方式和处理问题的法则，这些方式和法则指导经营者进行正确的决策，指导员工采用科学的方法从事生产经营活动。企业共同的价值观念规定了企业的价值取向，使员工对事物的评判形成共识，有着共同的价值目标，企业的领导和员工为他们所认定的价值目标去行动。企业目标代表着企业发展的方向，没有正确的目标就等于迷失了方向。完美的企业文化会从实际出发，以科学的态度去制定企业的发展目标，这种目标一定具有可行性和科学性。企业员工就是在这一目标的指导下从事生产经营活动。

(3) 约束功能

企业文化是一种不成文的软约束，企业实行自我控制，主要是使企业能够在发展过程中按照规范的要求，达到一种稳定、健康的发展。企业及其成员在企业文化的规范下，其价值观念、思想认识、思维过程、心理情感和伦理道德、行为方式都会受到影响和规范。

企业文化的约束功能主要是通过完善管理制度和道德规范来实现。企业制度是企业文化的内容之一。企业制度是企业内部的法规，企业的领导者和企业员工必须遵守和执行，从而形成约束力。道德规范是从伦理关系的角度来约束企业领导者和员工的行为。如果人们违背了道德规范的要求，就会受到舆论的谴责，心里会感到内疚。

(4) 激励功能

共同的价值观念使每个员工都感到自己存在和行为的价值，自我价值的实现是人的最高精神需求的一种满足，这种满足必将形成强大的激励。在以人为本的企业文化氛围中，领导与员工、员工与员工之间互相关心，互相支持。特别是领导对员工的关心，员工会感到受人尊重，自然会振奋精神，努力工作。另外，企业精神和企业形象对企业员工有着极大的鼓舞作用，特别是企业文化建设取得成功，在社会上产生影响时，企业员工会产生强烈的荣誉感和自豪感，他们会加倍努力，用自己的实际行动去维护企业的荣誉和形象。

(5) 调适功能

调适就是调整和适应。企业文化的形成使得企业员工有了共同的价值观念，对众多问题的认识趋于一致，存在共同思想、共同信念，使大家在较好的文化氛围中相互交流和沟通。企业各部门之间、员工之间，由于各种原因难免会产生一些矛盾，解决这些矛盾需要各自进行自我调节。企业文化使经营者和普通员工能科学地处理这些矛盾，克服困难，减少摩擦，自觉地约束自己。完美的企业形象就是进行这些调节的结果。调适功能实际也是企业能动作用的一种表现。

创办初期企业文化的建设的特点

1. 创业者的行为决定了企业文化

创业者即老板，一般认为创办初期的企业文化就是老板文化。老板的价值观、职业素质和个人素质、行为方式等在很大程度上决定了企业发展方向，也决定了会产生一个什么样的企业文化。这时，老板需要注意的是，一方面在一些根本的、原则性的问题上不能有思想偏差，更不能用这种偏差思想来影响员工。如在合法经营、公平交易、诚信这些原则性的问题上要"思无邪"，才能保证企业长久地发展下去。另一方面是关于决策的独断专行。有些人认为对于创办初期的企业来说，创业者要"拍脑袋"加"快决策"，才能获得竞争优势。但是在这种快决策中难免会产生创业者独断专行，一个人说了算的现象，在创办初期企业的一些特殊情况和紧急情况下可以，但是不能长此以往，要防止这种独断专行变成一种企业文化。否则决策就会缺乏科学性和合理性，更严重的是，企业可能出现人员流失严重，创业者会出现众叛亲离。

2. 创办初期企业文化处于一种自发状态

创办初期的企业一般没有清晰、明确的企业文化，但并不是没有文化。只要有人的地方就有文化，企业也是一样，而且没有文化本身也是一种文化，创业者和企业高层管理者的言行举止和管理风格也是一种文化，只是这种文化没有制度化。而且企业的高管们往往不会刻意提炼和建设自己的文化，让它处于一种自发的状态，有可能形成好的文化，也有可能成为企业的精神"毒瘤"。这就要求创业者在创办企业初期，在解决企业的经营、资金问题的同时，要注意自己的一举一动、管理风格和经营理念，给下属

做个好的表率。

3. 没有明确的核心理念

创业者在创办企业的初期往往忙于各种应酬和具体事务，很难静下心来认真思考公司的战略和文化，这时企业还处以摸爬滚打的阶段，站稳脚跟是关键，但这并不能说明企业可以没有自己的核心理念。

没有核心理念的企业就好像一个没有主见的人，人云亦云。很多企业没有自己的核心理念，也就无法形成有特色的企业文化，这就是为什么很多民营企业长不大或者遇到成长瓶颈的重要原因之一。创业者在创办企业初期一定要明确自己的经营理念，要想清楚企业的核心竞争力是什么，经营目标是什么，有没有与众不同的服务体系、企业形象、价值观等一些基础的经营理念。

4. 企业文化建设貌合神离

由于创办初期的企业对企业文化的本质理解不够，所以在进行企业文化建设时，要么想建不知道怎么建，要么乱建，最后成了"四不像"。更严重的是创业团队内部关于企业文化的看法不一致，或是企业上下、创业者与员工之间的想法不同，以至于不能形成一种统一和谐的局面，最后即使有了企业文化也是貌合神离。还有些创业者没有理解文化必须植根于管理，导致了文化与管理相互不统一，建设出的企业文化"神"与"形"不合。

创业者在创建企业文化时，要取得全体员工，特别是创业团队其他成员的理解、认可和支持，把自己的经营价值观和经营理念拿出来与大家分享，并以身作则、言传身教，才能逐渐形成规范、制度，进而变成大家认可的文化。

5. 企业文化建设形式化

有些创业者根本不了解企业文化是什么，也不知道企业文化有什么作用，他们完全是为了建设企业文化而建设企业文化，企业文化建设趋于形式化，建设出来的企业文化也都是一种大而空的东西，或者直接把企业文化等同于思想政治工作，完全没有任何实际意义。

还有些创业者在创办企业初期就把目光瞄准了国内外先进、成熟的大型企业，盲目地学习他们的管理模式和观念，在建立企业文化时一味地效仿，结果搞出了一套不适合自身发展的企业文化。其实企业文化建设不是

一朝一夕就能完成的，不能一蹴而就，必须注重积累、探索和创新，完全照搬别人的不一定会适合自己的企业，有时会适得其反。

还有为数不少的企业根本提炼不出自己的企业精神，勉强提出几条，也都是一些套话，缺少企业自身的个性化。例如"团结""奋进""拼搏""进取"之类的，千篇一律，让人看不出企业的个性，看不出与众不同的地方。这种口号式的企业精神，不仅起不到激励员工的作用，还暴露了管理层的肤浅、懒惰、附庸风雅的消极面。

创办初期是企业文化形成的阶段，也是企业文化建设最关键的阶段，就好像一个儿童开始接受各种观念和思想，只有在这个关键阶段灌输优秀的思想和方法，这个儿童才能够健康地成长。创业者就像儿童的父母或监护人，他所要做的不仅是要教孩子正确的方法和习惯，还有在小孩犯错误、出现偏差的时候及时纠正，以确保孩子的健康成长。

创业者与企业文化建设

从根本上说，企业文化总是反映了某个企业管理者或是创业者特定的价值观念和领导风格，因此，创业者必须当好企业文化建设推动者这一角色。

1. 创业者必须善于根据企业的发展要求，从实践中提炼出企业的核心价值观

企业文化的核心是理念，或者说是价值观体系。这理念不仅要具有时代的特色、行业的特色，更要求带有企业的特色和企业家的个性，因而它不能从书本上抄来，它只能从企业自己的实践，从企业家自己的实践中提炼出来。任何价值观体系最初总是由某一个人提出来的，是由他经过自省提供出思想的素材，经某一班子从文字上进行推敲润色，最后才定稿。

著名的松下电器公司8万员工，每天早上上班第一件事，就是全体起立，齐声朗诵公司的"七精神"，即"工业报国，光明正大，团结一致，奋斗向上，礼貌谦虚，顺应时势，感恩戴德"。这"七精神"构成一种独特的价值观体系。"工业报国"是就公司与国家的关系而言，强调发展工业，是为了振兴国家；"光明正大"是就公司与社会的关系而言，强调公司在与社会各界的交往中，光明磊落，真诚守信；"团结一致"是就公司中员工之间的关系而言，强调同舟共济的团队精神；"奋斗向上"强调的是对事业的开

拓精神；"礼貌谦虚"强调的是对顾客的服务精神；"顺应时势"强调的是适应环境变化的创新精神；"感恩戴德"强调的是员工对公司的忠诚。

而这样一个价值观体系是由创始人松下幸之助提出后，以理念的形式，注入每个成员的精神，使大家愿为企业的共同目标而努力奋斗。当这家企业还是一个街道弄堂小厂的时候，创始人松下幸之助就制定了公司的纲领："努力为社会生活之改善提高以及世界文化之进步作出贡献"，"生产广泛需要的贵重生活物资，要像管理中心流水线一样，源源供应于世，以消除贫困，带来繁荣"。正是这一纲领的延伸和发展，逐步形成上述的"七精神"。

我国创建于1874年的杭州胡庆余堂药店，其之所以能经百年而盛名不衰，与其独特的经营观念有关。其营业厅高悬的"戒欺"横匾，明确写着"药业关系生命，尤为万不可欺""采办务真、修制务精"，这正是胡庆余堂在行业中争雄的诀窍，也是该企业从自己的实践中提炼出来的，因而带有企业创始人的个人色彩。

2. 创业者要身体力行，忠实地严守企业的价值观

企业创业者的模范行动是一种无声的号召，对下属起着重要的示范作用。因此，要塑造和维护企业的共同价值观，创业者本身就应是这种价值观的化身。他必须通过自己的行动向全体成员灌输企业的价值观。创业者确定了价值观体系之后，可以通过象征性行为、语言、故事等各种方式表示出自己对价值观体系始终如一的关注，从而使广大员工也跟着来关注价值观体系的实现。

（1）通过象征性的行为

特里·迪尔和阿伦·肯尼迪合著的《公司文化》一书中就讲到了通用电气公司董事长的一个故事：当杰克·韦尔奇还是一个集团的主管经理时，他为了表示出对解决外购成本过高的问题的关注，在办公室里装了一台特别电话，号码不对外公开，专供集团内全体采购代理商使用。只要某个采购人员从供应商那里争得了价格上的让步，就可以直接给韦尔奇打电话。无论韦尔奇当时正在干什么，是谈一笔上百万美元的业务还是同秘书聊天，他一定会停下手头的事情去接电话，并且说道，"这真是太棒了，大好消息：你把每吨钢材的价格压下来两角五分！"然后，他马上就坐下来起草给

这位采购人员的祝贺信。韦尔奇的这种象征性做法不仅使他自己成了英雄，也使每一位采购代理商成了不同于一般人的英雄。

有人谈到象征在管理中的作用时指出，每一个使用象征手法的行动既是它们本身又是一出小戏，在这个意义上说，领导也是戏剧艺术家。

(2) 要天天讲，时时讲

创业者要抓住价值观体系，全神贯注，始终不渝。斯堪的纳维亚航空公司的简·卡尔岑以服务作为经营的宗旨，从不放过任何一个微小的机会，反复强调服务。从来听不见他谈论飞机，他总是谈论乘客。他非常注意用词：斯堪的纳维亚航空公司不再是"以资产为中心的企业"，而是"以服务为中心的企业"，不再是"技术型或经济效益型公司"，而是"市场型公司"。

(3) 利用提升晋级这种"未被充分认识"的管理工具

创业者最关注什么，最明确、最清楚的信号就是提升，尤其是在发生变革的时刻更是这样。通过提升，大家最清楚地了解到你所坚持的价值准则和优先顺序。

(4) 利用故事和范例

事实证明，人类的推理过程在很大程度上是借助于范例故事，而不是大量资料数据。下面的事例足以说明：有一次，雷·克罗克访问温尼佩格的麦克唐纳特许快餐店，他发现了一只苍蝇，仅仅是一只苍蝇，可是它破坏了"质量、服务、清洁和实惠"的原则。两星期后，温尼佩格的那位快餐店老板的特许代理权被吊销了。在这件事流传开之后，绝大多数麦克唐纳快餐店都拼命消灭苍蝇，他们想出各种近乎神奇的办法保持餐厅里没有苍蝇，一只也没有。这就是范例和故事的效用。

3. 创业者要敢于摒弃旧文化，发展新文化

企业文化并不是一成不变的，而应随着内外环境的变化不断发展和完善。当一种企业文化形成时，它反映了企业成员的动机和想象，随后建立起来的有关制度和工作程序，提供了这个企业获得成功所必不可少的行为方式。但是，这种文化是以开始的条件为基础的，随着企业的发展和条件的变化，原有的企业文化可能会与形势的需要不相适应。这时，创业者们就要及时地予以发展和完善，在一定条件下甚至完全摒弃旧文化，重新创

造新的企业文化。但由于价值观念的更新是一个艰难的过程，而且需要很长的时间，因此，要尽量避免完全重建，最好是逐步发展和完善。创业者们要积极推动变革。他们可以通过推行参与管理、加强信息沟通等方式来加速企业成员观念的转变过程。当然，必要时也可以采取强制性措施来推行变革，这取决于外部环境的变化程度。如果外部环境变动剧烈，企业成员一时又难以接受新的价值观念，在这种应急情况下，企业领导也可以强行变革，以保证企业对外界的适应能力。《赢得优势》一书中提到这么一个例子：科宁玻璃公司多年以来一直是以装饰玻璃为主要产品的，可是这个市场已开始萎缩了。正在这时，阿瑟·霍顿被任命为公司总经理。他想把科宁公司变成一个高技术型公司。他采取了什么办法呢？他来到成品库房，那里装满了科宁公司有史以来生产出的最漂亮的玻璃制品（可是都是些滞销积压产品）。他带着一把大铁榔头亲手把价值几百万美元的成品打成粉碎，他的目的是让大家都清楚他要改弦更张，弃旧图新。他果然成功了。

第二章

中小型企业的战略管理

　　战略管理对于中小企业来说更为重要。因为中小企业往往是因为发现市场空缺,在短时间内创办的企业,正是这种偶然性和突发性使得很多中小企业一开始就没有一个完整的创办企业的计划,企业目光短视,只看到眼前利益,面对未来的发展变化缺乏应对措施。

企业战略管理概述

企业战略的概念

企业战略（Business Strategy）在西方战略管理文献中没有统一的定义，不同的学者与管理者赋予它不同的含义。

(1) 安德鲁斯的定义

安德鲁斯认为企业总体战略是一种决策模式，决定和揭示企业的目的和目标，提出实现目的的重大方针和计划，确定企业应该从事的经营业务，明确企业的经济类型与人文组织的类型，以及决定企业应对员工、顾客和社会做出的经济与非经济的贡献。

(2) 魁因的定义

魁因认为，战略是一种模式或计划，它将一个组织的主要目的、政策与活动按照一定的顺序结合成一个紧密的整体。一个制定得较为完善的战略有助于企业根据自己的内部能力与弱点、环境中的预期变化以及竞争对手可能采取的行动而合理地配置资源。

(3) 安索夫的定义

安索夫提出企业战略管理应分为两大类：企业总体战略和经营战略。企业总体战略考虑的是企业应该选择进入哪种类型的经营业务；经营战略考虑的是企业一旦选定了某种类型的经营业务后，确定应该如何在这一领域里进行竞争或运行。

(4) 明茨伯格的定义

明茨伯格对于企业战略的定义有着独到的认识。他指出，企业在经营活动中，人们在不同场合以不同方式赋予企业战略的不同内涵，明茨伯格提出了企业战略是由五种规范的定义阐明的，即战略是一种计划（Plan），战略是一种计策（Ploy），战略是一种模式（Pattern），战略是一种定位（Position），战略是一种观念（Perspective），构成企业战略的"5P"。

(5) 彼得·德鲁克的定义

彼得·德鲁克在《管理的实践》（1954）一书中对战略的定义是："战略就是管理者找出企业所拥有的资源并在此基础上决定企业应该做什么。"德鲁克的战略定义强调了企业经营者必须识别和找出自己所拥有的资源是什么，并根据自身的资源特点来确定企业的经营方向。彼得·德鲁克则认为：企业战略主要是回答两个问题：我们的企业是什么？它应该是什么？

现代管理大师彼得·德鲁克对世人有卓越贡献及深远影响，被尊为"大师中的大师""现代管理之父"。

德鲁克于1954年出版《管理实践》一书，从此将管理学开创成为一门学科（dis-cipline），从而奠定管理大师的地位。他于1966年出版的《卓有成效的管理者》一书成为高级管理者必读的经典之作；1973年出版的巨著《管理：任务，责任，实践》则是一本给企业经营者的系统化管理手册，为学习管理学的学生提供的系统化教科书。德鲁克的著作多达30余部，传播及130多个国家，甚至在苏联、波兰、南斯拉夫、捷克等国也极为畅销。其中最受推崇的是他的原则概念及发明，包括："将管理学开创成为一门学科、目标管理与自我控制是管理哲学、组织的目的是为了创造和满足顾客、企业的基本功能是行销与创新、高层管理者在企业策略中的角色、成效比效率更重要、分权化、民营化、知识工作者的兴起、以知识和资讯为基础的社会。"

（6）本书的定义

在本书中对企业战略的定义为：企业战略是企业为了自己的生存和发展，利用内部优势，把握外部机会，对企业的全局的、长远的、重大的问题所进行的谋划。它是企业战略思想的集中体现，是企业经营范围的科学规范，同时又是制定规划的基础。企业应当不断地根据行业发展的特点、竞争状况和企业自身能力和资源的条件，理性地选择应该做大、做强的核心业务或应当放弃的业务。

企业战略管理理论

战略管理理论在半个多世纪的发展历程中，由于企业所处经营环境的多变性和复杂性而呈现出一种动态演变的特点。总体看来，按照时间顺序可以大致将战略管理理论分为传统战略管理理论、现代战略管理理论和当代战略管理理论三大类。

1. 传统战略管理理论

传统的战略管理理论主要是指从1938年巴纳德发表《经理人员的职能》开始，至1990年哈默和普拉哈拉德在《哈佛商业评论》上发表《企业核心能力》之前近50年的时间。依据主流学派的观点，这一时段的战略管理理论有战略规划理论和以产业结构为基础的竞争战略理论。

（1）战略规划理论

1962年，美国著名管理学家钱德勒在《战略与结构：工业企业史的考证》一书中，分析了环境、战略和组织之间的相互关系，提出了"结构追随战略"的论点。在此基础上，关于战略构造问题的研究，形成了两个相近的学派："设计学派"和"计划学派"。

"设计学派"以哈佛商学院的安德鲁斯教授为代表，他对战略进行了四个方面的界定，将战略分为四个构成要素：即市场机会、公司实力、个人价值观和渴望、社会责任。

"计划学派"的代表人物是哈佛商学院的安索夫教授，他的主要观点是：战略制定是一个受控制的、有意识的正式计划过程；企业高层管理者是战略的设计师，计划人员是战略进程中主要的角色；企业战略制定出来后，要通过细致的目标、预算、程序和各种经营计划来贯彻执行。

（2）以产业结构为基础的竞争战略理论

1980年，美国哈佛大学教授迈克尔·波特出版了《竞争战略》一书，提出了以产业结构分析为基础的竞争战略理论，构建了关于企业竞争战略的基本分析框架，提供了相关研究企业竞争战略的分析工具。波特又出版了《竞争优势》一书，对企业竞争战略的许多重大问题，在管理理论上做出了自己的分析和解释，并形成了这一时期的系统模式——波特模式。这种竞争结构模式认为，一个产业中企业的投资收益率，取决于五个方面的竞争压力因素，其中三个源于"水平"竞争——替代品供应者、新进入者、现有的竞争者；两个源于"垂直"方向的竞争——供应者、用户的讨价还价能力。

2. 现代战略管理理论

1990年，哈默和普拉哈拉德《企业核心能力》的发表，把企业通过从外部环境研究来寻找竞争优势转向从企业内部分析来建立竞争优势。以

"核心能力"为标志的从企业内部寻求竞争优势的主流战略思想学派有：资源基础理论学派、核心能力弹论学派。

（1）资源基础理论学派

该学派认为，企业的资源具有异质性和非完全流动性特征，因此不同企业之间会存在很大差异性，也就是说，资源的异质性导致了企业的异质性。由于资源是不完全自由流动的，企业之间的异质性可能会长期存在。

（2）核心能力理论学派

该理论认为，现代市场竞争主要取决于企业核心能力的竞争，企业的经营能否成功，已经不再取决于企业的产品、市场的结构，而取决于其行为反应能力，即对市场趋势的预测和对变化中的顾客需求的快速反应。因此，企业战略的目标在于识别和开发竞争对手难以模仿的核心能力。"企业核心能力"理论弥补了波特的理论中注重企业外部分析的缺陷，提供了企业战略思考的新思路，成为企业经营和管理的重要理论之一。

3. 当代战略管理理论

随着科学技术的不断发展和经济全球化不断加强，市场竞争日益激烈，企业的发展环境日益动态化，越来越多的企业感觉到只依靠企业自身的资源求得发展受到了极大的限制。为了获取长期竞争优势，企业必须由相互竞争转向互利合作，在这个时代的主流战略管理理论有：产业集群战略理论、企业生态系统演化理论、边缘竞争理论。

（1）产业集群战略理论

该理论认为，在一定地理位置上集中的相互关联的企业以及相关机构，可以使企业享受集群带来的规模经济和范围经济的好处，而同时又可以保持自身行动的敏捷性；而且企业集群还可以减少交易费用，经验、知识、技能也能够很快地在集群内传播开来，从而有利于企业创新机制的培育；集群将是未来产业组织的发展模式，企业之间的竞争将体现为集群之间的竞争。

（2）企业生态系统演化理论

美国学者穆尔（James F. Moore）提出了"企业生态系统"这一全新的概念，打破了传统的以行业划分为前提的战略理论的限制，阐述了"共同进化"的思想。穆尔将"企业生态系统"定义为"以组织和个人的相互作

用为基础的经济联合体",组织和个人是商业世界的有机体,这种经济联合体生产出对消费者有价值的产品和服务,消费者是生态系统的成员。

(3) 边缘竞争理论

1998年布朗与艾森哈特合作出版了《边缘竞争》一书。该书认为高速变化和不可预测性是未来企业经营环境的特征,因此,战略最重要的是对变革进行管理,主要体现在三个方面:一是对变革做出反应;二是对变革做出预测;三是领导变革,领导变革意味着走在变革的前面,甚至是改变竞争游戏的规则。

中小型企业战略管理

中小型企业与大型企业战略的差异

1. 中小型企业战略管理系统的独特性

战略管理系统是指企业按照战略管理过程的要求而设立的战略管理组织、机构和制度等的总称,它为企业战略管理活动提供基本的程序和规范。战略管理系统最重要标志是其规范性。规范性是指系统在成员的构成、职责、权力等方面预先明确界定的程度。斯坦纳认为一个企业战略管理系统需要多大程度的规范性取决于以下因素:

表2-1 企业战略系统规范程度的影响因素

影响因素 \ 系统规范程度	规范而具体	欠规范和具体
企业规模	大型企业	小型的单一车间型企业
管理风格	政策制定者、专权者	民主放任者、直觉思考者、日常作业思考者
环境的复杂性	稳定环境、很少竞争,许多市场和顾客	动荡环境、单一市场和顾客、竞争激烈

系统规范程度 影响因素	规范而具体	欠规范和具体
生产过程的复杂性	很长的生产前置时间、劳动资金密集、一体化的制造过程、高技术、市场反映时间长	很短的生产前置时间、简单的制造过程、低技术、新产品的市场反映时间短
问题的实质	面临具有长远意义的复杂和艰难的问题	面临具有短期效应的问题

由表 2-1 可以得出以下基本结论：第一，从对环境的反映模式上看，大型企业是环境的影响者甚至是环境的改变者，而中小企业则只能是被动的适应者，因此，相对中小企业而言，环境总是复杂多变；第二，从管理风格上看，大型企业管理者更多的是政策的制定者而不是直接业务的操作者，他们更有可能从事规范的战略规划活动；第三，相对大型企业而言，中小企业生产运作技术比较简单，计划的周期也较短。由此可以看出中小企业对战略管理系统的规范性程度要求较低，事实也正是如此，绝大多数中小企业对战略的评价是非常不规范的，仅凭管理者直觉进行，并且在时空范围上非常有限。可以说不规范性是中小企业战略管理区别于大型企业战略管理活动的显著特征。

2. 中小型企业战略管理过程的独特性

战略管理是一个动态的过程，一个全面的、规范的战略管理过程大体上可以分解为三个阶段：战略分析阶段、战略选择及评价阶段和战略实施与控制阶段。当然，中小企业在战略管理的不规范性可能会体现在战略管理过程中，如某些环节的弱化甚至缺失等，都是不规范性的表现。

（1）战略分析的广度和深度

战略分析是企业战略管理的起点，是指对企业的战略环境进行分析、评价，并预测这些环境未来发展的趋势，以及这些趋势可能对企业造成的影响。战略分析包含两个方面：一方面是企业外部环境分析，其目的是识别环境中可能存在的机会和威胁。企业外部环境又可以分为两个层次，即一般环境和任务环境，前者是指一般性的政治、经济、社会、法律和技术等方面的因素。后者是指企业所处的特定行业，由竞争、供应、需求等因

素综合而成；另一方面是指企业内部环境，或者说是企业的素质，由资源和能力集合而成，内部条件分析的目的是发现自己的优势和劣势。结合内部环境和外部环境分析的结果就可以为企业确定行动方向。环境分析无论对于大型企业还是中小企业都是异常重要的，但两者在分析的广度和深度上存在明显差异。首先，中小企业大多在局部市场经营并且面临的主要矛盾是生存问题，其战略分析的重点往往是局部的、行业的，对全国性的一般力量关注不足，而且更多地着眼于短期因素；其次，由于较短的历史、相对简单的结构，中小企业对自身禀赋的认识也相对容易；最后，在战略分析工具的使用上，大型企业有能力采用先进的、严谨的方法，甚至于根据需要自己开发一些分析工具，而中小企业鲜有能做到这一点的。因此，中小企业在进行战略分析时，往往采用较简单的工具关注少数关键性的环境要素。

（2）中小企业战略选择的内容与侧重点

战略选择和评价过程实质就是战略决策过程，即探索、制定战略方案并进行选择。通常对于一个多元经营的企业而言，它的战略选择应解决两个相关问题：一是企业的经营范围或者经营领域。要明确企业从事的事业，确定企业以什么样的产品组合来满足哪一类的顾客需求；二是在特定的经营领域中如何获得竞争优势的问题。前者构成多元经营企业战略的第一层次，即公司战略，后者构成第二层次，又被称为经营单位战略。一般而言，企业的发展往往遵循单一经营到纵向集成再到多种经营的过程，中小企业生产单一的产品在局部市场销售。其战略决策的重点在于竞争优势的获取，直到发展到较高层次才可能考虑经营范围的问题。而大型企业战略决策的首要问题则是经营领域的确定，也就是说二者战略决策的侧重点是完全不同的。

（3）中小企业战略实施中的结构性特征

企业的战略方案确定以后，必须通过具体化的行动付诸实施，战略方案确定的目标才有可能实现。企业可以通过以下三个方面的努力来推进战略方案的实施：其一是对企业的组织结构进行合理的设计，使得企业的组织环境有利于特定战略的实现，其中的关键在于组织文化与战略的匹配；其二是制定职能战略，如生产战略、营销战略、研究与开发战略、财务战

略等，其实质是将企业的战略意图具体到不同的价值环节中去，从而获得有效的支撑点。为此，这些职能战略要能够体现出推进步骤、具体措施以及大体的时间安排等；其三是主要领导者的素质和能力与战略的匹配，即挑选合适的企业高层管理者来贯彻既定的战略方案。

组织结构是企业内部分工协作的基本形式或框架，钱德勒认为战略先行并导致结构的变化。一旦企业做出了某种战略选择，就需要稳定与之相匹配的结构，在一段较长的时期内保证战略的实施。中小企业大多属于简单结构，以低正规化、高集权化和低复杂性为其基本特征。这有利于提高企业的灵活性，但却是以损失结构的稳定性为代价的，显然这种"人治"的组织环境增加了特定战略的稳定实现的风险。

按照现代企业制度组织起来的大型企业，一个显著的特征就是所有权和经营权的分离。在这种体制下，掌握决策权的所有者完全可以通过选择合适的经理人来保证战略决策得到贯彻执行。但是中小企业的所有者和经营者大多是两位一体的，现有领导者的素质和能力决定了企业的战略选择，而不大可能通过选择合适的领导者来保证既定战略的实现，这一点恰好与企业战略产生的逻辑相矛盾。因此，中小企业这种治理结构上的特征在某种程度上弱化了其战略实现的能力。

对于中小企业来说，企业首要的目标是生存。所以其职能战略的核心即在于其赖以生存的根基——销售，企业有限的资源都要围绕这个目标来配置，衡量这个目标的主要指标是销售额和市场占有率。这时候营销职能被空前强化，而资源有限的，其他职能理所当然地被忽视了，其结果必然是导致企业"短板"的出现。

中小型企业战略管理的特点

1. 发挥比较优势是中小型企业战略管理的前提

大企业有大企业的优势，中小型企业有中小型企业的特点。正是有中小型企业的特点，正是这些经济细胞的多样性和互补性，造就了市场经济社会丰富多彩的"生态平衡"。在这个由大中小型各类企业组成的优胜劣汰"生态圈"中，失去优势，将无法生存。由于社会经济发展阶段不同，每个企业的背景、文化不同，即使同类企业，其比较优势也是不同的。改革开放初期的乡镇企业，之所以在当时能蓬勃发展，就在于发挥了其比较优势。

当时，它们的优势就在于规模小、机制灵活，且直接面对市场。虽然产品质量不很稳定，但因其生产规模较小，而市场需求量又大，适应了当时我国居民收入水平较低，对商品价格较为敏感的社会经济状况。随着国民经济的快速发展，我国已告别短缺经济，人民的需求档次逐步提升，价格减弱，人们更开始追求高质量、多功能的消费品。中小型企业若继续依靠简单的模仿去生产高度同一性的低层次产品，就无法适应新的形势。没有特色的中小型企业在低层次的竞争中很难继续生存，这就要求中小型企业必须根据自身特点重新认识自己的比较优势，并以此为前提制定未来的发展战略。其远景业务必须有足够的市场空间和成长空间，使企业能够随着业务的拓展而发展。这个比较优势的内涵是丰富的，它至少包括某项产品的核心技术优势、区域优势、人力资源优势、营销优势、偏好优势，等等。

2. 准确战略定位是中小型企业发展的关键

我国的中小型企业随着改革开放进程的加快，加之面对加入世贸组织，很难进行战略定位。但面对现实，面对比较优势又必须尽早地进行重新认识。中小型企业一般不易搞多角化经营，这是由产品的生命周期所决定的。中小型企业是选择某一产业的整体，还是选择这一产业的环节，都要很好地把握，主要是利用比较优势。企业对自身的比较优势的重新认识过程，也是对自身市场定位的一个再认识过程。通过这个过程，来认识和发挥比较优势，关键是看问题要站得高，"一览众山小"。

3. 领先制度创新是中小型企业发展的保证

领先制度创新就是建立"适应生存"的制度。创新是企业的灵魂，改革是企业永恒的主题。改革与创新可使结构性问题程序化、科学化，可以针对产品的生产、技术、财务、营销、企业文化、服务等，紧紧跟上世界经济一体化的步伐，寻找创新的突破口，从而实现扩大市场空间，实现企业快速增长。

中小型企业战略的制定及实施

中小型企业战略环境分析方法

通过对外部环境和内部条件的分析，明确了对企业生产经营起主要决定作用的关键因素、企业未来的机遇和威胁、企业的竞争优势和劣势，就可以寻找出最适合企业发展的经营道路。对外部和内部环境的分析是中小型企业战略制定的基础，因此，本部分将着重讨论常见的企业战略环境分析方法。

1. 企业外部环境分析

（1）PEST 分析

PEST 分析是指宏观环境的分析，宏观环境又称一般环境，是指影响一切行业和企业的各种宏观力量。对宏观环境因素做分析，不同行业和企业根据自身特点和经营需要，分析的具体内容会有差异，但一般都应对政治（Political）、经济（Economic）、社会（Social）和技术（Technological）这四大类影响企业的主要外部环境因素进行分析。简单而言，称之为 PEST 分析法，具体如图 2-1 所示。

（2）波特五力分析模型

迈克尔·波特于 20 世纪 80 年代初提出的五力分析模型，如图 2-2 所示，对企业战略制定产生全球性的深远影响。五种力量模型将大量不同的因素汇集在一个简单的模型中，以此分析一个行业的基本竞争态势。五种力量模型确定了竞争的五种主要来源，即供应商和购买者的讨价还价能力，潜在进入者的威胁，替代品的威胁，以及来自目前在同一行业的公司间的竞争。

1）供应商的讨价还价能力

供应商主要通过提高投入要素价格与降低单位价值质量的能力，来影响行业中现有企业的赢利能力与产品竞争力。

2）购买者的讨价还价能力

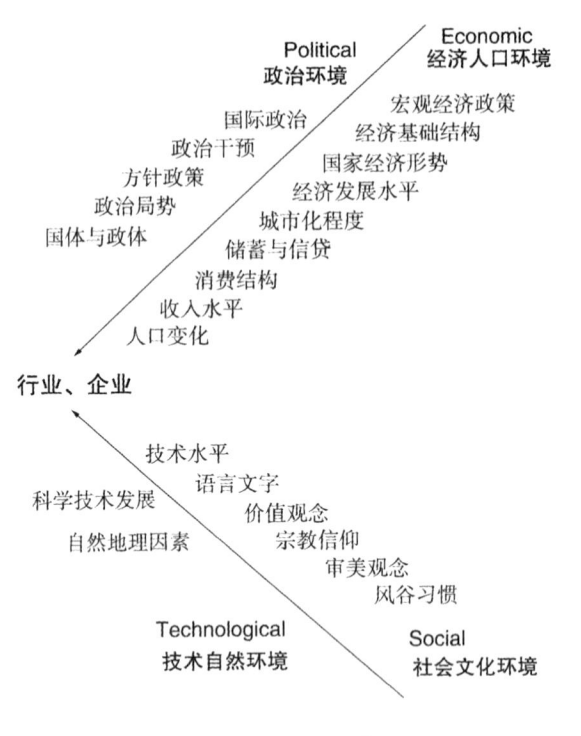

```
                              Political          Economic
                              政治环境           经济人口环境
                                    国际政治      宏观经济政策
                                 政治干预         经济基础结构
                              方针政策            国家经济形势
                           政治局势               经济发展水平
                        国体与政体                城市化程度
                                                 储蓄与信贷
                                                 消费结构
                                                 收入水平
                                                 人口变化
                  行业、企业
                                    技术水平
                                 语言文字
                  科学技术发展     价值观念
                     自然地理因素  宗教信仰
                                 审美观念
                                 风俗习惯
                  Technological    Social
                  技术自然环境     社会文化环境
```

图 2-1　PEST 分析

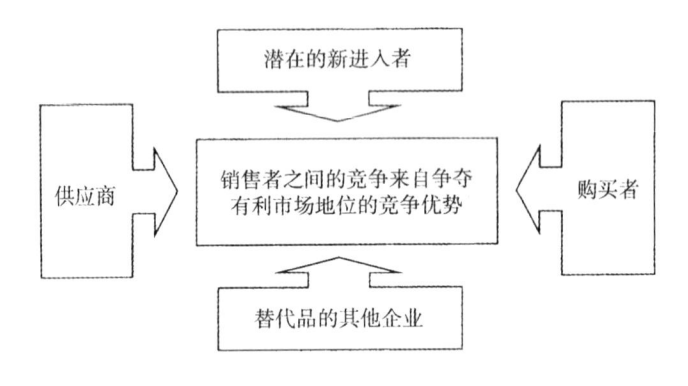

```
              ┌──────────────┐
              │ 潜在的新进入者 │
              └──────┬───────┘
                     ↓
  ┌─────┐      ┌──────────────────┐      ┌─────┐
  │供应商│ →   │销售者之间的竞争来自争夺│ ←   │购买者│
  │     │      │有利市场地位的竞争优势 │      │     │
  └─────┘      └──────┬───────────┘      └─────┘
                     ↑
              ┌──────────────┐
              │ 替代品的其他企业 │
              └──────────────┘
```

图 2-2　波特五力分析模型

购买者主要通过压价与要求提供较高的产品或服务质量的能力，来影响行业中现有企业的赢利能力。

3）新进入者的威胁

新进入者在给行业带来新生产能力、新资源的同时，将希望在已被现

有企业瓜分完毕的市场中赢得一席之地，这就有可能会与现有企业发生原材料与市场份额的竞争，最终导致行业中现有企业赢利水平降低，严重的话还有可能危及这些企业的生存。

4）替代品的威胁

两个处于不同行业中的企业，可能会由于所生产的产品是互为替代品，从而在它们之间产生相互竞争行为，这种源自替代品的竞争会以各种形式影响行业中现有企业的竞争战略。

5）行业内现有竞争者的竞争

大部分行业中的企业，相互之间的利益都是紧密联系在一起的，作为企业整体战略一部分的各企业竞争战略，其目标都在于使自己的企业获得相对于竞争对手的优势。

（3）外部因素评价矩阵

外部因素评价矩阵简称 EFE 矩阵，是一种对外部环境进行分析的工具，其做法是从机会和威胁两个方面找出影响企业未来发展的关键因素，根据各个因素影响程度的大小确定权数，再按企业对各关键因素的有效反应程度对各关键因素进行评分，最后算出企业的总加权分数。通过 EFE 矩阵，企业就可以把自己所面临的机会与威胁汇总，来刻画企业的全部吸引力。

EFE 矩阵可以按如下五个步骤来建立：

第一，列出在外部分析过程中确认的关键因素；

第二，赋予每个因素以权重；

第三，按照企业现行战略对关键因素的有效反应程度为各关键因素进行评分；

第四，用每个因素的权重乘以它的评分，即得到每个因素的加权分数；

第五，将所有因素的加权分数相加，以得到企业的总加权分数。

2. 企业内部条件分析

（1）内部因素评价矩阵

内部因素评价矩阵（Internal Factor Evaluation Matrix）简称 IFE 矩阵，是一种对内部因素进行分析的工具，其做法是从优势和劣势两个方面找出影响企业未来发展的关键因素，根据各个因素影响程度的大小确定权数，再按企业对各关键因素的有效反应程度对各关键因素进行评分，最后算出

企业的总加权分数。通过 IFE 矩阵，企业就可以把自己所面临的优势与劣势汇总，来刻画出企业的全部引力。

IFE 矩阵可以按如下五个步骤来建立：

第一，列出在内部分析过程中确定的关键因素。采用 10~20 个内部因素，包括优势和弱点两方面的。

第二，给每个因素以权重，其数值范围是 0.0（不重要）到 1.0（非常重要）。权重标志着各因素对于企业在产业中成败的影响的相对大小。

第三，为各因素进行评分。1 分代表重要弱点；2 分代表次要弱点；3 分代表次要优势；4 分代表重要优势。

第四，用每个因素的权重乘以它的评分，即得到每个因素的加权分数。

第五，将所有因素的加权分数相加，得到企业的总加权分数。

（2）柔性分析

制定公司战略时有必要分析的一个问题是组织资源的灵活性和适应性。在分析灵活性之前，首先要分析组织面临的不确定性，面临着变幻无常的原料市场的生产企业会扩大其供应商的选择范围。相反，如果它面临的是一个稳定的市场，它就会拥有一个极不灵活、柔性很差、大批量的生产系统，这个生产系统保证其具有极高竞争力的成本结构。

柔性分析（Flexibility）只是简单地列示出各领域各方面的不确定性，以及组织资源应付这些不确定性的程度。

中小型企业成长战略类型与内容

中小型企业选择战略时需要考虑在现有业务范围内，寻找发展机会；分析建立和从事某些与目标业务有关的新业务的可能性；考虑开发与目前业务无关，但有较强吸引力的业务。中小型企业发展中可以选择一体化、多元化等成长型战略。

1. 一体化战略

前向一体化（Forward Integration）、后向一体化（Backward Integration）和水平一体化（Horizontal Integration）有时被统称为纵向一体化战略。一体化战略有利于企业对分销商、供应商和竞争者的控制

（1）前向一体化

前向一体化战略是指获得分销商或零售商的所有权或加强对它们的控

制，也就是指企业根据市场的需要和生产技术的可能条件，利用自己的优势，把成品进行深加工的战略。当一个企业发现它的价值链上的前面环节对它的生存和发展至关重要时，它就会加强前向环节的控制。

（2）后向一体化

后向一体化战略是指企业利用自己在产品上的优势，把原来属于外购的原材料或零件，改为自行生产的战略。在生产过程中，物流从反方向移动。即通过获得供应商的所有权或增强对其控制来求得发展的战略。如果企业当前的供货商不可靠、要价太高或者不能满足需要时，企业经常采用这种战略。

（3）水平一体化

水平一体化战略是指获得对竞争者的所有权或者控制力的战略。实质是资本在同一产业和部门内的集中，目的是实现扩大规模、降低产品成本、巩固市场地位。在竞争者之间出现的合并、收购和接管，有利于提高规模经济效应，有利于促进增强资源与能力的转移。

2. 强化战略

市场渗透（Market-Penetration）、市场开发和产品开发被称为强化战略，因为这些战略都要求通过更大的努力提高企业现在产品的竞争地位。

（1）市场渗透

市场渗透战略是一种立足于现有产品，充分开发其市场潜力的企业发展战略。该战略可以通过扩大生产规模、提高生产能力、增加产品功能、改进产品用途、拓宽销售渠道、开发新市场、降低产品成本、集中资源优势等单一策略或组合策略，实现市场逐步扩张。其战略核心体现在两个方面：利用现有产品开辟新市场实现渗透，向现有市场提供新产品实现渗透。

（2）市场开发

市场开发战略是由现有产品和新市场组合而产生的战略。它是发展现有产品的新顾客群或新的地域市场从而扩大产品销售量的战略。市场发展可以分为区域性发展、国内市场发展和国际市场发展等。市场开发战略是企业用现有的产品开辟新的市场领域的战略。如果市场上企业现有的产品已经没有进一步渗透的余地时，就必须设法开辟新的市场，如将产品由城市推向农村，由本地区推向外地区等。

(3) 产品开发

产品开发战略是建立在市场观念和社会观念的基础上，企业向现有市场提供新产品，以满足顾客需要，增加销售的一种战略。这种战略的核心内容是激发顾客的新的需求，以高质量的新品种引导消费潮流。

3. 多元化战略

多元化战略（Diversification Strategies）包括三种基本类型：同心多元化（Concentric）、水平多元化（Horizontal）和集中多元化（Conglomerate）。

(1) 同心多元化

同心多元化战略是指企业增加新的、相关的产品或服务的战略，即企业利用原有的技术、特长、经验等发展新产品，增加产品种类，从同一圆心向外扩大业务经营范围。例如，汽车制造厂增加拖拉机生产。

(2) 水平多元化

水平多元化战略是指企业利用原有的市场，采用不同的技术来跨行业发展新产品，增加产品种类和生产新产品销售给原市场的顾客，以满足他们新的需求。水平多元化意味着向其他行业投资，有一定的风险，必须具备一定的能力才能实施。但由于服务对象未变，处理好了易于稳定顾客。

(3) 集中多元化

集中多元化战略是指企业通过收购、兼并其他行业的业务，或者在其他行业投资，把业务领域拓展到其他行业中去，新产品、新业务与企业的现有业务、技术、市场毫无关系。也就是说，企业既不以原有技术也不以现有市场为依托，向技术和市场完全不同的产品或业务项目发展。

4. 迈克尔·波特的一般战略

(1) 总成本领先战略

总成本领先要求建立起高效规模的生产设施，在经验的基础上全力以赴降低成本，严格进行成本与管理费用的控制，以及最大限度地减小研究开发、服务、推销、广告等方面的成本费用。

为了达到这些目标，就要在管理方面对成本给予高度的重视。尽管质量、服务以及其他方面也不容忽视，但贯穿于整个战略之中的核心内容是使成本低于竞争对手。

(2) 差别化战略

差别化战略是将产品或公司提供的服务差别化，树立起一些全产业范围中具有独特性的东西。实现差别化战略可以有许多方式：设计名牌形象、技术上的独特、性能特点、顾客服务、商业网络及其他方面的独特性。最理想的情况是公司在几个方面都有其差别化特点。

（3）目标集聚战略

目标集聚战略是主攻某个特殊的顾客群、某产品线的一个细分区段或某一地区市场。正如差别化战略一样，目标集聚战略可以具有许多形式。虽然低成本与差别化战略都是要在全产业围内实现其目标，目标集聚战略的整体却是围绕着很好地为某一特殊目标服务这一中心建立的，它所开发推行的每一项职能化方针都要考虑这一中心思想。

三种基本战略之间的区别如图 2-3 所示。

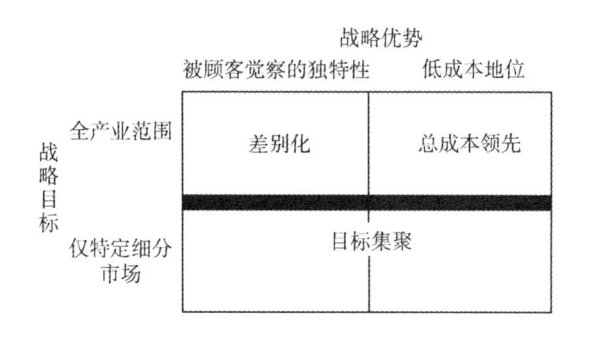

	战略优势	
战略目标	被顾客觉察的独特性	低成本地位
全产业范围	差别化	总成本领先
仅特定细分市场	目标集聚	

图 2-3 三种基本战略

中小型企业战略分析与选择

在现代市场竞争的现实当中，中小企业的生命周期比大型、巨型企业要短得多。分析研究表明，中小企业生命周期的延缩，取决于企业的发展战略，尤其是竞争战略的制定与实施。

1. SWOT 分析法

SWOT 一词是英文中优势（Strength）、弱点（Weakness）、机会（Opportunity）和威胁（Threat）四个单词的首写字母。它包括四个步骤：第一步是根据行业发展优势、市场机会等外界环境中的不可控因素，以及企业潜在的竞争优势，推导出长期目标。第二步是对外界环境的调查分析，界定公司的威胁与机会。第三步是对企业组织的分析，使计划者清楚地掌

握企业优势和弱势所在。第四步是制定竞争战略,对前三步的分析要素进行匹配分析,这是竞争战略的制定中最重要的环节。如果企业能将自身条件与外界环境有机结合在一起,就容易获得成功。在匹配过程中观察环境因素时,企业应尽量利用市场机会,扭转不利环境因素造成的负面影响,并加强自身的实力,改善自身的不足。SWOT分析矩阵如表2-2所示。

表2-2　SWOT分析矩阵

	S 优势 1. 2.（列出优势） ……	W 劣势 1. 2.（列出劣势） ……
O 机会 1. 2.（列出机会） ……	SO 战略 1. 2.（利用优势把握机会） ……	WO 战略 1. 2.（利用机会克服劣势） ……
T 威胁 1. 2.（列出威胁） ……	ST 战略 1. 2.（利用优势回避威胁） ……	WT 战略 1. 2.（将劣势降到最小避免威胁） ……

2. 波士顿咨询集团矩阵（BCG 矩阵）

BCG 矩阵将组织的每一个战略事业单位（SBUs）标在一种二维的矩阵图上,从而显示出哪个 SBUs 提供高额的潜在收益,以及哪个 SBUs 是组织资源的漏斗。BCG 的实质是为了通过业务的优化组合实现企业的现金流量平衡。

BCG 矩阵区分出 4 种业务组合,如图 2-4 所示。

	相对市场份额	
	高　　中	低
产业销售增长率 高 中	明星 Ⅱ	问题 Ⅰ
低	现金牛 Ⅲ	瘦狗 Ⅳ

图 2-4　BCG 矩阵

1）问题型业务

问题型业务，指高增长、低市场份额的业务，处在这个领域中的是一些投机性产品，带有较大的风险。这些产品可能利润率很高，但占有的市场份额很小。这往往是一个公司的新业务，为发展问题业务，公司必须建立工厂，增加设备和人员，以便跟上迅速发展的市场，并超过竞争对手，这些意味着大量的资金投入。

2）明星型业务

明星型业务（Stars），指高增长、高市场份额的业务，这个领域中的产品处于快速增长的市场中并且占有支配地位的市场份额。明星型业务是由问题型业务继续投资发展起来的，可以视为高速成长市场中的领导者，它将成为公司未来的现金牛业务。但这并不意味着明星业务一定可以给企业带来源源不断的现金流，因为市场还在高速成长，企业必须继续投资，以保持与市场同步增长，并击退竞争对手。

3）现金牛业务

现金牛业务（Cash Cows），指低增长、高市场份额的业务，处在这个领域中的产品产生大量的现金，但未来的增长前景是有限的。这是成熟市场中的领导者，它是企业现金的来源。由于市场已经成熟，企业不必大量投资来扩展市场规模，同时作为市场中的领导者，该业务享有规模经济和高边际利润的优势，因而给企业带来大量现金流。

4）瘦狗型业务

瘦狗型业务（Dogs），指低增长、低市场份额的业务，这个领域中的产品既不能产生大量的现金，也不需要投入大量现金，这些产品没有希望改进其绩效。一般情况下，这类业务常常是微利甚至是亏损的，瘦狗型业务的存在更多的是由于感情上的因素，虽然一直微利经营，但像人养了多年的狗一样恋恋不舍而不忍放弃。其实，瘦狗型业务通常要占用很多资源，如资金、管理部门的时间等，多数时候是得不偿失的。

3. 大战略矩阵

大战略矩阵是一种常用的制定备选战略工具。它的优点是可以将各种企业的战略地位都置于大战略矩阵的四个战略象限中，并加以分析和选择。公司的各分部也可以按此方式被定位。大战备矩阵基于两个评价数值：横

轴代表竞争地位的强弱，纵轴代表市场增长程度。位于同一象限的企业可以多采取很多战略，图2-5列举了适用于不同象限的多种选择，其中各战略是按其相对吸引的大小面分列于各象限中的。

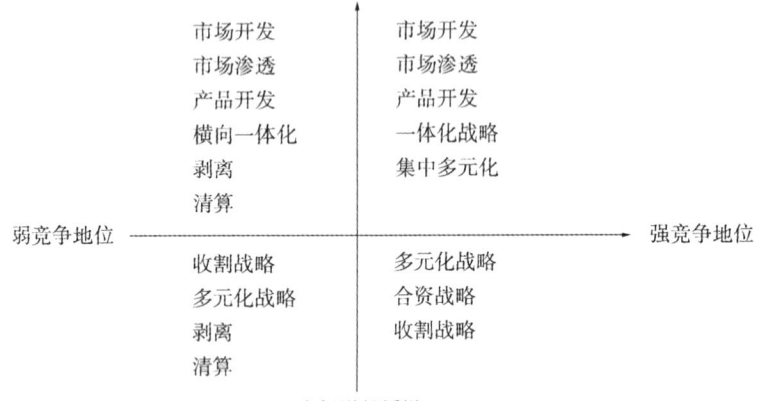

```
                     市场增长迅速

        市场开发           市场开发
        市场渗透           市场渗透
        产品开发           产品开发
        横向一体化         一体化战略
        剥离               集中多元化
        清算
弱竞争地位 ─────────────────────── 强竞争地位
        收割战略           多元化战略
        多元化战略         合资战略
        剥离               收割战略
        清算

                     市场增长缓慢
```

图2-5 大战略矩阵

位于大战略矩阵第一象限的公司处于极佳的战略地位。对这类公司，继续集中经营于当前的市场（市场渗透和市场开发）和产品（产品开发）是适当的战略。第一象限公司大幅度偏离已建立的竞争优势是不明智的。当第一象限公司拥有过剩资源时，后向一体化、前向一体化和横向一体化可能是有效的战略。

位于第二象限的公司需要认真地评价其当前的参与市场竞争的方法。尽管其所在产业正在增长，但它们不能有效地进行竞争。这类公司需要分析企业当前的竞争方法为何无效，企业又应如何变革而提高其竞争能力。由于第二象限公司处于高速增长产业，加强型战略（与一体化或多元化经营战略相反）通常是它们的首选战略。

位于第三象限的公司处于产业增长缓慢和相对竞争能力不足的双重劣势下。在确定产业正处于永久性衰退的前提下，这类公司必须着手实施收割战略。首先应大幅度地减少成本或投入，另外可将资源从现有业务领域逐渐转向其他业务领域。最后便是以剥离或结业清算战略迅速撤离该产业。

位于第四象限的公司其产业增长缓慢，但却处于相对有利的竞争地位。

这类公司有能力在有发展前景的领域中进行多元经营。这是因为第四象限公司具有较大的现金流量，并且对资金的需求有限，有足够的能力和资源实施集中多元化或混合式多元化战略。同时，这类公司应在原产业中求得与竞争对手合作与妥协，横向合并或进行合资经营都是较好的选择。

4. 价值链分析法

价值链分析法把企业内外价值增加的活动分为基本活动和支持性活动，基本活动涉及企业生产、销售、进料后勤、发货后勤、售后服务。支持性活动涉及人事、财务、计划、研究与开发、采购等，基本活动和支持性活动构成了企业的价值链，如图 2-6 所示。不同的企业参与的价值活动中，并不是每个环节都创造价值，实际上只有某些特定的价值活动才真正创造价值，这些真正创造价值的经营活动，就是价值链上的"战略环节"。

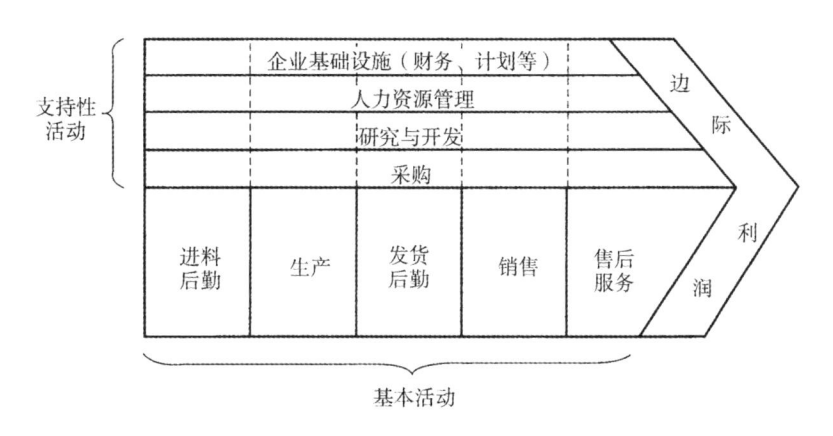

支持性活动	企业基础设施（财务、计划等）					边际利润
	人力资源管理					
	研究与开发					
	采购					
	进料后勤	生产	发货后勤	销售	售后服务	
	基本活动					

图 2-6 价值链分析

企业要保持的竞争优势，实际上就是企业在价值链某些特定的战略环节上的优势。运用价值链的分析方法来确定核心竞争力，就是要求企业密切关注组织的资源状态，要求企业特别关注和培养在价值链的关键环节上获得重要的核心竞争力，以形成和巩固企业在行业内的竞争优势。企业的优势既可以来源于价值活动所涉及的市场范围的调整，也可来源于企业间协调或合用价值链所带来的最优化效益。

我国中小型企业战略管理实践

我国中小型企业战略管理中存在的问题

1. 企业战略意识淡薄，战略意图不明确

战略管理，人们通常觉得是大公司、大企业的事。大部分小企业，尤其是刚刚处于创业阶段的企业，根本没有意识到战略定位的重要性，其成立和运行仅出于对地方资源的即时利用或短期出现的市场需求，缺乏长远的目标。也有一部分企业，管理者觉得环境或市场变化太快，制定战略没有实际意义，不知道企业在行业中的位置所在及发展方向。其实，战略管理对于中小企业来说更为重要。因为中小企业的诞生，往往是因为发现市场空缺，在短时间内创办的企业，正是这种偶然性和突发性使得很多中小企业一开始就没有一个完整的创办企业的计划，企业目光短视，只看到眼前利益，面对未来的发展变化缺乏应对措施。

2. 企业缺乏经营理念，战略定位模糊

中小企业应根据自身实力选择一个可以发挥自身特长的经营领域。而我国许多不成功的中小企业在创业以及经营了相当长的一段时间后，仍无法明确自己的经营理念和定位，总是跟在别人后面，结果总是处于被动的局面，最容易被竞争挤出局。实际上国内大部分中小企业的创立及运营，很多是源于短期的市场需求，它们所制定的一些战略规划，并未考虑企业的未来发展。因此，明确的经营理念和准确的战略定位是确保企业获得长远发展的基础。

3. 盲目扩张发展，企业资源与战略不符

有些企业战略失败的更深层次的原因是其发展战略缺乏实施的基础，与企业资源不适应。企业制定了宏伟发展规划，但规划的目标与企业当前的生产经营状况实在相距太远，企业在进行战略分析及制定时不是结合企业实际，而是盲目扩张。这样的发展规划有时甚至比没有规划更有害于企业的长远发展。

4. 战略分析制定缺少员工参与

许多中小企业在战略分析制定过程中都是以高层领导人的意志为基础，而未考虑基层员工的想法。而战略的实施过程是一个全员参与的过程，从而使战略的制定与实施产生冲突，使得制定好的战略不能被很好地贯彻下去。

提升我国中小型企业战略管理的对策

1. 我国中小型企业制定战略的原则及选择模式

（1）基本原则：专业化和突出核心专长

现代战略理论的前沿资源基础理论认为，企业的竞争优势主要来源于企业内部优质的、特异的资源。而我国企业则总是喜欢把企业的优势来源定位于如劳动力成本、获得资金的难易程度以及与政府的关系等外部因素上。企业应抛弃这种观念，认真分析自身的优势（strength）和劣势（weakness），结合外部环境的机会（Opportunity）和威胁（Threat），找到本公司与众不同的资源（这可能形成企业将来的核心竞争力）。

中小型企业由于财力、物力和人力等因素限制，不可能在多个行业都具有竞争优势。所以，这就要求企业做到"有所不为而后有为"，坚持专业化发展，集中企业内部资源，强化核心专长，由此来培育企业长期的竞争优势。很多中小型企业由于盲目多元化带来优势资源的分化，导致企业竞争优势的瓦解，失去了生命力。对于高技术中小型企业而言，重点强化核心技术开发能力是十分必要的，因为它最可能成为企业的核心专长从而演化为核心竞争力。

（2）市场原则：目标集聚、差异化和国际化

1）目标集聚原则

企业没有了市场，就等于人没有了生命。但竞争的全球化和消费者需求周期的变短将使得新市场会不断地出现。这意味着对企业而言，问题不是有没有市场机会，而是市场机会是什么？它具体在哪儿？如何找到它？这些就是制定战略的潜在出发点和目标。

另外，现有的市场不可能是天衣无缝的，总会存在"空隙"。索尼公司董事长盛田昭夫的"圆圈理论"认为，在无数的大圆圈（指大企业占有的销售市场）与小圆圈（即小企业占有的销售市场）之间，必然存在一些空

隙，即仍有部分尚未被占领的市场。"空隙"市场由于产品服务面比较窄，市场容量不大，大企业因不能形成规模生产而不愿插足该领域，使中小型企业既可扩大市场占有率，又可扩大收益率。中小型企业只要看准机会，立即"挤"占，将这些空隙组成联合销售网，必定会超过那些大圆圈市场。中小型企业机动灵活、适应性较强的优势，将能保证它们寻找到市场上的各种空隙，"钻进去"从而形成独特的竞争优势。

2）差异化原则

差异化是将企业提供的产品标新立异，形成全产业内具有独特性的东西。差异化的方式可以是设计或品牌形象、技术特点、客户服务、经销网络及其他方面的独特性。坚持差异化原则可以利用客户对品牌的忠诚以及由此产生的对价格敏感性的下降使中小型企业避免与大企业发生正面冲突，它可以增加利润却不必追求低成本。中小型企业为保持在特定市场上的优势地位，不以扩大市场规模为目标，而是以开发高附加值的、有别于大企业的产品为方向，力求达到无人可敌的境地，这样做自然可获得丰厚回报。

差异化要求中小型企业要有一定的创新能力，这种创新不一定必须是实质性的创新开发，重要的是顾客能感觉到的创新。

中小型企业贴近市场，可根据消费需求，采用差异化战略，生产与大企业产品有差异的特色产品，吸引消费者。差异化的优点是：小批量、多品种生产，机动灵活，能够适应与启发消费者的需求，因而可以不断提高销售额；企业经营针对性强，风险分散，有利于提高市场份额，增强竞争能力。中小型企业如果以特色产品和优质服务赢得消费者的信任，就能树立起良好的市场形象，提高消费者或用户对该企业产品的依赖程度和购买频率。

3）国际化原则

斯泰纳公司和克罗诺斯公司销售收入的50%以上来自出口，显示了德国中小企业在国际化经营上获得的巨大成功。中小型企业的国际化可以是直接经营进出口业务或跨国经营，这对我国的部分中小型企业，尤其是小企业来讲是有一定难度的。但也可是经营战略上的国际化，具体方式如借助于大企业集团、跨国公司以及Internet相关网站等。中小型企业可以不走出国门去办厂，但一定要放眼世界，要有全球化的战略眼光。

（3）产业定位原则：乐当配角和虚拟经营

1）配角原则

在合作竞争的大环境下，大企业的空前发展为中小型企业带来新的发展契机。中小型企业由于规模小、产品单一，具有较大的依附性，独立生存能力弱，故可与大企业结成某种稳定的协作关系，使自己成为大企业的"卫星工厂"。中小型企业采用这种战略有利于提高专业化生产能力和水平，形成单一产品的规模产量，能够有效降低生产成本。由于与大企业的配套关系明确，使产品有稳定的销售渠道，降低了市场营销费用，减少了经营风险。

在我国，不少中小型企业仍对承接大企业外包业务的经营模式存在着偏见，都愿意当"主角"，独自生产面向消费市场的产品，而不管这种产品是不是有市场，是不是能顺利地销售出去。中小型企业的"小而全"，逼得大企业搞"大而全"，形成不合理的经济结构。

2）虚拟经营原则

从价值链的角度看来，世界上无论大企业还是小企业，没有一家会在所有的业务环节都具有竞争优势，所以为了保持和强化核心业务，使企业更具竞争力，企业可以只保留最关键的核心业务环节，其他在本企业资源有限约束下无法做到最好的环节，可将之"虚拟化"。虚拟经营推崇的理念是：如果某一环节不是我们的核心竞争优势，如果这种活动不至于与客户分开，如果能以更低成本获得比自制更高价值的资源，那么就把它让给合作伙伴去做。虚拟经营的具体方式有业务外包、战略联盟、技术互换协议和平衡投资等。

2. 提升我国中小型企业战略的整体策略

中小型企业战略提升是一个系统工程，应该从战略制定、战略执行和战略调整三方面同时进行改进，才能真正提升我国中小型企业战略管理的水平。

（1）战略制定

1）突出自己的专业化和专长

企业战略的制定不是简单地对企业做出一个未来计划，而是根据市场的需要和条件，以及自有资源来决定企业的发展方向，带领企业做正确的

事，这才是根本。特别是初创的中小企业要根据自身优势，选定对自己有利的一个主要行业，然后集中企业内部资源，专注于专业化发展，突出核心专长，培养企业长期的竞争优势。在企业发展过程中，不要盲目追求多元化，因为中小企业受财力、物力和人力等因素制约，不可能在多个行业中都具有竞争优势，最好专注于某个行业，突出自己的专业化和专长，对核心技术进行提升，增强企业竞争力，这才是正确的选择。

2）正确地确定目标消费者

企业制定战略的时候一定要进行市场细分，注意自己的目标消费者是哪一群体。有些企业在创立的时候，不清楚自己的目标消费者是哪个群体，甚至喊出要做"中国第一品牌""让我们的产品走入中国每一个家庭"。如果真是那么容易，就不会有那么多的中小企业面临倒闭的危险了。仔细想一想，这样的企业根本就没有对市场进行深入了解和分析。中小企业利用自身的机动灵活，适应能力强和速度快的优点，从而形成独特的竞争优势，"圆圈理论"就是要求中小企业必须确定自己的目标市场和目标消费者。所以，中小企业在起步发展阶段，其战略上一定要明确自己的目标消费者，只有这样，企业才可能迈向成功。

3）注意战略联盟的重要性

企业在战略的制定上，要注意战略联盟对一家企业成功的重要性。有很多企业认为，同行如敌国，从来没想过和同行一起携手打入市场，一起占领市场份额，反而是对竞争者进行千方百计地打压，实施不正当竞争，最后两败俱伤。规范的市场经济注重互惠互利，与其拼个你死我活，导致企业陷入困境，不如一起合作取得双赢。如何能取得双赢呢？就要从战略联盟入手。战略联盟伙伴可以不是同行业的竞争对手，也可以是同行业的竞争对手。例如，世界首富比尔·盖茨在初创业时开发了 PC 操作系统，通过多次请求、磋商、谈判，和 IBM 签订了合作协议书。比尔·盖茨通过和 IBM 的合作，乘上 IBM 公司这辆快车，并让微软迅速成长，最后成为全球最强的软件制造商。由此可见，当企业与企业之间结成某种稳定的利益关系，与企业的配套关系明确之后，不但可以营造出一个良好的经营环境，而且还可以降低成本和经营风险。所以，中小企业制定战略的时候，应该根据自己的优势，针对特定的目标市场，通过战略联盟来做大、做强。

（2）战略执行

当中小企业制定了正确的战略之后，面临的第二个问题，是战略的执行。目前，许多中小企业管理者不知道如何将制定好的企业战略完整地贯彻下去，企业内部经常出现不协调现象，导致战略执行与实际执行的结果存在偏差，这就涉及企业的执行力问题。要想使企业的战略能够顺利贯彻实施，应从以下几个方面着手。

1）让员工认识企业战略的深层含义

现在不少中小企业认为企业战略的制定是少数企业核心人物的事情，其他人没有权干涉。这就导致企业管理者不去和员工沟通探讨企业的战略，员工当然就理解不了企业战略的真正意图，企业战略就不能真正得到有效的贯彻执行。所以，在执行战略的过程中，不仅要让员工了解企业的深层含义，还要对员工进行必要的培训指导，提高员工的自身素质，才能更有效地去执行。

2）建立完善的监督检查机制

因为战略是长远的，而未来的可变因素却很多，有些变化也有可能不在战略的预测范围之内，导致战略实施结果与战略预测结果存在偏差。建立完善的监督检查机制就是确定战略实施结果与战略预测的结果之间偏差的原因何在，是战略本身或是员工的问题，还是市场的变化等，确定出现偏差的原因在哪里，为日后的战略调整作好准备。

（3）战略调整

企业制定的战略在实施的过程中，执行的结果与战略预测的结果不可能是100%相同的，必然存在偏差。发生偏差究竟是员工的问题，还是环境因素的变化引起的，这就要找出原因。当然，如果战略本身的制定是错误的，就谈不上调整。战略是针对企业内外环境变化而制定出来的，环境变了，战略也要跟着变。战略是适应环境，而不是环境适应战略，只有针对环境因素的变化来对企业战略进行调整，战略才能够顺利执行。战略的调整是执行战略时必须要做的事情，战略调整的前提是必须紧贴市场，深入了解市场变化后的商机。如果不能灵活，而是死板地执行，一旦环境变了，战略执行到最后必定是失败，也意味着企业很有可能会陷入困境，甚至面临倒闭的危机，所以战略调整也是做好企业战略管理的关键之一。

3. 我国中小企业适用的战略

中小企业为了适应激烈的市场竞争，提高竞争能力和经营效益，就必须树立战略管理意识，提高战略管理技能，同时结合自身特点，制定出切实可行的战略，从而培养企业核心竞争力，在激烈的市场竞争中立于不败之地。下面是几种常用的战略模式，中小企业可以根据自己的规模和发展特点进行选择。

(1) 专业化经营战略

专业化经营战略也叫"小而精，小而专"。经营战略，它是根据中小企业规模较小，资源有限等特点而制定的一种战略。中小企业实力较弱，实行此战略，既可在狭窄的产品线和市场上扩大批量，提高质量，赢得竞争优势，又可为大型企业提供配套产品，从而走上以小补大、以专取胜、以精发展的良性发展之路。美国国民罐头公司就是采用这种战略获得成功的小企业，该公司在美国罐头制造业大公司纷纷转行的形势下，反其道而行之，走上专业化经营的道路。他们卖掉无关企业，专门生产罐头，10年内其资产由1.8亿美元增长到10亿美元。

(2) 市场填补战略

中小企业可以根据"人无我有，人有我优，人优我特"的原则，通过寻找市场上的各个空白，凭借自己机动灵活快速反应的特性，一举进入空白市场就可能获得成功。例如，在传统工艺器具、生活小五金制品等方面本身就不适合大企业规模生产，中小企业就可采用寻找市场空隙战略去占领市场。中小企业利用船小好掉头的灵活机制实施此战略，进可以扩大空隙，退可以迅速撤离。20世纪90年代初，国际上正流行魔方，我国某企业迅速研制成功立即生产并投放市场，受到消费者的欢迎。当生产厂家日益增多时便立即停产。半年后，生产魔方的企业产品大量积压时，该企业早已转产。中小企业在采用市场空隙战略时需要建立一套高效、灵敏的信息系统，准确及时捕捉和分析市场信息，以便做出正确的市场进退选择。

(3) 名牌经营战略

所谓名牌经营战略指的是以创立名牌为导向来推动企业生产经营活动的一种战略。当前市场竞争已进入品牌竞争的时代，中小企业要想在日趋激烈的市场竞争中占有一席之地并不断求得发展，树立自己的品牌非常重

要。中小企业通过品牌经营战略，有助于巩固已经占有的市场，培育自己的无形资产，提高企业知名度。对于中小企业来说，创立名牌绝不是遥不可及的事。那种认为名牌战略只是大型企业筹划的事，这是没有根据的。事实上，许多大型企业都是在小型企业之时就创立了名牌，中小企业要树立名牌的思想，要确立名牌战略意识。

（4）生存互补战略

这是根据中小企业力量单薄、产品单一的特点而制定的一种经营战略。大企业为了获取规模经济效益，必然要摆脱"大而全"的生产体制约束，转而求助于社会分工与协作。这就增加了大企业对中小企业的依赖性，同时也为中小企业提供了长期的生存和发展的基础，所以这种相互依赖关系被称为生存互补战略。中小企业在决定自己的生产方向时，可接受一个或几个大企业的长期固定的订货。与大企业建立紧密的分工协作关系。中小企业的发展很大程度上取决于大中小企业之间所建进的相互依赖、共同发展的关系。

（5）联合经营战略

由于中小企业"小"的特点，决定其生产方向往往不是独立完成一个完整的产品。而是需要通过与其他企业合作经营，实施联合经营战略。通过联合经营战略，中小企业在平等互利的基础上联合起来，取长补短，共同开发市场，可以创造出一定规模优势与市场品牌优势，求得生存与发展。联合经营战略包括松散型联合和紧密型联合两种类型。松散型联合是指企业之间仅限于生产协作或专业化分工的联合，采用这种联合方式的中小企业之间关系比较自由，但由于彼此之间没有约束力，所以竞争力也不强。而紧密型联合是指中小企业之间或者是中小企业与大企业之间除了生产协作之外，还进行资金和销售方面的联合。中小企业究竟选择哪种联合方式，要视具体情况而定，不能一概而论。

（6）特许经营战略

中小企业利用大企业提供的产品、服务或品牌在特定范围内的经营权，给予大企业一定比例的营业收入或利润作为特许费为条件，即可在规定的区域内享有一定的垄断和独立经营权利。第二次世界大战后，特许经营获得了惊人的发展，并迅速推广到商业、服务业，特别是快餐业，目前特许

权经营战略已成为大型企业与中小企业之间一种主要的形式。特许经营的最大优点就是将灵活性与规模经营统一起来，将中小企业的优势与大企业的专业能力和资源结合起来。中小企业通过特许经营战略可以和大企业共享品牌、信息和客户资源，共同获利，从而使经营战略风险大大降低。

（7）电子商务战略

它是根据中小企业可充分利用科技发展带来的机遇而制定的一种战略。在这个充满机遇和挑战的信息化环境下，中小企业可以通过战略管理发现对自己最适用的IT技术，还可以通过学习把IT项目直接运用于企业的日常决策当中，这就是信息化与战略管理的整合。对我国的中小企业，实施这种战略关键是要运用电子商务创造的新环境，不仅赋予战略新的内容，而且还创造出战略管理的新程式和新方法。由于企业信息化本身就是一件费力耗时的充满知识的商务活动，没有理论上的指导和先进的文化知识，企业将寸步难行。因此，不容忽视的文化作用也是中小企业需关注的问题。

（8）科技创新战略

这是根据中小企业要迅速发展壮大而制定的一种战略。中小企业通过在科技领域的创新或发明，取得某一产品或某一市场的核心技术，从而在一定程度上形成技术优势，形成自己的核心竞争能力，使企业的产品或服务处于领先地位，在竞争中处于优势。这种战略需要注意技术的保密，保持技术创新和完善技术，一旦发现有其他替代产品或技术出现，必须快速反应，争取产品或技术的优越性、超前性。在科学技术飞速发展的信息时代，产品创新是中小企业发展的一个十分重要的着力点。

第三章
中小型企业的人力资源管理

企业成长的初期没有人力资源管理部门不是问题,主要看担当人力资源管理角色的人是否具有足够的人力资源管理意识和必要的人力资源管理技能,这也是担当中小型企业人力资源管理角色的原则。

中小型企业的人力资源管理特点

中小型企业，特别是处于创业期的中小型企业有其不同于大型企业的特点，比如说：由于中小型企业的规模、实力不够，往往物质待遇等不能像成熟大型企业那样高，吸引高素质的人力资源有一定困难。因此，中小型企业的人力资源管理有其独特的特点。

1. 人力资源管理角色担当的特殊性

中小型企业在其人力资源管理角色的担当上，不像大企业那样归属清晰，有独立的人力资源管理部门担当。而是根据企业的特点、现实情况和不同的发展阶段由相应的人有针对性地担当。

在中小型企业发展的早期，企业高层领导往往是人力资源管理的领导者，但由于其将大部分精力放在产品和市场上，对人力资源管理的重视不足，仅仅对一些必需的人事工作进行安排；随着企业规模的发展，企业领导们将更多的精力放在企业的战略发展上，只保留对一些重要的人事变动的否决权等，而将一般的常规性的人力资源管理工作职能下放给行政办公室的人员，一些基层人员的招聘、变动等下放给部门的一线经理们。一线经理们也逐渐承担着一些人力资源管理的角色，但由于不同的人都有一套适合自己团队的管理标准，因此，整个组织中缺乏统一的人力资源管理体系。这个阶段，企业的人力资源管理角色的担当人比较复杂，但分工合理，因此效率还是比较高的。当企业逐步壮大、成熟起来后，企业开始建立独立的人力资源管理部门，并主要由其担当人力资源管理角色。

不同的中小型企业所处的发展阶段不同，就会有不同的人担当人力资源管理角色。企业成长的初期没有人力资源管理部门不是问题，主要看担当人力资源管理角色的人是否具有足够的人力资源管理意识和必要的人力资源管理技能，这也是担当中小型企业人力资源管理角色的原则。

2. 中小型企业员工流动性过大，人才管理是人力资源管理的重点

在企业的众多资源中，优秀的人才是企业最重要的资源之一。任何企

业的发展都离不开优秀的人才。企业的成长、发展、竞争优势都来自人才型员工。人才是企业是否增值的关键成功因素。我国中小型企业由于规模小、资金实力薄弱，无力吸引优秀人才，加之中小型企业受环境影响较大，企业激励员工方式单一（主要通过物质利益的刺激），导致企业员工流动性较差。中小型企业要获得发展，就必须做好人才管理工作，包括人才招聘、培训开发、激励等。

3. 中小型企业中有很大一部分是家族企业，决定了其人力资源管理的特殊性

家族企业作为一种企业组织形式，既有优点又有缺点。家族成员之间彼此信任感强烈。当公司经营情况不好时，家族成员更易为了家族利益而团结起来，他们可以忍受公司少发薪水和取消福利补贴甚至不发红利和奖金。然而，家族企业的缺点也是比较明显的。如家族成员因为不需面临失业的压力，而在公司中滥用职权，做出违背公司利益的事情。家族企业在招聘重要岗位员工时，也会更多任用家族成员，将众多优秀的人才拒之门外。我国中小型企业中，家族企业占有很大的比重，其人力资源管理要充分利用家族企业的优点，避免或尽量减少家族企业的缺点，充分调动家族成员和外部人员的积极性。

4. 中小型企业重视企业创建人的领导力，忽略一般员工的创造力

中小型企业更强调企业创建团队或奠基人的领导力、坚持和冒险精神，认为他们是企业人力资本的唯一资源，而很少考虑其他雇员在企业中的重要作用。因此也很少考虑员工个人的职业生涯发展，对员工的培训和开发亦不足。企业缺乏能够调动普通员工积极性的手段，唯一有效的工具就是经济利益。

中小型企业工作分析

工作分析概述

组织中的各项职能,如研发、生产、销售、财务等,需要有各个职位上的人来承担,工作分析就是将组织中的各项职能有效地分解到各个职位上,针对每一个职位,明确其目的或使命,规定该职位应承担的职责和任务,在此基础上,制定相应的绩效标准,明确职位与组织内外的关联,规定其权限,并确定任职者的基本要求。因此,工作分析是一项对事物进行分解的活动,不仅关注构成企业整体的各个职位,同时关注各职位之间的相互关系,各职位与整个组织的关系及在其中的地位和作用以及组织与各职位间动态变动的关系。

中小型企业人力资源的特点之一是一个员工往往身兼数职,但这并不能说明中小型企业不需要通过工作分析分清不同岗位的工作职责,而是要根据中小型企业的特点或实际情况,把不同岗位的几个职责集中到该员工身上。因此,工作分析对于中小型企业一样重要。

1. 工作分析的含义

工作分析又叫职务分析或职位分析,它是指全面了解,获取与工作有关的详细信息的过程。具体来说是对组织中某个特定的工作内容和职务规范的描述和研究过程,即制定职务说明和职务规范的系统过程。

2. 工作分析的重要作用

工作分析对人力资源管理者是如此重要的一项活动,以至于它被称为人力资源管理工作者所做的各种事情的基石。这种表述指出了这样一个事实,就是说几乎所有的人力资源管理方案——人力资源规划、招聘、培训、绩效管理以及薪酬福利等都需要工作分析得出某些类型的信息。

(1) 工作分析是人力资源规划的基础

人力资源规划是根据企业内外环境和条件的变化,运用科学的方法对企业人力资源的需求和供给进行预测,并制定相应的政策和措施,使企业

人力资源达到供需平衡，实现最佳配置。这个规划过程需要获得关于各个职位对于技能水平的要求的精确信息，只有这样才能保证在组织内部有足够的人手来满足战略规划对于人力资源的需要。

（2）工作分析是人员招聘配置的重要前提

人员的招聘工作主要包括准备、实施、评估三个阶段，工作分析是准备、评估两阶段的重要前提。在准备阶段，必须根据工作分析确认是否一定需要进行招聘活动，所招聘的岗位具有什么特征，有什么要求，明确岗位应聘者的知识、技能、身体素质等方面的具体要求和所能给予的待遇条件。只有这样才能制订出具体的、可行性高的招聘计划和策略，招聘工作的实施才能做到有的放矢。

招聘结束后，需对招聘工作进行评估，分析时间效率和经济效率以及应聘者在工作岗位上的表现，以便及时发现问题并寻找解决的对策，调整有关招聘计划。通过工作分析，可以掌握工作任务的特点，对岗位的用人标准做出具体而详尽的规定，为企业人事部门在选人任人方面提供客观的依据。

（3）工作分析是员工培训的必要条件

培训工作开展之前，培训者就要有意识地收集工作说明书、岗位规范、岗位评价等相关材料，以便随时掌握现有员工知识、技能情况、岗位对员工的基本要求，从而了解岗位培训需求及变动情况，并制定企业的相应培训制度。企业生存的内外环境是不断变化的，为适应企业的发展，岗位培训更加显得重要，没有工作分析的培训就如同没有基础的建筑。不会适应企业实际需要。

（4）工作分析是绩效管理的依据

工作分析为企业员工的绩效管理提供了依据，员工的考核、晋级、提升如果缺乏科学的依据，将会挫伤员工的积极性，使企业的生产以及各项工作受到严重影响。根据工作分析结果，企业人力资源部门可制定出各类人员的考核指标和标准，从而使员工考核、晋升的科学性得到加强，提高员工的工作积极性。

（5）工作分析是薪酬福利的重要步骤

职位评价是工作分析结果的一种编写形式，它是对企业所设岗位的难

易程度、责任大小、相对价值的多少进行分析，从而对岗位的价值进行判断，纳入薪酬等级。岗位评价能够确认哪些岗位在企业战略目标实现中具有更加重要的地位，哪些岗位需要高业务和技术水平的人员，现有岗位上人员是否符合岗位的任务要求，从而实现薪酬的改进及合理确定工作。它是建立、健全企业工资制度的重要步骤。

此外，工作分析对于直线管理人员也是至关重要的。因为现代企业的人力资源决策很少是在没有直线管理人员参与下，由人力资源管理部门单独完成的，例如新员工的招聘和现有员工的绩效考核，直线管理人员都有所参与，工作分析所得的信息对他们也是至关重要的。

工作分析的方法

在进行工作分析时，选择正确的方法是至关重要的。工作分析有多种方法，本部分主要介绍应用比较广泛的访谈法、问卷法、观察法、工作日志法、关键事件法，以及职务分析问卷法等。这些方法各有所长，在企业实践中可以结合起来使用，从各个角度收集信息，使工作分析的结果更全面。

1. 访谈法

访谈法是目前在国内企业中运用得最广泛、最成熟、最有效的一种工作分析方法。访谈法又称面谈法，它是通过工作分析者与被访谈人员就工作相关内容进行面对面的沟通来获得工作信息的方法。访谈法能够适用于各层各类职位的职位分析要求，并且是对中高层管理职位进行深度职位分析效果最好的方法。

一般来说，根据访谈的对象，访谈法可以分为个别员工访谈法、群体访谈法和主管人员访谈法。

（1）个别员工访谈法：主要适用于各个员工的工作有明显的差异，工作分析的时间又比较充裕的情况。

（2）群体访谈法：主要运用于多个员工从事同样或相近工作的情况。

（3）主管人员访谈法：指同一个或多个主管面谈。因为主管对工作比较了解，工作分析的时间将大大缩短。

2. 问卷法

问卷法是工作分析中最常用的一种方法。是指采用调查问卷来获取工

作分析的信息，实现工作分析的目的。工作分析人员事先设计出的一套分析问卷，然后由任职者或进行工作分析的人员填写问卷。最后，再将问卷加以归纳分析。问卷法要求在岗人员和管理人员分别对各种工作行为、工作特征和工作人员特征的重要性和频次做出描述或打分评级。

3. 观察法

观察法是指工作分析人员到工作现场，针对某些特定对象的作业活动进行观察，收集、记录有关工作的内容、工作间的相互关系、人与工作的关系，以及工作环境、条件等信息，并用文字或图表形式记录下来，然后进行分析和归纳总结的方法。为了提高观察法的有效性，工作人员要遵循以下几个原则。

第一，被观察的工作对象相对稳定，即在一定时间内，工作内容、工作程序以及对工作人员的要求不发生明显的变化。

第二，要注意工作样本的代表性，有些重要行为在观察过程中可能并未表现出来。

第三，观察人员尽可能不要引起被观察者的注意，以免干扰被观察者的工作。在使用观察法进行工作信息收集时，要选择不同的工作者在不同的时间内进行观察，因为面对同样的工作任务，不同的工作者会表现出不同的行为方式，相互对比平衡后，有助于消除工作分析者对不同工作者行为方式上的偏见。对于同一工作者在不同时间和空间的观察分析，也有助于消除工作情境与时间上的偏差。

4. 工作日志法

工作日志法，又称现场工作日志法。是指任职者按时间顺序详细记录自己的工作内容与工作过程，然后经过归纳、分析，达到工作分析目的的一种方法。

5. 关键事件法

关键事件是指使工作成功或失败的行为特征或事件。收集关键事件的对象可以是该岗位上的工作人员，也可以是对该岗位非常了解的其他人，如上级主管、与该岗位有广泛直接接触的其他岗位的工作人员或与该岗位工作人员密切联系的客户等，最好能多方面地进行收集，力求全面客观。关键事件的内容应该包括：导致事件发生的时间和背景；员工特别有效或

多余的行为；关键行为的后果；员工自己能否支配或控制上述后果。

6. 职务分析问卷法

职务分析调查问卷是一项基于计算机的、以人为基础的系统性职位分析方法。它是美国普渡大学（Purdue University）的教授麦克考密克研究出来的一套数量化的工作说明法。虽然它的格式已定，但仍可用其分析许多不同类型的职务。PAQ有194个问题，计分为6个部分：资料投入、用脑过程、工作产出、人际关系、工作范围、其他工作特征。PAQ研究设计者最初的设计理念主要有以下两点：开发一种通用的、以统计分析为基础的方法来建立某职位的能力模型，以淘汰传统的测验评价方法；运用统计推理的方法进行职位间的评价，以确定相对报酬。此后，在PAQ的运用中，研究者发现PAQ提供的数据同样可以作为其他人力资源功能板块的信息基础，例如，工作分类、人职匹配、工作设计、职业生涯规划、培训、绩效测评以及职业咨询等。这些运用范围的扩展，表明PAQ可以运用于建设企业职位信息库，以整合基于战略的人力资源信息系统，事实上在国外PAQ的这种战略用途已经得以证明，取得很好的发展。

尽管PAQ得到了广泛的应用，但它也存在不足：一是它要求问卷的填写者具有较高的阅读水平，一位员工必须具备大学毕业生的阅读水平，或只有经过填写问卷培训的专业人员才能使用。二是PAQ的通用化和标准化格式导致了工作特征的抽象化，使它不能很好地描述构成工作的、特定的、具体的任务活动。

中小型企业人员招募与甄选

人员招募

人员招募的目的是形成一个工作候选人的蓄水池，从中以最低的成本选择最适合的员工。因此人员招募的主要问题是：识别并分析组织的人力资源需求（包括数量和质量）；确定合适的招募渠道，吸引最适合的人才。而人员甄选的目的是采，用合适的甄选方法和技术，在最优的时间和成本

预算约束下，实现合适的人与合适的工作的匹配。

1. 人员招募的内部招聘和外部招聘

从大的方面讲，组织人员招募的途径就是内部招募和外部招募两种，在企业人员招募实践中，两种招募方式各有优缺点。实际工作中，上述两种方法是相辅相成的。企业职位空缺时，究竟是采用哪种方法，要视市场供给、企业的人力资源政策和工作的要求等决定。有时也会同时使用两种方法获得候选人，再从候选人中选拔出合适的人员。表3-1是对内部招募和外部招募的优缺点的对比分析。

表3-1 内外部招募优势与劣势

内部招募	外部招募
优点： 组织对候选人的能力有清晰的认识 候选人了解工作要求和组织 奖励高绩效，有利于鼓舞员工士气 组织仅需要在基本水平上雇佣 更低的成本	优点： 更大的候选人蓄水池 会把新的技能和想法带入组织 比培训内部员工成本低 降低徇私的可能性 激励老员工保持竞争力，发展技能
缺点： 会导致"近亲繁殖"状态 会导致为了提升的"政治性行为" 需要有效的培训和评估系统 可能会因操作不公或心理因素导致内部矛盾	缺点： 增加与招募和甄选有关的难度和风险 需要更长的培训和适应阶段 内部的员工可能感到自己被忽视 新的候选人可能并不适合企业文化 增加搜寻成本等

2. 内部招募的来源和方法

内部招募的来源主要包括：晋升、工作调换、工作轮换与内部人员重新聘用等。

（1）晋升

是从企业内部提升员工来填补高一级的职位空缺，晋升促使企业的人力资源垂直流动，是内部招聘的重要来源。通过晋升使员工感到在企业中是有发展机会的，个人职业生涯发展是有前途的，这对于鼓舞员工士气非常有利。使用这种方法企业要注意建立良好的晋升机制，保证选拔的公平

与公正。

(2) 工作调换

工作调换主要是指企业内部劳动力的横向流动，在职务级别保持不变的前提下，调换员工的工作岗位。参加过工作调换的员工能将相关岗位的知识结合起来，充分发挥其创造力，为企业的技术、产品创新作出贡献。

(3) 工作轮换

工作调换一般适用于中层管理人员，且在时间上往往可能是较长的，甚至是永久的，而工作轮换则适用于一般的员工，它既可以使有潜力的员工在各方面积累经验，为晋升做准备，又可以减少员工因长期从事某项工作而带来的枯燥与无聊。

(4) 内部人员重新聘用

有些企业由于特定时间的经营效果不好，会暂时让一些员工下岗待聘，当企业情况好转时，再重新聘用这些员工。由于员工对企业的了解，对工作岗位能够很快适应，为此可以节省大量的培训费用。同时以较小的代价获得有效的激励，使组织具有凝聚力，促使组织与员工共同发展。

3. 外部招募的来源和方法

内部招募虽然有很多优点，但它明显的缺点是人员选择的范围比较小，往往不能满足企业的需要，尤其是当企业处于创业初期或快速发展的时期，或是需要特殊人才（如高级技术人员、高级管理人员）时，仅仅有内部招募是不够的，必须借助于企业外部的劳动力市场。外部招募的来源很多，例如，熟人的推荐、职业机构的介绍、学校的推荐、其他企业的员工或是失业人员，等等。

外部招募主要有以下几种常用的方法。

(1) 推荐

通过企业的员工、客户以及合作伙伴等推荐人选是组织招聘的重要形式。这种招聘渠道的优点是：①由于推荐人对被推荐人和招聘公司都比较了解，而且推荐人与公司又形成了一种隐性的担保关系，因此，被推荐人一般品质较为可靠；②费用低廉。很多公司为了鼓励公司内部人员，积极推荐合适的人员，往往会设立一些相应的奖励制度。

同时，这种招聘渠道的缺点是不容忽视的：①在一些用人制度不健全

的公司，往往无法拒绝熟人推荐，因此容易造成冗员过多的现象；②对一些人事关系复杂的国有公司和人事单位，如果对这种招聘渠道的缺点缺乏认识，不建立健全用人制度，往往会形成关系网，扰乱公司正常运营的效率。

（2）专业机构推荐

职业介绍机构的作用是帮助雇主选拔人员，节省雇主的时间，特别是在企业没有设立专门的人力资源部门时，可以借助职业介绍机构求职者资源广而且能提供专业咨询和服务的优势。但是借助职业介绍机构的一个不利因素就是需求者与求助者之间存在一定的信息不对称，而组织的需求一旦被中介机构误解或是理解不充分，就容易造成人职不匹配。

（3）校园招聘

校园招聘是目前许多企业采用的一种招聘渠道。企业主要通过在学校张贴海报和举办宣讲会的方式进行定期宣传以扩大企业的知名度，并举行招聘会吸引即将毕业的学生前来应聘。此外，一些知名企业还设立奖学金、助学金，与学校建立长期稳定关系，使学校成为未来员工的培养之地。

（4）广告招聘

广告招聘实现的具体途径较多。它是指利用各种宣传媒介发布组织招募信息的一种方法，主要用于组织的外部招募过程。常用的有广播电视、报纸、杂志等。这三种招聘方式特点也各不相同，如表3-2所示。

（5）人才交流会

外部机构组织的人才交流会是组织与求职者双向交流的场所。与其他招聘渠道相比，其优点如下：①应聘者、招聘单位来源广泛；②招聘单位有机会获得大量的相关人才信息，有利于建立自己的人才库，方便以后录用；③招聘单位有机会了解同行业用人、发展情况；④费用低廉。

其缺点也十分明显：①这种招聘渠道受时间、地点的严格局限；②招聘效果往往要受到招聘会本身宣传力度的影响，因而事先难以预期该次招聘活动的效果。

表 3-2　广告媒体优缺点及适用范围比较

类型	优点	缺点	适用范围
报纸	广告大小弹性可变 传播周期短 可以限定特定的招募区域 分类广告为求职者与供职者提供方便 有专门的人才市场报	竞争较激烈 容易被人忽略 没有特定的读者群 印刷质量不理想	当你想将招募限定于某一地区时 当可能的求职者大量集中于某一地区时 当有大量的求职者再翻看报纸，并希望被雇佣时
杂志	印刷质量好 保存期长，可不断重读 广告大小弹性可变 有许多专业性杂志，可将信息传递到特定的职业领域	传播周期较长 难以在短时间里达到招募效果 地域传播较广	当所招募的工作承担者较为专业时 当时间和地区限制不是最重要时 当与正在进行的其他招募计划有关联时
广播电视	招募信息让人难以忽略 可传达到一些并不很想找工作的人 创造的余地大，有利于增强吸引力 自我形象宣传	昂贵 只能传送简短的消息 缺乏永久性 为无用的传播付钱	当处于竞争的情况下，没有足够的求职者看你的印刷广告时 当职位空缺有许多种，而在某一特定地区又有足够求职者时 当需要迅速扩大影响时 当在两周或更短的时间内足以对某一地区展开"闪电式轰炸"时 当用于引起求职者对印刷广告注意的时候

(6) 网络招募

网络招聘是随计算机网络等新技术发展而出现的一个新的招聘渠道。实际生活中，网络招聘一般以下面四种具体方式实现招聘工作：①注册成为人才网站的会员，在人才网站上发布招聘信息，收集求职者信息资料，查询合适人才信息；②在自己公司的主页或网站上发布招聘信息；③利用

索引搜索相关专业网站及网页，发现可用人才；④在某些专业的网站或者特定的浏览量大的网站发布招聘信息。网上招募的优点是时间灵活，招募范围广，能快速获取大量招募信息且费用开支低。其缺点是收到的求职材料太多，筛选比较困难。

（7）猎头公司

猎头公司是近来发展起来为企业寻找高层管理人员和高级技术人员的服务机构。它们一般提供两类服务，一是为企业搜寻特定的人才；二是为各类高级人才寻找工作。这些猎头公司作为企业和人才的中间桥梁，掌握着大量人才供求的信息。它们通晓各种企业、组织对特殊人才的需求，同时根据市场变动及时收集大量的人才信息，拥有自己的人才数据库，因此通过猎头公司招聘的人才一般成功率较高，素质也相对较高。

由于企业人员招募渠道众多，并且随着网络招聘的普及，公司需要处理海量的求职者简历，耗费公司很大的人力成本。因此，很多公司的招募环节采用外包的形式。

人员甄选

人员甄选是指组织通过一定的手段，对应聘者进行区分、评估，并最终选择哪些人将被允许加入组织，哪些将被淘汰的一个过程。人员甄选应该考虑两方面的内容，一方面是人员甄选的标准，另一方面是人员甄选的技术。

1. 甄选方法所需达到的标准

雷蒙德·A·诺伊、约翰·霍伦拜克、拜雷·格哈特、帕特雷克·莱特认为评价人员甄选方法主要有以下五个方面的标准：信度、效度、普遍适用性、效用、合法性。前四项标准是相对一体的，从顺序上说，前一项是后一项的必要而非充分条件，"合法性"和前四项之间不存在这种关系，不过全面理解前四项标准有助于我们理解许多合法性标准的理性基础。

（1）信度

信度反映的是工具的可靠性，即能一致地衡量所有应征者，不会因不同人、不同情境便发生偏差。它既包括在时间上的一致性，也包括内容和不同评分者之间的一致性。大部分的信度指标都以相关系数表示。信度系数介于0~1之间。越接近1，表示测验的信度越高；越接近0，表示测验的

信度越低。不同测验对信度系数的要求是不一样的。

（2）效度

效度是指测试绩效与实际工作绩效之间的相关程度，也就是预测的有效性的问题。测量的工具的有效性，在很大程度上将影响人员甄选的最终结果，组织总是试图通过尽可能准确的测量工具，区分高绩效员工与低绩效员工，因此测试工具的效度是我们进行人员甄选最为关注的方面。

（3）普遍适用性

普遍适用性是指在某一背景下建立的甄选方法的效度同样适用于其他情况的程度。通常情况下我们可以概括出三种不同的背景：不同的处境、不同的人员样本以及不同的时间段。

（4）效用

效用是指甄选方法所提供的信息对于组织的基本有效性进行强化的程度，及甄选方式的成本与组织收益的相对大小。

（5）合法性

最后甄选方式必须满足合法性的要求，不应涉及候选人的隐私问题，目前，我国在这方面的立法不完善，但组织应避免甄选工具的使用引起不必要的法律纠纷。

2. 面试

面试是一种互动的、可控的测评方式，它通过评价者与被评价者双方面对面的观察、交流，使评价者通过双向沟通形式来了解面试对象的素质状况、能力特征以及应聘动机。面试是在人事选拔中使用得最为广泛的技术方法，也是在最终的选拔决策中起关键作用的技术方法。一项研究表明，70%的美国企业在招聘过程中使用了某种形式的面试技术或方法。

面试根据不同的标准可以划分成不同的类别。

（1）系列性面试和序列性面试

系列性面试是指应聘者要经历一系列面试，每次接受不同主考的考察。序列性面试是指每一轮都要淘汰掉不合格人员。应聘者进入面试的轮次越多，说明应聘者所具备合格特征就越多。

（2）一对一面试和多对一面试

一对一面试是由一名考官来考察一名应聘者。通常用于较低职位员工

的招聘。多对一面试是由多名考官同时来考察一名应聘者，以便对应聘者做出更为准确的评价。这种面试通常用来选拔较高层的员工。

（3）结构化面试（Structure Interview）和非结构化面试（Non-Structure Interview）结构化面试是指面试的内容、形式、程序、评分标准及结果的合成与分析等构成要素，都按照统一制定的标准和要求进行。它要求在面试前将所要问的问题全部列举出来。面试时，评分者应按照事先所列的程序来进行，这样可以保证所有的应聘者都回答同样的问题，接受同样的评分标准。这样就使面试的操作过程更加公正、易于操作。目前，结构化面试是国际上普遍采用的一种选拔技术。

与结构化面试相反，非结构化面试是指依据面试考官的经验来进行的面试，这种面试关注特定的、感兴趣的问题，对各个应聘者的提问及评分标准都不必相同。非结构化面试在很大程度上依赖于主考个人的能力和经验，随意性很大，但正是由于这种随意性，使得多名应聘者之间的比较变得复杂。非结构化面试的效度为 0.14~0.33，而结构化面试的效度能够达到 0.35~0.62。

3. 笔试

笔试主要用于测量应聘者的基本知识、专业知识、管理知识以及综合分析能力、文字表达能力等方面的差异。国内外学者研究出很多适用于笔试的测试，如 MBTl 人格理论、卡特尔 16 种人格等。

笔试的优点在于它花费时间少、效率高、成本低，对报考者知识、技能、能力的考察信度和效度较高，成绩评价比较客观，因此笔试至今仍是企业使用频率较高的人才候选方法。

笔试缺点在于它不能全面的考查求职者的工作态度、品德修养以及其他一些隐性能力，因此笔试技术往往作为其他人员甄选方式的补充或是初步筛选方法。

4. 管理评价中心技术

评价中心是选拔高级人才的首选工具。第 28 届评价中心国际会议对评价中心做出如下的界定：评价中心是由多种标准化的行为评估技术构成的，由多名受过训练的评价者观察记录应聘者在行为模拟情景中的行为表现并进行初步判断分类。把观察记录结果交由专家评委委员会进行讨论或经由

统计方法加以分析整合。专家在讨论过程中就所欲评价的特质维度或其他变量对每个应聘者做出等级评估。

评价中心包括多种评价技术。常用的有文件筐测验、无领导小组讨论、演讲、结构化面谈、管理游戏、案例分析等。

MBTI（Myers Briggs Type Indicator，迈尔斯类型指标）是一份性格自测问卷。它由美国的心理学家凯瑟琳·布里格思［Katherine Cook Briggs（1875—1968）］和她的心理学家女儿伊莎贝尔·迈尔斯根据瑞士著名的心理分析学家荣格的心理类型理论和她们对于人类性格差异的长期观察和研究而著成。MBTI中有16种人格类型。实际上这16种类型又归于四个大类之中，在此我们将4个大类型筛选，并总结如下：

（1）SJ型：忠诚的监护人

具有SJ偏爱的人，他们的共性是有很强的责任心与事业心，他们忠诚，按时完成任务，推崇安全、礼仪、规则和服从，他们被一种服务于社会需要的强烈动机所驱使。

（2）SP型：天才的艺术家

有SP偏好的人有冒险精神，反应灵敏，在任何要求技巧性强的领域中游刃有余，他们常常被认为是喜欢活在危险边缘，寻找刺激的人。

（3）NT型：科学家、思想家的摇篮

NT偏爱的人有着天生好奇心，喜欢梦想，有独创性、创造力、洞察力、有兴趣获得新知识，有极强的分析问题、解决问题的能力。他们是独立的、理性的、有能力的人。

（4）NF型：理想主义者、精神领袖

NF偏爱的人在精神上有极强的哲理性，他们善于言辩、充满活力、有感染力、能影响他人的价值观并鼓舞其激情。他们帮助别人成长和进步，具有煽动性，被称为传播者和催化剂。

中小型企业培训系统

企业人力资源培训与开发的定义

培训（Training）是企业为了使培训对象，包括总经理、部门主管与员工获得与改进与其职务相关的知识、技能、动机、态度与行为，从而提高绩效，最终使得企业与员工共同发展的一种成本与投资因素兼有的努力。

开发（Development）是指依据员工需求与组织发展要求对员工的潜能开发与职业发展进行系统设计与规划的过程。

培训与开发的最终目的都是在于通过提升员工的能力实现员工与企业的同步成长。从理论上讲，培训和开发是有区别的。培训侧重于提高员工当前的工作绩效，而开发则侧重于帮助员工为公司的其他职位做准备，提高其向未来的职位进行流动的能力。但在实践中，往往对培训和开发不做严格的区分。

设计有效的培训系统

一个有效的培训系统所要遵循的原则包括：目标性原则、学用一致原则、内容兼顾原则和效果评估原则。实施有效培训系统有以下几个主要步骤。

1. 培训需求分析

所谓培训需求分析是指在规划与设计每项培训活动之前，即制定年度培训规划前，由培训部门（或者借助外部专业的咨询公司）、主管人员、工作人员等采取各种方法和技术对各种组织及其成员的目标、知识、技能等方面进行系统的鉴别与分析，以确定是否需要培训及培训内容的一种活动或过程。

培训成功的一个重要前提是培训要有针对性，要明确培训是否有需要，以免造成不必要的资源浪费。一般来说，培训需求分析要从多角度来进行。

（1）进行组织分析

组织分析指确定组织范围内的培训需求，以保证培训计划符合组织的

整体目标与战略要求。

（2）进行工作分析（也称任务分析）

工作分析指员工达到理想的工作绩效所必须掌握的技能和能力。

（3）进行个人分析（也称人员分析）

个人分析是将员工现有的水平与预期未来对员工技能的要求进行比照，发现两者之间是否存在差距。

2. 培训目标的设置

培训目标的设置是指确定培训对象、内容、时间、教师、方法、预想培训效果等具体内容，并在培训后对照此目标进行培训绩效的评价。

3. 培训计划的拟定

培训计划其实就是培训目标的具体化与操作化，分为长期计划和短期计划。长期计划是指在通过分析企业的经营计划，确定支持企业经营计划实现的培训目标，进而决定培训课程，制定培训预算。

而短期计划指针对每项不同科目、内容的培训活动或课程的具体计划。制订培训活动详细计划的步骤如下。

第一，确立训练目的——阐明培训计划完成后，受训人应有的收效。

第二，设计培训计划的大纲及期限——为培训计划提供基本结构和时间阶段的安排。

第三，草拟训练课程表——为受训人提供具体的日程安排，落实到详细的时间安排，即训练周数、日数及时数。

第四，设计学习形式——为受训人完成整个学习计划提供有效的途径，在不同学习阶段采用观察、实习、开会、报告、作业、测验等不同学习形式。

第五，制订控制措施——采用登记、例会汇报、流动检查等控制手段，监督培训计划的进展。

第六，决定评估方法——根据对受训人员的工作表现评估以及命题作业、书面测验、受训人员的培训报告等各方面来综合评价受训人员的培训效果。

4. 培训活动的实施

培训活动的实施是根据制订的培训计划，具体开展培训活动的过程。

在培训主管部门督导下，由培训项目负责人和培训专家等开发、执行各个培训项目。在此过程中，要保证员工的学习积极性。

5. 培训的绩效评估

为了提高培训效益，对培训必须做出绩效评估。即对培训的效果进行总结性评估和检查，找出培训中的不足，归纳出经验与教训，发现新的培训需要。所以，绩效评估又是下一轮培训的起点和重要依据，使企业培训工作不断循环。

在现代化生产条件下，世界科学技术迅速发展，企业装备不断提高，对员工素质的要求也在不断提高。企业要想在竞争激烈的市场保持竞争力，就需要通过员工培训这一途径来提高员工的个人素质，加快企业向学习型组织转变。

学习型组织（Learning Organization），美国学者彼得·圣吉（Peter M. Senge）在《第五项修炼》（The Fifth Discipline）一书中提出此管理观念。

学习型组织应包括 5 项要素。

(1) 建立共同愿景

愿景可以凝聚公司上下的意志力，通过组织共识，大家努力的方向一致，个人也乐于奉献，为组织目标奋斗。

(2) 团队学习

团队智慧应大于个人智慧的平均值，以做出正确的组织决策，透过集体思考和分析，找出个人弱点，强化团队向心力。

(3) 改变心智模式

组织的障碍，多来自个人的旧思维，例如，固执己见、本位主义，唯有通过团队学习，以及标杆学习，才能改变心智模式，有所创新。

(4) 自我超越

个人有意愿投入工作，专精工作技巧的专业，个人与愿景之间有种"创造性的张力"，正是自我超越的来源。

(5) 系统思考

应透过资讯搜集，掌握事件的全貌，以避免"见木不见林"，培养综观全局的思考能力，看清楚问题的本质，有助于清楚了解因果关系。

中小型企业绩效管理

绩效管理概述

1. 绩效管理的概念

（1）绩效管理的含义

绩效管理是指通过提高组织中员工的绩效和开发团队、个体的潜能，使组织不断获得成功的、具有战略意义的、整合的方案。绩效管理是面向组织绩效的全面管理方法，重点强调对绩效的界定、测量、反馈和改进，强调绩效管理过程与企业战略的匹配。绩效管理的主要目标是提高组织整体绩效，组织必须意识到绩效管理是一个系统，并不单纯地是为每年一次的评估和为来年制定目标。

（2）绩效管理与绩效考核

绩效考核是指一套正式的结构化的制度，用来衡量、评价并影响与员工工作有关的特性、行为和结果。绩效管理是以这种绩效考核制度为基础的人力资源管理的子系统。绩效管理系统由三个部分组成：界定绩效、衡量绩效以及提供绩效信息反馈。首先，绩效管理系统要具体说明绩效的哪些方面对于组织来说是重要的，这主要通过工作分析。其次，通过绩效考核来对上述所说的绩效各个方面进行衡量——这是对员工的绩效进行管理的唯一方法。最后，通过绩效反馈阶段来向员工提供绩效信息反馈，以使他们能够根据组织目标来改进自己的绩效。绩效反馈还可以借助薪酬系统，即通过把绩效和报酬挂钩（如通过绩效加薪或奖金等）来实现。表3-3是绩效管理与绩效考核的区别。

表 3-3　绩效管理与绩效考核的区别

绩效管理	绩效考核
有计划的完整的管理过程	管理过程中的局部环节和手段
侧重于信息沟通与绩效提高	侧重于判断和评估
伴随管理活动的全过程	只出现在特定的时期
事先的沟通与承诺	事后的评价
发展未来	评估过去
牵引性	威慑性
关注结果与行为	只关注结果
双赢	得或失

2. 绩效管理的作用

绩效管理的功能从组织的根本目的来说，进行绩效管理，是为了提高组织的绩效。一个完善、科学的绩效管理系统应该能够帮助组织完成诸多任务，并实现组织和员工个体的双赢。绩效管理的功能主要体现在以下几个方面。

（1）提高员工工作动机水平

绩效管理可从几个方面提高员工的动机水平：一是通过绩效工资。按照期望理论的观点，工资与绩效相联系，能激活员工的工作动机。二是通过提高员工对组织的承诺、满意感等激活员工的工作动机。三是通过目标设定来激励员工。Locke 于 1967 年最先提出"目标设置理论"。根据这个理论，目标本身就具有激励作用，目标能把人的需要转变为动机，使人们的行为朝着一定的方向努力，并将自己的行为结果与既定的目标相对照，及时进行调整和修正，进而实现目标。

（2）促进组织内部信息流通和企业文化建设

绩效管理非常重视员工的"参与"。从绩效目标的制定、绩效计划的形成、施行计划中的信息反馈和指导到绩效评估、对评估结果的运用以及提出新的绩效目标等都需要员工的参与，需要管理者与员工的双方的相互沟通。这种"参与式"管理方式体现了对员工的尊重，满足了员工的尊重需要和自我实现的需要，为组织创造一种良好的氛围。McLuhan（1993）认为绩效管理对于创建一个民主的参与性的文化是非常重要的力量。

(3) 使人力资源管理成为一个完整的系统

绩效管理在企业的人力资源管理系统中处于核心的位置。它把人力资源的各项功能整合为一个内在联系的整体。绩效管理为员工的薪酬制定、培训、晋升、工作安排、为来年的目标设定提供依据,并为人员招聘和选拔提供参考。

(4) 提高员工绩效,实现员工和组织的双赢

绩效管理的一个重要思路是组织通过培训、指导、绩效反馈等方法帮助员工提高绩效,达到绩效标准。总之,一个合理完善的绩效管理系统有助于实现组织和员工个人甚至社会的最大效益。

绩效管理常用方法

绩效考核是收集每一个员工的工作状态、工作行为、工作结果有关的信息,并将其转化为员工管理或开发有关的活动提供信息支持的过程。因此绩效考核是绩效管理的核心,绩效考核技术也就是绩效管理技术。下面对几种常用方法分别进行介绍。

1. 交替排序法

交替排序法要求管理人员首先统观所有需要绩效评价的员工名单,然后从中挑出谁是最好的员工,将这个人的名字从名单上划去。接着,再从剩下的名单中找出谁是最差的员工,也把其从名单中划去。依次循环直到将所有员工排列完毕。通常来说,从员工中挑选出最好的和最差的要比绝对地对他们的绩效进行评估要容易得多。因此交替排序法,是一种运用非常普遍的工作绩效评估方法。

2. 配对比较法

这是把每一位员工与其他员工一一配对,按照所有的评价要素分别进行比较。每一次比较时,给表现好的员工记"√",另一个员工就记"—"。所有员工都比较完后,计算每个员工的"√"的个数,依此对员工工作表现做出评价,谁的"√"号多,他的名次就排在前面。

3. 强制分布法

根据正态分布的规律,先确定好各等级在总体中所占的比例,然后按照每个员工的绩效优劣程度,强制列入其中的一定等级。使用这种方法,要求事先确定被评估者等级与各等级的分布比例。这一方法的采用有助于

避免考评者过分严厉或宽容的评估偏差，克服平均主义。具体实践中，在控制企业总体比例的情况下，具体到各部门比例可有所浮动。

中小型企业应慎用这一方法，因为中小型企业人员规模小，尤其是如果企业内一个部门只有三五个人，每个人都很努力，工作表现也不错，如使用强制分布法，常不能如实反映绩效，打击员工积极性，并且造成员工间关系紧张。

4. 关键事件法

关键事件法要求管理人员将每一位员工在工作中表现出来的能够代表有效绩效和无效绩效的具体事例都记录下来。管理人员可以利用这些事件向员工提供明确的反馈，让员工知道自己哪里做得好，哪里做得不好。此外，通过重点强调那些能够对组织战略起到支持作用的关键事件，这种方法还能够与组织的战略紧密联系起来，将个人目标同组织目标统一起来。

5. 图尺度评价法

图尺度评价法是指用示意图表示评价档次尺度以及相应的评分标准、评价档次的含义、评语等。这一评价法是最简单也是运用最普遍的工作绩效评价方法之一。它列举了一些绩效构成要素，如"质量"或"数量"，还列举出了跨越范围很宽的工作绩效等级，如从"不令人满意"到"非常优异"。在进行工作绩效评价时，首先针对每位下属员工从每项评价要素中找出符合其绩效状况的分数，然后将该员工的所有分值进行加总得到结果。图尺度评价法的考评内容深度不及关键事件法，但易操作且成本低。

6. 行为锚定等级评价法

行为锚定法等级评价法是建立在关键事件法基础上的。这种绩效考评方法的设计思路是：通过开发与不同绩效水平相联系的行为锚来具体界定各个绩效维度。具体来说就是明确定义每一考核项目，同时使用关键事件法对该项目的不同水平的工作要求进行描述。这种方法提供了明确而客观的考核标准，有良好的反馈功能，且各种绩效评估要素之间有较强的相互独立性。缺点是设计和实施的成本较高。

7. 目标管理法

目标管理（Management By Objectives，MBO）是管理大师彼得·杜拉克在 1954 年提出并倡导的一种科学优秀的管理模式。所谓目标管理就是指组

织的高层领导根据组织面临的形势和社会需要，制订出一定时期内组织经营活动所要达到的总目标，然后层层落实，要求下属各部门主管人员以至每个员工根据上级制定的目标和保证措施，形成一个目标体系。并把目标完成情况作为考核的依据。

目标管理的实施步骤及过程包括以下几个方面：首先，设定绩效目标，为每位被评估者设立所应达到的目标以及为达到这一结果所应采取的方式、方法；其次，制定被评估者达到目标的时间框架，通过对时间的有效约束，保证组织目标的实现；最后，将实际绩效水平与设定的绩效目标进行比较，查找工作实施过程中的优缺点，并进一步完善绩效标准。

8. 360度反馈方法

360度反馈也称全视角考核，这种方法的出发点就是从所有可能的渠道收集信息。它是一种从不同层面的人员中收集考评信息，从多个视角对员工进行综合绩效考评并提供反馈的方法，或者说是一种基于上级、同事、下级和客户（包括内部客户和外部客户）等信息资源的收集信息、评估绩效并提供反馈的方法。360度反馈与传统自上而下反馈的本质区别就是其信息来源的多样性，从而保证了反馈的准确性、客观性和全面性。

目前，关键业绩指标法（Key Process Indication，KPI）和平衡计分卡法（Balanced Score Card，BSC）是业界讨论比较多，逐渐被企业重视的绩效考核方法。但是对于中小型企业来说，目标管理法和360度反馈方法，由于其执行的便利性，更加适合中小型企业。

企业关键绩效指标（Key Performance Indicator，KPI）是通过对组织内部流程的输入端、输出端的关键参数进行设置、取样、计算、分析，衡量流程绩效的一种目标式量化管理指标，是把企业的战略目标分解为可操作的工作目标的工具，是企业绩效管理的基础。KPI可以使部门主管明确部门的主要责任，并以此为基础，明确部门人员的业绩衡量指标。建立明确的切实可行的KPI体系，是做好绩效管理的关键。关键绩效指标是用于衡量工作人员工作绩效表现的量化指标，是绩效计划的重要组成部分。

关键绩效指标的特点主要有以下几个。

（1）来自对公司战略目标的分解

这首先意味着，作为衡量各职位工作绩效的指标，关键绩效指标所体

现的衡量内容最终取决于公司的战略目标。KPI是对公司战略目标的进一步细化和发展。

（2）关键绩效指标是对绩效构成中可控部分的衡量

企业经营活动的效果是内因外因综合作用的结果，这其中内因是各职位员工可控制和影响的部分，也是关键绩效指标所衡量的部分。关键绩效指标应尽量反映员工工作的直接可控效果，剔除他人或环境造成的其他方面影响。

（3）KPI是对重点经营活动的衡量，而不是对所有操作过程的反映

每个职位的工作内容都涉及不同的方面，高层管理人员的工作任务更复杂，但KPI只对其中对公司整体战略目标影响较大，对战略目标实现起到不可或缺作用的工作进行衡量。

（4）KPI是组织上下认同的

KPI不是由上级强行确定下发的，也不是由本职职工自行制定的，它的制定过程由上级与员工共同参与完成，是双方所达成的一致意见的体现。它不是以上压下的工具，而是组织中相关人员对职位工作绩效要求的共同认识。

中小型企业薪酬管理

薪酬管理概述

1. 薪酬管理的含义

企业的薪酬管理，就是企业管理者对本企业员工报酬的支付标准、发放水平、要素结构进行确定、分配和调整的过程。传统薪酬管理仅具有物质报酬分配的性质，而对被管理者的行为特征考虑较少，其着眼点是物质报酬。现代企业薪酬管理理念发生了完全不同的变化，薪酬管理的着眼点转移到了人。企业经营首先要树立目标，企业目标的实现有赖于对员工的激励。激励分为外部和内部两种。按照传统的类别划分，工资、奖金、福利等物质报酬是外部激励要素；而岗位的多样化、从事挑战性的工作、取

得成就、得到认可、承担责任、获取新技能和事业发展的机会等则是员工的内部激励要素。现代薪酬管理将物质报酬的管理过程与员工激励过程紧密结合起来，成为一个有机的整体。

2. 薪酬设计的原则

（1）战略导向原则

战略导向原则是指薪酬系统能否适应企业战略发展的要求，能在多大程度上帮助企业实现预定的战略目标。一个企业的发展要有明确的战略发展规划，战略规划是企业结合自身的使命制定的一套比较宏观的、期限较长的发展方案。薪酬的战略导向原则要求企业在制定薪酬系统时要结合考虑企业的战略规划，力求战略目标的顺利完成。例如，对于绝大多数高科技企业、IT企业或急需开发新产品来投放市场的企业来讲，研发人员对企业就非常重要，企业在制定薪酬系统时就要本着充分调动研发人员的劳动积极性，尽最大努力激励他们的原则向这些人员适当地倾斜。对于那些产品比较成熟、市场竞争较激烈的企业来讲，其主要任务可能是要不断提高产品的市场占有率，在制定薪酬系统时就要适当对销售人员进行倾斜。

（2）合法原则

薪酬的合法原则是指企业的薪酬系统及其管理过程要符合国家的相关法律规定。从目前的情况看，国家在这方面的法律法规主要有：最低工资制度、休息日和公假日加班的待遇规定、有关法定保险的缴纳办法、同工同酬立法或反歧视立法、个人所得税缴纳办法，等等。企业在制定薪酬系统时，严格执行国家或地方在这方面的法律规定是最起码的要求。就目前的情况看，国内的部分企业特别是不太规范的中小民营企业在这方面做得还不够。

（3）公平原则

公平原则是指员工对企业薪酬体系以及薪酬管理过程公平性、公正性的看法或感知。薪酬管理的公平原则既要求过程公平，也要求结果公平。过程公平是指薪酬分配的过程要公正合理，结果公平可以分为三种情况：自我公平、内部公平和外部公平。自我公平是要求自己的付出要与所得匹配。内部公平是要求自己所得要与企业内部作出相同贡献的人相当。外部公平是要求自己在本企业薪酬要与社会相同岗位平均薪酬相当。专家们研

究指出，员工在很大程度上是通过与他人所获得薪酬的对比来评价自己所获得的薪酬，员工的工作态度和工作行为都受到这种攀比活动的影响，而决定员工的攀比结果的不是别的，而是他们自己的主观感受。因此企业要关注解决的主要是内部公平和外部公平。

(4) 有限激励原则

激励是激发人行为动机的导向和强度的心理过程。激励的过程是从个人的需要开始的，由于员工之间的需求可能会有较大的差别，激励方法也应该因人而异。但是到目前为止，对员工激励最直接有效的办法还是薪酬。所以企业在设计薪酬系统时应以激励员工、留住和吸引优秀人才为原则。

(5) 支付效率原则

员工的薪酬是要计入企业成本的。因此企业要衡量所支付薪酬的效率，并设计和运用适当的薪酬机制，以使所花费的每一元钱的绩效作用最大化。

薪酬制度

薪酬制度是企业日常管理活动中制度体系的重要组成部分，不同行业、不同性质的企业，其薪酬制度的具体构成存在较多差异。通常条件下，主要的薪酬制度有如下几种。

1. 岗位工资制度

岗位工资有多种形式，包括岗位效益工资制、岗位工资制、岗位等级工资制。它们的主要特点是对岗不对人。岗位工资制按照一定程序，严格划分岗位，按岗位确定工资，调节的弹性不大。但凡出现员工因认为岗位工资是他们理所当然得到的，认为他们为公司作出的贡献没有得到应有的回报这种情况，岗位工资就难以发挥应有的激励作用。

2. 绩效工资制度

绩效工资制度强调员工的工资调整取决于员工个人对部门及公司的绩效，以成果与贡献度为评价标准。工资与绩效直接挂钩，强调以目标达成为主要的评价依据，注重结果，认为绩效的差异反映了个人在能力和工作态度上的差异。绩效工资通过调节绩优与绩劣员工的收入，影响员工的心理行为，以刺激员工，从而达到发挥其潜力的目的。

然而，由于影响绩效工资的因素很多，因而在使用过程中存在许多操作性的困难。首先，绩效工资可能对雇员产生负面影响。例如，绩效工资

的使用会影响短时间内绩效差的员工的情绪，甚至会将其淘汰，而这种淘汰会引发企业管理成本的大幅上扬。其次，绩效工资的效果受外界诸多因素制约，执行难度较大。再次，绩效工资的评判标准必须得到劳资双方的共同认可。然而，在实际企业中这点很难做到。最后，员工对绩效工资具体方案的真正满意度也是一个比较重要的因素。有时绩效评价难免会存在主观评价。这些困难的存在一定程度上影响了绩效工资制度的有效实施，从而降低了激励效用。

3. 结构工资制度

结构工资制度是基于工资的不同功能，划分若干个相对独立的工资单元，各独立的工资单元规定不同的结构系数，组成既有质的区别，又有量的比例关系的工资制度。结构工资制度构成通常有4个部分，即基本工资、奖励工资、工龄工资、岗位津贴等。结构工资制度的各个组成部分各有各的职能，分别计酬，可从劳动的不同侧面和角度反映劳动者的贡献大小，发挥工资的各种职能作用。但结构工资制度也不是完美的，其缺陷是：合理确定各定薪因素在薪酬结构中的比重难度较大，工资单元多，是各自相对独立运行，对薪酬管理的水平要求较高，管理难度大。

4. 年薪制

年薪制一般作为高层管理人员使用的薪资方式，是一种完全责任制薪资。从人力资源的角度看，年薪制是一种有效的激励措施，对提升绩效有很大作用。年薪制突破了薪资机构的常规，对高层管理人员来说，年薪制代表身份和地位，能够促进人才的建设，也可以提高年薪者的积极性。年薪制虽有诸多优点，但也有弊端。具体体现为：第一，高级管理人员年薪最高多少，最低多少为合理，无客观标准。第二，建立企业家职业市场和利益风险机制是推行年薪制的基本条件。在企业家职业市场化条件下，企业高层经理人才的收录、登记、评价、推荐和跟踪考察工作，由权威的社会中介组织负责。年薪制的普遍推行需要企业内部和外部条件相配合。具备条件情况下，年薪制可能利大于弊，但不具备内外条件强行推行，将弊大于利。相同的薪酬制度在不同的企业中实施，激励的效果也存在差异。企业要根据自身的实际设计合理的薪酬激励制度。各种薪酬制度有其独特的优缺点，企业要根据自身的具体情况选择合适的薪酬制度，以使员工发

挥出最佳的潜能为企业创造更大的价值。

我国中小型企业人力资源管理现状及对策

我国中小型企业人力资源管理现状

对我国企业来讲，人力资源管理是个舶来品，在我国的发展时间并不长，直至今日，仍处于发展完善阶段。从总体上来讲，国内企业在人力资源管理理念和操作方式上，均还处于比较初、中级的层次，相当一部分企业的人力资源管理现状不容乐观。这种不乐观主要有以下表现。

1. 对人力资源管理缺乏正确认识

中小型企业大多没有摆脱传统人事管理观念的影响，人力资源管理还处于传统的行政性事务管理阶段，把人力资源管理等同于人事管理，把人力资源管理部门看成单纯的消费部门或行政职能部门；对人力资源管理理论和方法缺乏深刻认识，管理方式仍然停留在以事为中心的阶段；把人力资源开发的投资作为企业的生产成本，导致培训资金无法到位，人力资源的开发力度落后于企业发展的要求。

2. 人力资源管理工作具有很大的随意性

中小型企业的人力资源管理工作普遍缺乏战略规划，缺乏完整而系统的人力资源管理体系。如一般只在人力资源缺乏时才组织员工招聘；在员工知识老化情况严重时才进行培训，培训时又往往存在资金短缺情况；最终由于不健全的用人和激励机制，导致人力资源大量流失。而人力资源的流失使得投入无法回收，更重要的是导致企业与员工之间的不信任，形成人力资源管理的恶性循环。而导致这种状况的根本原因就在于其缺乏完整的人力资源管理系统，工作具有随意性。

3. 管理人员素质不高

我国大多数中小型企业的快速发展得益于创业期抓住了市场机会，并非依靠扎实的技术基础和过硬的管理基础，而且企业管理人员素质没有随着企业的发展而得到提高，大多数中小型企业主不追求自身能力的提高。IT

出身的老板很少愿意系统学习管理、营销、资本运营知识；资本运营出身的则又不愿掌握现代企业的运营管理技巧；原来只有初中、高中文化的老板片面强调自身的丰富经验而不愿加强理论和系统学习，在这样的老板指挥下的企业，"以人为本"的人力资源管理往往成为一句空话。

4. 企业主对人力资源开发的投入有限

中新人才产业有限公司曾经就北京部分中小型企业老板对中高层管理队伍培训的问题做了一份调查。从调查的结果来看，大多数中小型企业主还是对培训比较重视（表示重视培训的比例达72%），但实际操作状况却并非如此，其中有92%的企业没有完善的培训体系，仅有42%的企业有自己的培训部门，在其他诸如培训设施的配备、培训计划的制订、培训时间及经费等的调查都表明了中小型企业主的人力资源培训多流于口头承诺和形式化，投入非常有限。

我国中小型企业人力资源管理对策

1. 实现人力资源管理的专业化

实现人力资源管理的专业化主要从提高人力资源管理者的素质入手。人力资源管理需要很强的专业素质和知识，称职的人力资源管理者应该热爱工作、具备专业知识、人际关系良好、善于与人沟通、知人善任等。具体来说，我国中小型企业要实现人力资源管理的专业化，要求人力资源管理者掌握以下企业发展必需的核心技能。

（1）人力资源管理知识

人力资源管理者要掌握人力资源管理的基本技能，包括：结合企业总体发展计划，在与各部门充分沟通的基础上，设计人力资源中、长期规划；制定职务说明书；与业务部门合作设计实施招聘方案；设计合理的薪酬，实行有效的激励；培训方案的设计与实施。

（2）外围知识

从事人力资源管理工作还需掌握一些外围知识，包括信息处理技术、劳动法律法规、人力资源市场动态等。专业知识只有在外围知识的支持下，才能够发挥作用，比如业绩考核方案设计、薪酬设计都要求人力资源管理部门对劳动法规及人力资源市场、企业财务状况有充分把握，不是随心所欲得出结论的。

(3) 企业基本业务知识

人力资源管理者需要掌握企业的基本业务，唯此才能作为核心管理层来指导企业的发展，提出具有战略业务导向的建议。

(4) 良好的人际关系能力、问题解决能力和创新能力

人力资源管理者作为对企业内部第一资源——人力资源的管理者，要做好工作，良好的人际关系能力是必备的。人力资源管理是一个复杂的管理课题，各企业都有自己的不同问题，新问题会层出不穷，而发现问题、寻找解决方案是人力资源管理者提高自身管理素质并推动企业管理水平不断提高的重要途径。现在已经有不少中小型企业开始重视人力资源管理队伍的专业化这一问题，并采取相应的策略来加强这一工作，通过吸引、接纳受过专门教育的专业性人才，或者加强对人力资源管理者的专业培训来实现企业人力资源管理的专业化。

2. 实现人力资源的战略规划

人力资源规划作为一种战略规划，着眼于为组织未来的经营或运作预先准备人力，持续和系统地分析组织在不断变化的条件下对人力资源的需求，并开发制定出与组织长期效益相适应的人事政策。只有根据企业发展战略，制订中长期人力资源规划，有计划地开展人力资源开发、培训和考核，形成企业人才阶梯形结构，才能满足不同发展时期对人才的需要。中小型企业需要根据企业人力资源需求和供给的平衡分析来实现企业人力资源的战略规划。

3. 实现人力资源招聘的科学化

人力资源开发与管理始于人才的招聘和选拔，招聘和选拔工作的质量直接关系到企业人才的素质，并直接影响到人才的培训和使用。对于我国中小型企业来说，在人力资源的招聘中存在程序不规范，方法落后等问题，尤其需要借鉴外国的经验，结合自身实际，改善招聘工作，做到有效吸引人才。因此，中小型企业必须制定科学、合理的人才招聘和选拔体系，根据企业的人力资源规划，制定行之有效的招聘策略，采用科学的选拔方法确保招募人才的素质和质量。

4. 加强人力资源培训工作

当今世界，发达国家已普遍接受了诺贝尔经济学奖获得者舒尔茨提出

的观点:"单纯从自然资源、实物资本的劳动力的角度,不能解释生产力提高的全部原因,作为资本财富的转换形态的人的知识和能力是社会进步的决定性原因。"培训能使员工以学习、训练等方式提高工作能力、知识水平和潜能发挥,使员工的个人素质和工作需求相匹配,进而促进员工现在和将来工作绩效的提高。因此,可以说培训是一系统化的行为改变过程,这个行为改变过程的最终目的是通过工作能力、知识水平的提高及个人潜能的发挥,明显地表现出工作上的绩效特征,员工工作绩效的有效提高就是培训投资的回报。有效解决中小型企业的人力资源培训问题,需要全体员工的努力和配合,从管理者、培训部门和员工个人三方面综合入手,把培训理论灵活运用到实际工作当中,真正落实企业的培训计划,将计划付诸实施,避免培训流于形式。

5. 完善企业用人与激励机制

中小型企业在人力资源管理方面的种种不足,其最终结果是造成企业队伍的不稳定,人才流失率高,即企业留不住真正的人才,并因此而阻碍企业的可持续发展。所以,企业在做好企业招聘、培训工作,并合理使用人才的基础上,更重要的是要采取措施来留住人才,以完整的人力资源管理来为企业的发展提供人力资源的保证。中小型企业要做到有效留住人才,根据企业的现状,主要可从以下三个方面入手。

(1) 实施情感管理

情感管理是管理者以真挚的情感,增强管理者与员工之间的情感联系和思想沟通,满足员工的心理需求,形成和谐融洽的工作氛围的一种管理方式。情感管理注重员工的内心世界,其核心是激发员工的正向情感,消除员工的消极情绪,通过情感的双向交流和沟通实现有效管理。情感管理虽然是软性管理,但其所激发的深层次的精神动力却非常巨大。实践证明,情感管理是形成组织凝聚力的源泉,是融洽企业内人际关系的土壤,它使企业成为富有人情味的机构。因此,中小型企业必须高度重视感情投入,积极实施情感管理,满足情感需求,努力增强企业的亲和力。

(2) 制定有效的薪酬策略

对企业员工来说,薪酬在一定程度上是成功的标志、地位的象征和才能的体现。中小型企业要想留住人才,必须采取有效的薪酬策略。具体包

括以下几个方面：第一，薪酬设计要科学合理。在设计薪酬制度时，要能表明薪酬的全部价值，使人才了解自己所得的依据。薪酬多寡应与个人业绩挂钩，切实做到按劳取酬，公正合理；第二，引进现代激励机制，即以美国为代表的股票期权制度。股票期权是企业所有者给予特殊员工（包括各种专业人才和高层管理者）的一种权利，他们可以在约定的期限内，以某一预先约定的价格购买本企业股票；第三，还要注重工资和福利的协调发展。

（3）工作激励

激励是人力资源管理上的一个极其重要的功能，同时也是一种重要的工作手段，以往民营企业都更多地采用物质激励的方式，忽略精神激励的价值，而事实上，人的需要和追求是多方面、多层次的，更高、更深层次的需求大多体现在精神方面。我国中小型企业的情况虽与发达国家的企业有很大差异，如报酬激励的重要性和有效性更大一些，但各类人才同样把具有挑战性的工作看得很重，希望在较少羁绊、效率更高的中小型企业施展抱负，并且不断提高自己的专业水平。这就要求中小型企业全面了解各类人才的精神和事业追求，了解他们实现自身事业发展所需要的物质条件、时间安排及精神激励，不仅提供恰当的工作及良好的支持环境，而且提供培训、专题讨论、参加会议等了解专业发展动态，获得提高水平的机会，还要注重人才在企业里的声望定位，并通过适当的形式及时将这种声望定位推及社会。

第四章

中小型企业财务管理

中小企业资本规模较小，内部管理基础又较薄弱，产品比较单一，市场风险较大，而且它的市场风险很容易转变为企业的财务风险和银行的信贷风险。企业因资金周转不灵而导致不能支付的风险很大，稍有经营不慎造成亏损很有可能带来破产的致命后果。

中小型企业财务管理的概述

财务管理的对象

1. 现金流转的概念

中小企业财务管理主要指资金管理,其对象是资金及其流转。资金流转的起点和终点是现金,其他资产都是现金在流转中的转化形式。因此,财务管理的对象也可以说是现金及其流转。财务管理也会涉及成本、收入和利润问题。从财务的观点来看,成本和费用是现金的耗费,收入和利润是现金的来源。财务管理主要是从现金角度上研究成本和收入,而不同于一般意义上的成本管理和销售管理,也不同于计量收入、成本和利润的会计工作。

在建立一个新企业时,首先必须解决两个问题:一是制定规划,明确经营的项目和规模;二是筹集必需的现金,作为最初的资本。企业建立后,现金先变为经营用的各种资产,在运营中这些资产陆续变回为现金。在生产经营中,现金变为非现金资产,非现金资产又变为现金,这种流转过程称为现金流转。这种流转不断循环,称为现金循环或资金循环。

现金转变为非现金资产,然后又恢复到现金,所需时间不超过一年的流转,称为现金的短期循环。短期循环中的资产是短期资产,包括现金本身和企业正常经营周期内可以完全转变为现金的存货、应收账款、短期投资及某些待摊和预付费用等。现金转变为非现金资产,然后又恢复到现金,所需时间在一年以上的流转,称为现金的长期循环。长期循环中的非现金资产是长期资产,包括固定资产、长期投资、无形资产、递延资产等。

2. 现金流转出现不平衡的分析

如果中小企业的现金流出量与流入量相等,财务管理工作将大大简化。实际上这种情况是一种理想的情况,极少出现,平时工作中不是收大于支,就是支大于收,现金流转不平衡既有企业内部的原因,如赢利、亏损或扩充等;也有企业外部的原因,如市场变化、经济兴衰、企业间竞争等。

(1) 影响企业现金流转的内部原因

1) 赢利中小企业的现金流转

赢利中小企业，如不打算扩充规模，其现金流转一般比较顺畅。它的短期循环中的现金收支大体平衡，税后净利使企业现金多余出来，长期循环中的折旧、摊销等也会积存现金。企业财务管理的目标就是要在资产的流动性和赢利能力之间做出抉择，以获取最大的长期利润。根据企业的实际需要采用特定计算方法，确定出最佳的现金持有量，将超出最佳持有量的现金转化成有价证券。当企业现金流出量大于流入量，需要补充现金时，再出让有价证券换回现金。这样既可满足企业的交易性、预防性和投机性的需要，也可使现金的持有量最低。

赢利中小企业有可能由于支付过多现金而发生临时流转困难。例如，付出股利、偿还借款、更新设备等。如果企业存货变质、坏账损失、出售固定资产损失等，也会使企业失去现金，并引起周转的不平衡。这就需要企业合理安排资金，有计划地进行设备投资，加强资产管理，保证资产的安全完整，减少不必要的损失。

2) 亏损中小企业的现金流转

从长期的观点看，亏损中小企业的现金流转是不可能维持的。从短期来看，又分为两类：一类是亏损额小于折旧额的中小企业，在固定资产重置以前可以维持下去；另一类是亏损额大于折旧额的中小企业，如不能从外部补充现金将很快破产。

亏损额小于折旧额的中小企业，虽然收入小于全部成本费用，但大于付现的成本费用，因为折旧和摊销费用不需要支付现金。因此，它们支付日常的开支通常并不困难，甚至还可能把部分补偿折旧费用的现金抽出来移作他用。然而，当计提折旧的固定资产需要重置的时候，灾难就来临了。积蓄起来的现金，不足以重置固定资产，因为亏损时企业的收入是不能足额补偿全部资产价值的。此时，财务主管的唯一出路是设法筹款，以购买设备使生产继续下去。这种办法只能解决一时的问题，它增加了以后年度的现金支出，会进一步增加企业的亏损。除非企业扭亏为盈，否则就会变为"亏损额大于折旧额"的企业，并很快破产。这类企业如不能在短期内扭亏为盈。还有一条出路，就是找一家对减少税负有兴趣的赢利企业，被

其兼并，因为合并一个账面有亏损的企业，可以减少赢利企业的税负。

　　亏损额大于折旧额的中小企业，是濒临破产的企业。这类企业不能以高于付现成本的价格出售产品，更谈不上补偿非现金费用。这类企业的财务主管，必须不断向短期周转中补充现金，其数额等于现金亏空数。如果要重置固定资产，所需现金只能从外部筹措。一般说来，他们从外部寻找资金来源是很困难的。贷款人看不到偿还贷款的保障，是不会提供贷款的，所有者也不愿冒险投入更多的资金。因此，这类企业如不能在短期内扭亏为盈，不如尽早宣告倒闭。这类企业往往连被其他企业兼并，以减低兼并企业税负的价值也没有。兼并企业的目的是节税，以减少现金流出，如果被兼并的企业每年都需要注入现金，则有悖于兼并企业的初衷。

　　3）扩充型中小企业的现金流转

　　任何要迅速扩大经营规模的中小企业，都会遇到相当严重的现金短缺情况。固定资产扩充、存货增加、应收账款增加、营业费用增加等，都会使现金流出扩大。财务主管的任务不仅是维持当前经营的现金收支平衡，而且还要设法满足企业扩大的现金需要，并且力求使企业扩充的现金支付不超过扩充后新的现金流入。

　　中小企业一方面可以从内部寻找扩充项目所需现金，如出售短期证券、减少股利分配、加速收回应收账款、推迟应付账款的支付等，使用现金浮游量、现金折扣、商业信用等。另一方面当内部筹集的现金不能满足扩充需要时，可以从外部通过集资、发债券等方式筹集现金，但同时要承担资本成本，即将来要还本付息，从而引起未来的现金流出。企业在借款时就要注意到，将来的还本付息的现金流出不要超过将来的现金流入。如果不是这样，就要借新债抵旧债，利息负担会耗费掉扩建形成的现金流入，使项目在经济上失败。

　　（2）影响中小企业现金流转的外部原因

　　外部环境，如市场的季节性变化、经济波动、通货膨胀、竞争等因素，虽然不受主观控制，但对因此产生的现金流转不平衡，企业还是应该予以关注的。

　　1）市场的季节性变化

　　通常来讲，销售有季节性变化。企业往往在销售淡季现金不足，销售

旺季过后积存过剩现金。企业的现金流出也有季节性变化。集中采购而均匀耗用，使存货数量周期性变化。采购旺季有大量现金流出，而现金流入不能同步增加。

企业人工等费用的开支也会有季节性变化。有的企业集中在年终发放奖金，要用大量现金；有的企业利用节假日加班加点，要加倍付薪；有的企业使用季节性临时工，在此期间人工费大增。

2）经济的波动

在经济收缩时，销售下降，进而生产和采购减少，短期循环中的现金流出减少了，企业有了过剩的现金。如果预知不景气的时间很长，推迟固定资产的重置，折旧积累的现金也会增加。随着销售额的进一步减少，大量的经营亏损很快会接踵而来，现金将被逐步销蚀掉。

当经济"热"起来时，现金需求迅速扩大。积存的过剩现金很快被用尽，不仅扩充存货需要大量投入现金，而且受繁荣时期乐观情绪的鼓舞，企业会对固定资产进行扩充性投资，并且往往要超过提取的折旧。此时，银行和其他贷款人大多也很乐观，愿意为赢利中小企业提供贷款，筹资不会太困难。

3）通货膨胀

通货膨胀会使企业遭遇现金短缺的困难。由于原料价格上升，保持存货所需支付的现金增加；人工和其他费用的现金支付增加；售价提高使应收账款占用的现金也增加。企业唯一的希望是利润也会增加，否则，现金会越来越紧张。

提高利润不外乎是增收节支。增加收入，受到市场竞争的限制，所以对于单个中小企业来说比较被动。降低成本是中小企业提供利润的主要途径，若不降低成本，中小企业将难以应对通货膨胀造成的财务困难。通货膨胀造成的现金流转不平衡，不能靠短期借款解决，因其不是季节性临时现金短缺，而是现金购买力被永久地"蚕食"了。

4）竞争

竞争会对中小食业的现金流转产生不利影响。价格竞争会使企业立即减少现金流入。在竞争中获胜的一方会通过多卖产品挽回其损失，实际是靠牺牲别的企业的利益来加快自己的现金流转。失败的一方，不但蒙受价

格下降的损失，还受到销量减少的打击。因此，现金流转可能严重失衡。

中小企业财务管理的特点

1. 中小企业的抗风险能力较弱，信用等级较低

中小企业的资本规模有限，决定了它们抗风险能力的先天不足，从而影响其信用等级。中小企业资本规模较小，内部管理基础又较薄弱，产品比较单一，市场风险较大，而且它的市场风险很容易转变为企业的财务风险和银行的信贷风险。企业因资金周转不灵而导致不能支付的风险很大，稍有经营不慎造成亏损很有可能带来破产的致命后果。统计数字表明，中小企业的倒闭数量要远远超过大企业，由此债权人对中小企业制定更为严格的借贷条款。

2. 融资渠道相对有限

随着金融改革整顿工作的不断深入，曾对中小企业发展产生过重要作用的异地拆借、社会筹资等不规范融资行为已经遭到严格禁止。而在新的融资网络建成之前，中小企业因其自身条件、性质以及现行体制、政策影响，无论是直接融资还是间接融资环境都非常恶劣。

一方面，直接融资渠道狭窄。直接融资是中小企业直接进入证券市场通过发行债券和股票等方式筹集资金。无论是在经济发达国家还是在经济欠发达国家，中小企业进入证券市场都面临着重重困难。另一方面，间接融资渠道也不通畅。间接融资主要是向商业银行和其他金融机构申请贷款。贷款难的主要原因在于中小企业自身，中小企业人才缺乏，内部组织关系不稳定，经济规模效益差，经营风险高，信用等级低等原因，往往难以满足银行等金融机构的贷款条件。再加上银行贷款政策倾斜、手续繁杂、收费高，而财产拍卖、信用融资担保、资产评估、信用评估等制度建设的滞后，更使中小企业实际上很难得到银行的贷款。

3. 中小企业财务控制较弱、财务管理水平不高

与大型企业相比，中小企业内部管理水平和与此相关的资金周转率较低，中小型企业往往缺乏严密的资金使用计划，在库存管理和交易结算等方面也缺乏必要的内部控制制度，随意性较大。

4. 中小企业管理组织成本低

与大企业相比，中小企业较小的组织规模对企业财务的有利影响主要

表现为两方面：一是企业规模小，决策效率较高；二是由于企业规模小、管理组织简单、内部控制方便，故管理费用在企业成本结构中所占比重通常低于大企业。

中小企业财务管理的职能

一般认为，管理最主要的职能是决策、计划和控制，所以财务管理的职能分为财务决策、财务计划和财务控制。

1. 财务决策

（1）财务决策的过程

财务决策作为有关资金筹集和使用的决策，其过程一般分为4个阶段：情报活动、计划活动、决策活动和审查活动。事实上，上述这4个阶段并不是按顺序一次完成的，经常需要返回到以前的阶段。例如，抉择时会发现原来设计的方案不够好，需要修改设计；设计或抉择时会发现情报不充分，还要再收集情报。这4个阶段中的每一个，还可以细分为同样的4个小阶段，是大圈套小圈的结构。例如，收集资料阶段，包括了解收集资料的"情报"，"设计"收集资料的方案，"决定"如何收集资料，"评价"收集到的资料是否合乎需要这样4个小阶段。

（2）财务决策系统的要素

一个决策系统应该由5个要素构成，它们相互联系、相互作用。这5个要素分别是：第一，决策者，也称为决策的主体；第二，决策对象，是决策的客体，即决策想要解决的问题；第三，信息，包括企业内部功能的信息，以及企业外部环境的状态和发展变化的信息；第四，决策的理论和方法，包括决策的一般模式、预测方法、定量分析和定性分析技术、决策方法论、数学和计算机应用等；第五，决策结果，是指通过决策过程形成的、指导人的行为的行动方案。

（3）决策的价值标准

决策的价值标准，是评价方案优劣的尺度，或者说是衡量目标实现程度的尺度，它用于评价方案价值的大小。

最初使用的是单一价值标准，如最大利润、最高产量、最低成本、最大市场份额、最优质量、最短时间等。单一的决策价值标准给人们带来许多教训。例如，单纯追求利润最大化，不顾环境是否允许，将来会形成一

些隐性成本；单纯追求市场份额最大化，不顾质量的优劣。所以，人们认识到要进行多目标综合决策。综合经济目标法，即以长期稳定的经济增长为目标，以经济效益为尺度的综合经济目标作为价值标准。经济效益可以理解为投入和产出的关系，将各种投入和产出都货币化，然后将两者进行比较。用这种办法取代急功近利的单一短期利润目标，使人们扩大了眼界，看问题更全面、长远。为了使标准更具有权威性，在评价方案的最后阶段，总要加进各种非经济的或不可计量的因素，进行综合判断以选取行动方案。

（4）决策的准则

决策准则就是指导人们选择行动方案的一般原则。传统的决策理论认为，决策者是"理性人"或"经济人"，在决策时他们受"最优化"的行为准则支配，应当选择"最优"方案。

现代决策理论认为，由于决策者在认识能力和时间、成本、情报来源等方面的限制，不能坚持要求最理想的解答，只能满足于"令人满意的"或"足够好的"决策。

（5）决策的分类

企业决策有多种分类方法，使用比较普遍的决策方法大致包括以下几种。

1）程序化决策和非程序化决策

企业里有些经济活动是重复出现的例行公事，可以根据经验和习惯建立一定的程序，在问题出现时按既定程序执行，就可以解决问题。这种关于例行活动的决策，称为程序化决策；相反，企业里有些活动具有独特性，不会重复出现，它们具有创新的性质，每个问题都与以前的问题不同，称为非例行活动。这种关于非例行活动的决策，称为非程序化决策。

2）长期决策和短期决策

按决策影响所及的时间长短，可以将其分为长期决策和短期决策。影响所及时间不超过一年的决策，称为短期决策；影响所及时间超过一年的决策，称为长期决策。

3）销售决策、生产决策和财务决策

按决策涉及的管理领域，可以将其分为销售决策、生产决策和财务决策。

2. 财务计划

计划是指预先决定做什么、何时做、怎样做和谁去做。各种广义的财务计划工作包括很多方面，通常包括确定财务目标、制定财务战略和财务政策、规定财务工作程序和针对某一具体问题的财务规则，以及制定财务规划和编制财务预算。狭义的财务计划工作，是指针对特定期间的财务规划和财务预算。

财务规划是个过程，它通过调整经营活动的规模和水平，使企业的资金、可能取得的收益、未来发生的成本费用相互协调，以保证实现财务目标。财务规划受财务目标、战略、政策、程序和规划等决策的指导和限制，为编制财务预算提供基础。财务规划的主要工具是财务预测和本量利分析。

财务预算是以货币表示的预期结果，它是计划工作的终点，也是控制工作的起点。它把计划和控制联系起来。预算工作促使各级主管人员对自己的工作进行详细、确切的计划。

3. 财务控制

财务控制和财务计划有密切联系，计划是控制的重要依据，控制是执行计划的手段，它们组成了企业财务管理循环。主要环节包括。

（1）制定财务决策

即针对企业的各种财务问题决定行动方案，也就是制订项目计划。

（2）制定预算和标准

即针对计划期的各项生产经营活动拟定用具体数字表示的计划和标准，也就是制订期间计划。

（3）记录实际数据

即对企业实际的资金循环和周转进行记录，它通常是会计的职能。

（4）计算应达标准

即根据变化了的实际情况计算出应该达到的工作水平。

（5）对比标准与实际

即对上两项数额进行比较，确定其差额，发现例外情况。

（6）差异分析与调查

即对足够大的差异进行具体的调查研究，以发现产生差异的具体原因。

（7）采取行动

即根据产生问题的原因采取行动,纠正偏差,使活动按既定目标发展。

(8) 评价与考核

即根据差异及其产生原因,对执行人的业绩进行评价与考核。

(9) 激励

即根据评价与考核的结果对执行人进行奖惩,以激励其工作热情。

(10) 预测

即在激励和采取行动之后,经济活动发生变化,要根据新的经济活动状况重新预测,为下一步决策提供依据。

中小企业财务管理目标

1. 帮助企业生存及长期稳定的发展

财务管理要力求保持企业有以收抵支和偿还到期债务的能力,减少企业破产的风险。企业在市场中生存下去的基本条件有两个:一是以收抵支,二是到期偿债。相应的,企业生存的威胁主要来自两个方面,一是长期亏损,二是不能偿还到期债务。所以,使企业能够生存下去,是中小企业财务管理所要达到的首要目标。此外,在生存的基础上,还需要将财务管理作为一种经营手段,发挥财务的预测、决策、计划、控制、考核等方面的作用,使中小企业长期稳定地发展下去。

2. 加强内部管理

中小企业可以从以下几个方面来加强内部管理。首先,要使资金的来源和效用有效地配合起来。最好不要用短期借款来购买固定资产,以免导致资金周转困难。其次,准确预测资金收回和支付的时间。应收账款什么时候可以收回,什么时候可进货等,都要做到心中有数。最后,合理地进行资金分配,流动资金和固定资金的占用应做到合理组合。加强财产控制,建立健全财产物资管理的内部控制制度,在物资采购、领用、销售及样品管理上建立规范的操作程序,堵住漏洞,维护安全。加强应收账款管理,对赊销客户的信用进行调研评定,定期核对应收账款,制定完善的收款管理办法,严格控制账龄。对死账、呆账,要在取得确凿证据后,进行妥善的会计处理。

3. 筹集企业发展所需资金

企业的发展离不开资金,筹集资金可以分为内部筹资和外部筹资两种。

中小企业首先应该选择对立业和成长前途感兴趣并愿意对其投资的，并且能给予企业经营指导的金融机构；其次是中小企业要主动与合作的金融机构沟通企业的经营方针、发展计划、财务状况，说明遇到的困难，以实绩和信誉赢得金融机构的信任和支持。另外，企业是在发展中求得自身的生存，从而实现企业的内部筹资。

4. 合理利用资金

建立企业的目的是获利，从财务上看，赢利就是使资产获得超过其投资的回报。在市场经济中，资金的每一项来源都有其成本，每一项资产都是投资，都要从中获得回报，所以，财务管理人员要使企业正常营业产生的资金和从外部获得的资金有效地加以利用。财务管理的获利目标与企业的总目标是一致的，并力求将获利的可能性最大化，这是中小企业财务管理的最高目标。

5. 制定企业收益最佳分配方案

中小企业收益分配的核心内容是正确处理企业与投资者之间以及企业短期利益与长期利益之间的关系，从实际出发，确定股利支付率和利润留存比例。企业在制定收益分配政策时，要明确企业收益额与企业现金流量净增额的关系，企业收益分配与企业内部融资的关系，以及企业收益分配对企业外部融资的影响。企业分配政策受企业的经营环境、经营方针、经营效益、财务状况以及股东要求等多方面因素的影响，各个企业或同一企业不同时期的股利分配政策不可能相同。因此，企业应该根据其经营环境、经营方针以及财务状况和经营成果，考虑股东的要求，正确制定收益分配政策，提供最佳分配方案。

中小企业的财务管理以企业目标为准绳，就能够判断一项财务决策的正确与否。企业财务管理目标可以分为两个层次：基本目标和最高目标。企业财务管理的基本目标着眼于企业的生存和发展能力，最高目标着眼于企业的获利能力，两者应兼顾。

影响财务管理目标实现的因素

财务管理的目标是企业价值或股东财富的最大化，股票价格代表了股东财富，因此从一方面来说，股价高低反映了财务管理目标的实现程度。而公司股价同时受外部环境和管理决策两方面因素的影响。

1. 外部环境

企业的外部环境又称理财环境,是指对企业财务活动产生影响作用的企业外部条件。财务管理环境是企业财务决策难以改变的外部约束条件,企业财务决策更多的是适应它们的要求和变化。财务管理的环境涉及的范围很广,其中最重要的是法律环境、金融市场环境和经济环境。

(1) 法律环境

财务管理的法律环境是指企业和外部发生经济关系时所应遵守的各种法律、法规和规章。国家管理经济活动的手段包括行政手段、经济手段和法律手段三种。在市场经济条件下,行政手段逐步减少,而经济手段,特别是法律手段日益增多,越来越多的经济关系和经济活动的准则用法律的形式固定下来。同时,众多的经济手段和必要的行政手段的使用,也必须逐步做到有法可依,从而转化为法律手段的具体形式,真正实现国民经济管理的法治化。企业的理财活动,无论是筹资、投资还是利润分配,都要和企业外部发生经济关系。在处理这些经济关系时,应当遵守有关的法律规范。

(2) 金融市场环境

广义的金融市场,是指一切资本流动的场所,包括实物资本和货币资本的流动。广义金融市场的交易对象包括货币借贷、票据承兑和贴现、有价证券的买卖、黄金和外汇买卖、办理国内外保险、生产资料的产权交换等。狭义的金融市场一般是指有价证券市场,即股票和债券的发行和买卖市场。

(3) 经济环境

这里所说的经济环境是指企业进行财务活动的宏观经济状况,包括:

1) 经济发展状况

经济发展的速度,对企业理财有重大影响。近几年,我国经济增长比较快。企业为了跟上这种发展并在其行业中维持它的地位,至少要有同样的增长速度。企业要相应增加厂房、机器、存货、工人、专业人员等。这种增长,需要大规模地筹集资金,需要借入巨额款项或增发股票。

2) 通货膨胀

不仅对消费者不利,也给企业理财带来很大困难。企业面对通货膨胀,

为了实现期望的报酬率,必须加强收入和成本管理。同时,使用套期保值等办法减少损失,如提前购买设备和存货、买进现货卖出期货等。

3) 利息率波动

银行贷款利率的波动,以及与此相关的股票和债券价格的波动,既给企业带来机会,也是对企业的挑战。在为过剩资金选择投资方案时,利用这种机会可以获得营业以外的额外收益。

4) 政府的经济政策

我国政府具有较强的调控宏观经济的职能,国民经济的发展规划、国家的产业政策、经济体制改革的措施、政府的行政法规等对企业的财务活动都有重大影响。企业在财务决策时,要认真研究政府政策,按照政策导向行事,才能扬长避短。

5) 竞争

竞争广泛存在于市场经济之中,任何企业都不可回避。竞争能促使企业用更好的方法来生产更好的产品,对经济发展起推动作用。但对企业来说,竞争既是机会也是威胁。为了改善竞争地位,企业往往需要大规模投资,成功之后企业赢利增加,但若投资失败则竞争地位更为不利。

2. 管理决策

从公司管理当局可控制的因素看,股价的高低取决于企业的报酬率和风险,而企业的报酬率和风险又是由企业的投资项目、资本结构和股利政策决定的。因此,这5个因素影响企业的价值。财务管理正是通过投资决策、筹资决策和股利决策来提高报酬率、降低风险,实现其目标的。

(1) 投资报酬率

在风险相同的情况下,提高投资报酬率可以增加股东财富。公司的赢利总额不能反映股东财富。例如,某公司有1万股普通股,税后净利2万元,每股盈余为2元。假设你持有该公司股票500股,因而分享到1000元利润;如果企业为增加利润拟扩大规模,再发行1万股普通股,预计增加赢利1万元。由于总股数增加到2万股,利润增加到3万元,每股盈余反而降低到1.5元,你分享的利润将减少到750元。由此可见,股东财富的大小要看投资报酬率,而不是赢利总额。

(2) 风险

任何决策都是面向未来的，并且会有或多或少的风险。决策时需要权衡风险和报酬，才能获得较好的结果。例如，公司有两个投资机会，第一方案可使每股盈余增加10元，其风险极低，几乎可以忽略不计；第二方案可使每股盈余增加20元，但是有一定风险，若方案失败则每股盈余不会增加。应该赞成哪一个方案呢？回答是要看第二方案的风险有多大，如果成功的概率大于50%，则它是可取的，反之则不可取。由此可见，财务决策不能不考虑风险，风险与可望得到的额外报酬相称时，方案才是可取的。

（3）投资项目

投资项目是决定报酬率和风险的首要因素。一般说来，被企业采纳的投资项目，应该能够增加报酬，否则企业就没有必要为它投资。与此同时，任何项目都有风险，区别只在于风险大小不同。

（4）资本结构

资本结构会影响报酬率和风险。资本结构是指所有者权益与负债的比例关系。一般情况下，当借债的利息率低于其投资的预期报酬率时，公司可以通过借债提高预期每股盈余，但同时也会扩大预期每股盈余的风险。

（5）股利政策

股利政策也是影响报酬率和风险的重要因素。股利政策是指公司赚得的盈余中，有多少作为股利发放给股东，有多少保留下来用于企业扩大再生产。股东既希望分红，又希望每股盈余不断增长。前者是当前利益，后者是长远利益，加大保留盈余，会提高未来的报酬率，但再投资的风险比立即分红要大。因此，股利政策会影响报酬率和风险。

中小型企业财务管理原则

美国教授道格拉斯·R·爱默瑞（Douglas R. Emery）、约翰·D·芬尼特将财务管理的原则概括为3类12条。第一类是竞争经济环境原则，该原则是对资本市场中人的行为规律的基本认识，包括自利行为原则、双方交易原则、信号传递原则和行为原则；第二类是价值与经济效益原则，该原

则是人们对增加企业财富基本规律的认识，包括有价值的创意原则、比较优势原则、期权原则和净增效益原则；第三类是财务交易原则，该原则是人们对于财务交易基本规律的认识，包括风险—报酬权衡原则、分散化原则、资本市场效率原则和货币时间价值原则。

有关竞争环境的原则

1. 自利行为原则

自利行为原则是指人们在进行决策时按照自己的财务利益行事，在其他条件相同的情况下，人们会选择对自己经济利益最大的行动。自利行为原则的依据是理性的经济人假设。该假设认为，人们对每一项交易都会衡量其代价和利益，并且会选择对自己最有利的方案来行动。自利行为原则假设企业决策人对企业目标具有合理的认识程度，并且对如何达到目标具有合理的理解。在这种假设情况下，企业会采取对自己最有利的行动。

2. 双方交易原则

双方交易原则是指每一项交易都至少存在两方，在一方根据自己的经济利益决策时，另一方也会按照自己的经济利益决策行动，并且对方和你一样聪明、勤奋和富有创造力，因此你在决策时要正确预见对方的反应。

双方交易原则的建立依据是商业交易至少有两方，交易是"零和博弈"，并且各方都是自利的。每一项交易都有一个买方和一个卖方，这是不争的事实。无论是买方市场还是卖方市场，在已经成为事实的交易中，买进的资产和卖出的资产总是一样多。例如，在证券市场上，卖出一股就一定有一股买入。既然买入的总量与卖出的总量永远一样多，那么一个人的获利只能以另一个人的付出为基础。一个高的价格使购买人受损而卖方受益，一个低的价格使购买人受益而卖方受损，一方得到的与另一方失去的一样多，从总体上看，双方收益之和等于零，故称为"零和博弈"。

双方交易原则要求在理解财务交易时不能"以我为中心"，即在谋求自身利益的同时要注意对方的存在，以及对方也在遵循自利行为原则行事。这条原则要求我们不要总是"自以为是"，错误认为自己优于对手。双方交易原则还要求在理解财务交易时要注意税收的影响。由于税收的存在，主要是利息的税前扣除，使得一些交易表现为"非零和博弈"。政府是不请自来的交易第三方，凡是交易政府都要从中收取税金。减少政府的税收，交

易双方都可以受益。避税就是寻求减少政府税收的合法交易形式，结果使交易双方受益但其他纳税人会承担更大的税收份额，从更大范围来看并没有改变"零和博弈"的性质。

所谓零和，是博弈论里的一个概念，意思是双方博弈，一方得益必然意味着另一方吃亏，一方得益多少，另一方就吃亏多少。之所以称为"零和"，是因为将胜负双方的"得"与"失"相加，总数为零。例如，游戏者有输有赢，游戏参与各方的得失总和为零。在一般情况下，玩家中总有一个赢，一个输，如果获胜算为 1 分，而输为 -1 分，那么，这 2 人得分之和就是：1+（-1）= 0。

零和博弈属于非合作博弈，是指博弈中甲方的收益，必然是乙方的损失，即各博弈方得益之和为零。在零和博弈中，各博弈方决策时都以自己的最大利益为目标，结果是既无法实现集体的最大利益，也无法实现个体的最大利益。除非在各博弈方中存在可信性的承诺或可执行的惩罚作保证，否则各博弈方中难以存在合作。

比如说，在金融市场实际趋势运行中，理想零和博弈的全过程接近于一个半圆。股市零和博弈的定义可以表述为：输家损失+现金分红=赢家收益+融资+交易成本（等式左边是股市资金的提供者，右边则是股市资金的索取者）。

3. 信号传递原则

信号传递原则，是指行动可以传递信息，并且比公司的声明更有说服力。信号传递原则是自利行为原则的延伸。由于人们或公司是遵循自利行为原则的，所以一项资产的买进能暗示出该资产"物有所值"，买进的行为提供了有关决策者对未来的预期。

信号传递原则要求根据公司的行为判断它未来的收益情况。例如，一个经常用配股的办法找股东要钱的公司，很可能自身产生现金能力较差；一个大量购买国库券的公司，很可能缺少净现值为正数的投资机会；内部持股人出售股份，常常是公司赢利能力恶化的重要信号。

信号传递原则还要求公司在决策时不仅要考虑行动方案本身，还要考虑该项行动可能给人们传达的信息。在资本市场上，每个人都在利用他人交易的信息。自己交易的信息也会被别人所利用，因此应考虑交易的信息

效应。

4. 引导原则

引导原则是指当所有办法都失败时，寻找一个可以信赖的榜样作为自己的引导。所谓"当所有办法都失败"，是指我们的理解力存在局限性。不知道如何做对自己更有利，或者寻找最准确答案的成本过高以至于不值得把问题完全搞清楚。在这种情况下，不要继续坚持采用正式的决策分析程序包括收集信息、建立备选方案、采用模型评价方案等，而是直接模仿成功榜样或者大多数人的做法。例如，你在一个自己从未到过的城市寻找一个就餐的饭馆，不值得或者没时间调查每个饭馆的有关信息，应当找一个顾客较多的饭馆去就餐。不要去顾客很少的地方，那里不是价格很贵就是服务很差。

引导原则是信号传递原则的一种运用。承认信号传递原则，就必然承认引导原则。它只在两种情况下适用：一是理解存在局限性，认识能力有限，找不到最优的解决办法；二是寻找最优方案的成本过高。引导原则不会帮你找到最好的方案，却常常可以使你避免采取最差的行动。它是一个次优化准则，其最好结果是得出近似最优的结论，最差的结果是模仿了别人的错误。这一原则虽然有潜在的问题，但是我们经常会遇到理解力、成本或信息受到限制的情况，无法找到最优方案，需要采用引导原则解决问题。

引导原则的一个重要应用，是行业标准概念。例如，资本结构的选择问题，理论不能提供公司最优资本结构的实用化模型。观察本行业成功企业的资本结构，或者多数企业的资本结构，不要与它们的水平偏离太远，就成了资本结构决策的一种简便、有效的方法。

有关创造价值的原则

1. 有价值的创意原则

有价值的创意原则，是指新创意会产生意想不到的高额利润，能够获得额外的报酬。此项原则要求企业不仅关注日常各项事务，还应着重考虑如何应用创意，从根本上扭转被动局面或者锦上添花。创意不仅体现在产品设计上，还体现在市场开发、公共关系活动等各个方面，有价值的创意可让企业或者商家取得超额利润。

竞争理论认为，企业的竞争优势可以分为经营差异化和成本领先两方面。经营差异化，是指产品本身、销售交货、营销渠道等客户广泛重视的方面在产业内独树一帜。任何独树一帜都来源于新的创意。创造和保持经营奇异性的企业，如果其产品溢价超过了为产品的独特性而附加的成本，它就能获得高于平均水平的利润。正是许多新产品的发明，使得发明人和生产企业变得非常富有。

2. 比较优势原则

有了突出的才能就会出现马太效应，你就会更加成功。大卫·李嘉图在其代表作《政治经济学及赋税原理》中提出了比较成本贸易理论（后人称为"比较优势贸易理论"）。根据该理论，当中国改革开放打开国门，利用自身丰富的廉价劳动力资源加入全球分工链条的时候，无疑是遵循了比较优势的发展思路。

比较优势原则是指专长能创造价值，在市场上要想赚钱必须发挥你的专长。该原则的依据是分工理论，即让每一个人去做最适合他做的工作，让每一个企业生产最适合它生产的产品，社会的经济效率才会提高。没有比较优势的人，很难取得超出平均水平的收入；没有比较优势的企业，很难增加股东财富。

比较优势原则要求中小企业把主要精力放在自己的比较优势上，建立和维持自己的比较优势，使中小企业长期获利。

马太效应（Matthew Effect），是指好的愈好、坏的愈坏、多的愈多、少的愈少的一种现象。

1968年，美国科学史研究者罗伯特·莫顿首次用"马太效应"来描述这种社会心理现象："相对于那些不知名的研究者，声名显赫的科学家通常得到更多的声望。即使他们的成就是相似的、同样的，在同一个项目上，声誉通常给予那些已经出名的研究者，例如，一个奖项几乎总是授予最资深的研究者，即使所有工作都是一个研究生完成的。"

同时，罗伯特·莫顿将"马太效应"归纳为：任何个体、群体或地区，一旦在某一个方面（如金钱、名誉、地位等）获得成功和进步，就会产生一种积累优势，就会有更多的机会取得更大的成功和进步。

此术语后为经济学界广泛借用，反映贫者愈贫、富者愈富、赢家通吃

的经济学中收入分配不公的现象。

3. 期权原则

期权是指不附带义务的权利，它是有经济价值的。期权原则是指在估价时要考虑期权的价值。期权概念最初产生于金融期权交易，它是指所有者（期权购买人）能够要求出票人（期权出售者）履行期权合同上载明的交易，而出票人不能要求所有者去做任何事情。在财务上，一个明确的期权合约经常是指按照预先约定的价格买卖一项资产的权利。

广义的期权不限于财务合约，任何不附带义务的权利都属于期权，且许多资产都存在隐含的期权。例如，一个企业可以决定某个资产出售或者不出售。如果价格不令人满意就什么事也不做，如果价格令人满意就出售。这种选择权是广泛存在的。一个投资项目，本来预期有正的净现值，因此被采纳并实施了，上马以后发现它并没有原来设想的那么好。此时，决策人不会让事情按原计划一直发展下去，而会决定方案下马或者修改方案，使损失减少到最低。这种后续的选择权是有价值的，它增加了项目的净现值。在评价项目时就应考虑到后续选择权是否存在以及它的价值有多大。有时一项资产附带的期权比该资产本身更有价值。

4. 净增效益原则

净增效益原则是指财务决策建立在净增效益的基础上，一项决策的价值取决于它和替代方案相比所增加的净收益。

一项决策的优劣，是与其他可替代方案（包括维持现状而不采取行动）相比较而言的。如果一个方案的净收益大于替代方案，我们就认为它是一个比替代方案好的决策，其价值是增加的净收益。在财务决策中净收益通常用现金流量计量，一个方案的净收益是指该方案现金流入减去现金流出的差额，也称为现金流量净额。一个方案的现金流入是指该方案引起的现金流入量的增加额；一个方案的现金流出是指该方案引起的现金流出量的增加额。"方案引起的增加额"，是指这些现金流量依存于特定方案，如果不采纳该方案就不会发生这些现金流入和流出。

净增效益原则的应用领域之一是差额分析法，也就是在分析投资方案时只分析它们有区别的部分，而省略其相同的部分。净增效益原则初看似乎很容易理解，但实际贯彻起来需要非常清醒的头脑，需要周密地考察方

案对企业现金流量总额的直接和间接影响。例如，一项新产品投产的决策引起的现金流量，不仅包括新设备投资，还包括动用企业现有非货币资源对现金流量的影响；不仅包括固定资产投资，还包括需要追加的营运资金；不仅包括新产品的销售收入，还包括对现有产品销售积极或消极的影响；不仅包括产品直接引起的现金流入和流出，还包括对公司税务负担的影响等。

净增效益原则的另一个应用是沉没成本概念。沉没成本是指已经发生、不会被以后的决策改变的成本。沉没成本与将要采纳的决策无关，因此在分析决策方案时应将其排除。

有关财务交易的原则

1. 风险—报酬权衡原则

风险—报酬权衡原则是指风险和报酬之间存在一个对等关系，投资人必须对报酬和风险作出权衡，为追求较高报酬而承担较大风险，或者为减少风险而接受较低的报酬。所谓"对等关系"，是指高收益的投资机会必然伴随巨大风险，风险小的投资机会必然只有较低的收益。

在财务交易中，当其他一切条件相同时人们倾向于高报酬和低风险。如果两个投资机会除了报酬不同以外，其他条件（包括风险）都相同人们会选择报酬较高的投资机会，这是自利行为原则所决定的。如果两个投资机会除了风险不同以外，其他条件（包括报酬）都相同，人们会选择风险小的投资机会，这是风险反感决定的。所谓"风险反感"是指人们普遍对风险有反感，认为风险是不利的事情。确定的1元钱，其经济价值要大于不确定的1元钱。

如果人们都倾向于高报酬和低风险，而且都在按照他们自己的经济利益行事，那么竞争结果就产生了风险和报酬之间的权衡。你不可能在低风险的同时获取高报酬，因为这是每个人都想得到的。即使你最先发现了这样的机会并率先行动，别人也会迅速跟进，竞争会使报酬率降至与风险相当的水平。因此，现实的市场中只有高风险同时高报酬和低风险同时低报酬的投资机会。

2. 投资分散化原则

投资分散化原则，是指不要把全部财富投资于一个公司，而要分散投

资。投资分散化原则的理论依据是投资组合理论。马克维茨的投资组合理论认为，若干种股票组成的投资组合，其收益是这些股票收益的加权平均数，但其风险要小于这些股票的加权平均风险，所以投资组合能降低风险。

分散化原则具有普遍意义不仅仅适用于证券投资，公司各项决策都应注意分散化原则。不应当把公司的全部投资集中于个别项目、个别产品和个别行业；不应当把销售集中于少数客户；不应当使资源供应集中于个别供应商；重要的事情不要依赖一个人完成；重要的决策不要由一个人做出。凡是有风险的事项，都要贯彻分散化原则，以降低风险。

3. 资本市场有效原则

资本市场是指证券买卖的市场。资本市场有效原则是指在资本市场上频繁交易的金融资产的市场价格反映了所有可获得的信息，而且面对新信息完全能迅速地做出调整。

资本市场有效原则要求理财时重视市场对企业的估价。资本市场是企业的一面镜子，又是企业行为的校正器。股价可以综合反映公司的业绩，弄虚作假、人为地改变会计方法对于企业价值的提高毫无用处。一些公司把巨大的精力和智慧放在报告信息的操纵上，通过"创造性会计处理"来提高报告利润，企图用财务报表给使用人制造幻觉，这在有效市场中是无济于事的。用资产置换、关联交易操纵利润，只能得逞于一时，最终会付出代价，甚至导致公司破产。市场对公司的评价降低时，应分析公司的行为是否出了问题并设法改进，而不应设法欺骗市场。妄图欺骗市场的人，最终会被市场所抛弃。

4. 货币时间价值原则

货币时间价值原则，是指在进行财务计量时要考虑货币时间价值因素。"货币的时间价值"是指货币在经过一定时间的投资和再投资所增加的价值。货币具有时间价值的依据是货币投入市场后其数额会随着时间的延续而不断增加。这是一种普遍的客观经济现象。要想让投资人把钱拿出来，市场必须给他们一定的报酬。

货币时间价值原则的首要应用是现值概念。由于现在的 1 元货币比将来的 1 元货币经济价值大。不同时间的货币价值不能直接加减运算，需要进行折算。通常要把不同时间的货币价值折算到"现在"时点，然后进行运算

或比较。把不同时点的货币折算为"现在"时点的过程称为"折现"，折现使用的百分率称为"折现率"，折现后的价值称为"现值"。

货币时间价值的另一个重要应用是"早收晚付"观念。对于不附带利息的货币收支，与其晚收不如早收，与其早付不如晚付。货币在自己手上，可以立即用于消费而不必等待将来消费，可以投资获利而无损于原来的价值，可以用于预料不到的支付，因此早收、晚付在经济上对中小企业是有利的。

中小型企业财务环境分析

中小企业由于所有制和内部规模的限制，使得在贷款市场处于弱势地位，政府为了鼓励中小企业的发展，通常会设立一定的发展基金或者税收优惠，等等。

中小企业税收政策

政府对中小企业最直接的扶持政策是给予中小企业税收上的优惠。西方各国对中小企业普遍采取低征税制。例如，法国政府对中小企业的税收优惠包括：对20世纪80年代末年新建中小企业前三年免征后两年减半征收所得税；中小企业职工收入投资于企业，可部分免征个人所得税。在我国针对营业规模较小的中小企业，所得税有相应的优惠；对在西部地区相关行业的新建企业实行一定期限的减免税，鼓励其加大原始积累和增加生产发展基金；对特殊性质的中小企业（如福利型企业）免税，鼓励其自食其力、自我发展；对高科技、高风险中小企业在增值税缴纳方面有一定优惠，鼓励科技人员等创办此类企业，推进我国新技术、新产品、新服务种类的开发。

中小企业信贷政策

中小企业贷款难的原因是多方面的：部分中小企业自身素质差、资本金不足、资信情况不透明，市场竞争加剧，直接融资渠道狭窄，社会信用环境差、社会中介服务体系不完善等是主要原因。从银行方面看，部分商

业银行对中小企业贷款的营销观念不强，在强化约束机制的同时缺乏激励机制，在机构设置、信用评级、贷款权限、内部管理等方面，不能完全适应中小企业对金融服务的需求。因此，各国政府还通过信贷政策来鼓励和支持中小企业的发展。中国人民银行先后印发了《关于进一步改善中小企业金融服务的意见》（银发278号）以及《关于加强和改进对中小企业金融服务的指导意见》（银发379号），各商业银行进一步加强和改进了对中小企业的金融服务，2002年8月1日，中国人民银行又印发了《关于进一步加强对有市场、有效益、有信用中小企业信贷支持的指导意见》，各级商业银行要在支持信贷原则的前提下，加大支持中小企业发展的力度；要充分认识发展中小企业对落实中央扩大内需、增加就业、保持社会稳定的重要意义，对产权明晰、管理规范、资产负债率低、有一定自有资本金、产品有订单、销售资金回笼好、无逃废债记录、不欠息、资信状况良好的有市场、有效益、有信用的中小企业，积极给予信贷支持，尽量满足这部分中小企业合理的流动资金需求。从这些政策来看，政府对中小企业的发展趋于支持态度，但需要中小企业积极提升质量，并且选择政策发展需要的行业，才能改善融资环境。

中小企业信用担保体系

中小企业很难获得贷款的一个重要原因就是没有管理企业的担保。为了解决我国中小企业融资难，特别是贷款难的问题，借鉴国外成功经验，国家经贸委于2008年7月2日发布了《国家经贸委关于建立中小企业信用担保体系试点的指导意见》。根据该《意见》，中小企业信用担保机构可采用企业、事业和社团法人的法律形式，在创办初期不以赢利为目的，担保资金和业务经费以政府预算资助和资产划拨为主，同时可吸收社会募集资金。中小企业信用担保的对象为符合国家产业政策，有产品、有市场、有发展前景、有利于技术进步与创新的技术密集型和扩大城乡就业的劳动密集型中小企业。信用担保的种类主要包括中小企业短期银行贷款、中长期银行贷款、融资租赁以及其他经济合同的担保。目前，试点期间的担保重点为中小企业的短期银行贷款。为减轻中小企业财务费用负担，担保收费标准一般控制在同期银行贷款利率的50%以内。

公共工程与政府采购

大力推动国家基础设施建设，协助中小企业扩大内需市场，积极鼓励中小企业参与国家公共工程和政府采购方案，也是各国优化中小企业成长环境的成功经验。即使在崇尚公平竞争的美国，国家也充分利用政府订货政策在财政上给予中小企业以支持，日本有《确保中小企业承包政府及公共需求法》，我国台湾地区也有《协助中小企业参与公共工程及采购方案》。

中小型企业财务管理内容

中小企业营运资金管理

1. 营运资金的概念

狭义的营运资金是指企业的流动资产减去流动负债后的余额，也称净营运资金。它是企业一定时期流动资产与流动负债之间的差额。当此差额大于零时，企业的流动资产不仅可以偿还各种短期债务，而且不必变现长期资产，同时这剩余的流动资产还可以作为清偿非流动资产负债的来源。净营运资金作为判断和分析企业流动资金运作状况和财务风险的重要依据，广泛使用在企业的偿债能力和财务风险的研究中，能有效地反映企业当时的短期偿债能力，且对于衡量企业短期财务风险，评估企业资金流动性等具有重要意义。

广义的营运资金是指所有的流动资产。它包含了企业所有的流动资产，即由企业一定时期持有的现金、有价证券、应收和预付账款以及各类存货资产等构成，这些具体的流动资产的控制、持有状况的确定是企业日常财务控制中的重要内容。广义的营运资金是将企业营运资金与企业再生产的各个过程紧密地联系起来，促使企业的财务管理向生产管理和经营管理的各个领域渗透，做到理财与经营相结合。使用广义理解方式能使企业把握住一段时期营运资金的具体管理对象，而运用净营运资金的差量的理解方式，就无法切实掌握不同具体流动资产的变化和发展趋势。而广义的营运资金虽然包括了全部流动资产，但却将流动负债对企业一段时期营运资金

的影响排除在外。

第三种理解方式可表述为，企业营运资金是企业一定时期流动资产和流动负债的统称。在这种理解方式下，营运资金管理应包括企业流动资产和流动负债管理的全部内容，它将企业的流动资产管理与流动负债管理一起进行。这种理解是将企业的营运资金管理与企业一段时期的流动负债管理紧密地结合起来，弥补了前两种理解方式的缺陷。

2. 营运资金的特点

（1）周转期短

企业占用在流动资产上的资金通常会在 1 年或 1 个营业周期内收回，对企业的影响较小，因此，营运资金可以通过短期筹资方式解决。

（2）易变现

在意外情况下，可以迅速变卖，解决企业的财务困难。

（3）实物形态的变动性

流动资金每次循环都要经过采购、生产、销售过程，并表现为现金、材料、在产品、产成品、应收账款等具体形态，所以管理时，应合理配置各项流动资产的资金数额。

（4）来源的灵活性

银行短期借款、短期融资债券、商业信用、应交税金、应交利润、应付职工薪酬、预收货款、票据贴现等都是筹集营运资金的渠道。

3. 中小企业营运资金管理的内容

由于现金、应收账款和存货在营运资金中占有重要地位，下面将围绕这三个内容介绍中小企业运营资金管理的内容。

（1）中小企业现金管理的内容

1）加强现金预算控制

现金预算是现金管理的基础，它是企业财务计划和控制过程中的一种主要手段。现金预算通过对未来一段时间内现金流入和现金流出的规划，可以帮助中小企业业主了解未来现金流量的总体情况，以便及时调度资金，保证及时足额地支付到期账款。

2）确定最佳现金持有量控制标准

现金是企业资产中流动性最强的部分，是满足企业正常经营支出、清

偿债务、履行纳税义务的重要保证。因此，企业保持足够的现金余额，对于增加企业资产的流动性，降低或避免经营风险和财务风险都具有十分重要的意义。但是，现金又是一种非营利性资产，持有量过多，会给企业造成较大的机会损失，降低企业整体资产的获利能力。因此，现金管理的目的，就是在现金的流动性与收益性之间做出合理的选择，力求做到既保证企业正常生产经营活动的需要，又不使企业现金多余闲置，以获取最大的长期利润。

3）加强对现金缺口的控制

现金缺口，是指从购买物资及服务而支付现金到因销售商品和提供服务而收回现金之间的时间间隔。行业的不同对现金缺口有很大影响，在一些行业基本是一手交钱一手交货，而另外一些行业应收账款金额较大，现金缺口就较大。由于存在现金缺口，公司需要贷款才能正常运转。现金缺口越大，公司所需要的贷款时间也越长，公司将支付更多的利息。因此，应该延长采购存货的应付账款付款期，缩短应收账款收款期，加快存货周转期。公司存货周转越快，所需现金越少，可以减少向银行的贷款，还可以通过合理利用现金浮游量，改进工资的支付方式等方式解决现金缺口问题。

4）进一步完善现金控制的内部规章制度

一般而言，一个良好的现金管理制度应包括以下内部控制要点：现金收支与记账的岗位分离；现金收入、支出要有合理、合法的凭据；全部收支及时准确入账，并且支出要有核准手续；控制现金坐支，当日收入现金应及时送存银行；按月盘点现金，编制银行存款余额调节表，以做到账实相符；加强对现金收支业务的内部审计。

(2) 中小企业应收账款的管理内容

1）加强中小企业信用外部环境的建设

虽然企业可以通过设立信用部门调查购货方的信用状况，但这种做法对于个人和中小企业来讲成本很高。一个思路是对于没有实力成立自己的信用管理部门或不知道应该怎样进行信用管理的中小企业，按照国际通行的做法是购买信用管理顾问公司信息服务。目前我国已经有一些这样的资信调查与管理顾问公司。另外一个思路是建立以政府为主导的信用保证体

系。因为一些大的咨询公司的主要服务对象是大型企业和规模较大的中型企业，而对于小型企业，这部分企业本身资信程度较低，失败率高，但又经不起对方企业失信。因此，只有依靠政府建立一套完善的信用保证体系，才能保障中小企业健康发展。

2) 加强企业内部信用制度的建设

建立企业信用管理制度是提高营运资金管理水平的一项主要措施，信用管理是对赊销行为的事前控制，这是我们目前对应收账款风险控制最欠缺的环节，也是对应收账款控制最有效的环节。将事后控制转为事前控制，这是从源头上控制应收账款的最有效的办法。

建立信用管理体系，强化对企业信用政策的制定与执行过程的控制。企业建立信用管理体系，通过对客户的调查和事前、事中、事后的风险控制，可以有效地降低企业经营的风险，防止企业的客户出现拖欠和失信现象。企业内部信用管理体系主要包括：

首先，建立客户资信管理制度。这一制度主要了解与客户的有关信息，包括企业内部信息管理制度、客户住处管理制度、资信调查制度、客户信用分级管理制度等。建立客户档案，防止盲目信任从而造成坏账。

其次，建立内部授信制度。授信制度是在进行商品交易过程中通过一系列审批，按照一定的信用标准，对信用的实施进行限制和控制，保证企业信用制度的执行，该项制度包括"信用申请审查制度""信用额度审核制度"和"交易审批制度"等。授信管理工作的核心是信用标准的制定。

最后，建立应收账款管理制度。收账是实施信用政策的最后环节，也是最关键的步骤。我国许多企业在应收账款管理上采用了一系列的制度，如销售人员定期与购货商核对应收账款，督促其还款。但依靠这种强制性的收账措施对于扩大企业的销售有很大影响，因为市场营销人员为了少承担责任往往采用保守的销售政策，或采用一些不规范的方式收账，影响企业的声誉。作为一个企业应该有一定的信用政策，这一政策不应由销售人员具体负责，而应该是企业会计管理制度的一部分。因此，应加强对应收账款的系统性和科学性管理，加强事前对购货单位的信用调查，注意事中督促和及时收账，从而保证企业信用制度的全面实施。

（3）中小企业存货管理的内容

1) 建立健全社会化服务体系

政府要提供一定的财力支持社会化服务体系的发育和成长，积极创办面向中小企业的各类学校，培养合格的管理人员和财务人员，提高中小企业的财务管理水平。

2) 建立健全存货管理的内部控制制度

建立健全存货管理的内部控制制度，形成有力的内部牵制制度，科学确定存货的最佳结构以加强对存货的管理：对于小型企业，为了既简化工作又加强管理，就需要对各种各样的存货进行科学分类，并根据存货的特点采用不同的方法进行控制，即实施作业成本管理方法（简称 ABC 法）；对于中型企业，建议在 ABC 法基础上，再对 A 类存货进行经济批量模型的使用。

作业成本管理是以提高客户价值、增加企业利润为目的，基于作业成本法的新型集中化管理方法。它通过对作业及作业成本的确认、计量，最终计算产品成本，同时将成本计算深入到作业层次，对企业所有作业活动追踪并动态反映，进行成本链分析，包括动因分析、作业分析等，为企业决策提供准确信息；指导企业有效地执行必要的作业，消除和精简不能创造价值的作业，从而达到降低成本，提高效率的目的。许多国际性的大型制造和 IT 企业，如惠普公司都已实施了作业成本管理，中国的一些领先型制造企业，如许继电气集团等也在尝试开展作业成本管理，作业精简和效能提高的作用十分明显。

作业成本核算模型是实施作业成本管理的基础，是对作业成本法核算体系的描述，在作业成本法的实施过程中具有重要地位。作业成本要素是构成作业成本核算模型的元素，他们按照一定规则组合在一起形成作业成本核算模型。

3) 定时清理仓储，对积压存货进行质量分析和特别定价

所谓质量分析是指对企业存货的自然质量、实效质量和品种结构等情况进行分析。存货的自然质量即存货的自然状态，如外观的完好、质量的等级等。通过对存货自然质量分析，可以初步确定企业存货的状态，为分析存货的可使用价值和变现价值奠定基础；实效质量分析包括保质期、技术占有期等；品种构成分析主要从多元化程度，存货的赢利能力、存货的

周转状况和存货的市场发展前景方面进行分析。

而特别定价是指对于企业用于销售可能积压存货而采用的特别定价策略，从一般常识出发，一件商品没有卖出去，它只会随着时间的久远而越来越难卖，越难卖也就越不值钱，形成恶性循环，最可行的做法就是不要过多地考虑成本，把剩下的商品处理得越快越好。这样做意味着盘活了企业的存量资金，减少了实际的损失。

中小企业投资管理

1. 中小企业投资特点

中小企业因其规模的限制，企业组织机构和经营管理方式一般采取高度集中的模式。因此，对于中小企业，投资不仅是财务管理的核心内容，更是关系企业生死存亡的关键因素。中小企业投资应具有自身的特点。

（1）以对内投资方式为主

对内投资主要有以下几个方面：一是对新产品试制的投资；二是对技术设备更新改造的投资；三是对人力资源的投资。目前应特别注意人力资源的投资，从某种角度来说，加强人力资源的投资，拥有一定的高素质的管理和技术型人才，是企业制胜的法宝。

（2）分散资金投向，降低投资风险

中小企业在积累的资本达到一定的规模之后，可以进行多元化经营，把鸡蛋放在不同的篮子里，从而分散投资风险。

（3）应规范项目的投资程序

当中小企业在资金、技术操作、管理能力等方面具备一定的实力之后，可以借鉴大型企业的普遍做法，规范项目的投资程序，实行投资监理，对投资活动的各个阶段做到精心设计和实施。另外，要注意实施跟进战略，规避投资风险。

2. 中小企业投资战略

企业投资战略必须以企业总体发展战略为指导。根据不同的标准，企业投资战略有不同的分类：按投资战略性质及发展方向，可分为进取型、保守型和退却型投资战略；按投资战略的投向特征，可分为专业化和多元化投资战略；按照投资领域的产业特征，可分为资金密集型、技术密集型和劳动密集型投资战略。不同类型的投资战略适用于不同类型与阶段的企

业。中小企业对其投资战略的选择必须考虑企业内外部各种相关因素，主要包括市场机会和风险、企业发展目标和阶段、企业现有投资规模和结构、企业内部经营管理状况等。

（1）投资方向的选择

由于中小企业一般处于孕育期和发展期，在发展方向上应选择较为积极的投资战略，所以进取型投资战略是中小企业发展的首选战略。处于孕育期、经济实力较弱的企业，对外筹资能力一般较低，主要通过内部积累实行企业扩张，战略上相应选择内涵发展型投资战略，通过在资源、技术、销售等方面有侧重的开发，逐步扩大企业生产，增强企业实力；处于成长期、综合实力较强的中小企业则已经具备一定规模和抗风险能力，在投资方向上具有更大的自由度，除了选择内涵方向的投资外，还应根据市场的发展选择时机进行外延投资，结合企业所属行业特征、企业管理能力、规模实力、发展目标及产品结构等一系列因素，适当选择专业化或多元化的投资战略。

当然在经济大环境不景气、企业发展空间萎缩的情况下，企业也可以选择退却型战略，及时从亏损领域抽回资金和人员，重新寻找有发展前途的领域。当企业的产品市场已经趋于饱和，企业又无力开辟新市场时，企业选择保守型投资战略有利于企业产品的转向。

（2）投资产业的选择

投资产业方向的选择是关系企业长远发展的关键问题。中小企业在选择时必须充分考虑市场机会、竞争状况、企业自身综合实力及产品技术特点等问题。

中小企业，尤其是处在初创时期的中小企业，在资金匮乏的情况下，应首先考虑劳动密集型投资战略。当然，这也需以劳动成本较低为前提。若企业已具备一定的资金实力，且市场出现较好的投资时机，企业应适时选择自己的密集型投资战略。但考虑到自身抗风险能力的局限，中小企业应高度重视投出资金的流动性和安全性，防范财务风险。当企业具备雄厚的技术力量和研究开发能力时，如高科技中小企业，则应选择技术密集型投资战略，但这种战略需有强大的市场营销和资金投入作为支持。

可以看出，传统意义上的中小企业在投资产业上的战略选择，基本遵

循"劳动密集型—资金密集型—技术密集型"发展路线。但伴随知识经济时代的到来，在风险投资机制逐步建立的今天，中小企业在投资产业选择中具有了更广阔的空间。在技术密集型的产业中，众多小公司迅速崛起，中小企业投资战略制定更加复杂灵活。

中小企业筹资管理

中小企业的发展很多不是受技术和产品的限制，而是由于资本的限制。因此，中小企业的融资问题非常重要，决定着企业能否健康发展壮大。企业融资成本是企业融资效率的决定性因素，对于中小企业来说，选择哪种融资方式具有重要的意义。一般情况下，按照融资来源划分，有以下几种主要融资方式：股权融资、银行融资、内部融资、商业融资、债券融资。此外，还有其他几种混合性质的融资方式。

1. 股权融资

股权融资是解决中小企业长期稳定资本的有效方法，也是企业最重要的融资方式之一。有发展战略思路的企业要从创业开始就考虑股权融资，如吸收风险投资。在此基础上进一步设计好第二期、第三期股权融资的规模和时间。例如，企业内部员工持股、找出和企业自身兴趣相似的公司进行战略合作。

股权融资方式有两种重要的方式分别是风险融资和二板市场融资。风险融资是主要由风险投资公司进行风险判断、资金投入、经营管理的综合工程，风险投资公司的投资对象一般为高新技术项目起步不久、急需资金的新开办的中小企业。根据一般规律，高新技术成果的市场化、产业化总是由中小企业创新型吸纳开始。由于高新技术成果本身蕴含着技术风险和市场风险，这些中小企业很难取得信贷支持，它们需要一种可适应周期长、高风险和高收益相伴的股权资本为之服务，这种资本就是风险资本。

二板市场是指主板市场以外的融资市场，也称创业板市场，是为高新科技领域中运作良好、成长性强的新兴中小企业提供的融资场所。二板市场的存在主要是因为主板市场的门槛相对较高，对于那些刚刚步入扩张阶段或稳定成熟阶段的中小高新技术企业来说，存在难以逾越的规模障碍；另外，在主板市场严格的指标管理机制下，即使进入主板市场通道，也无法满足众多的高新技术企业的融资要求。

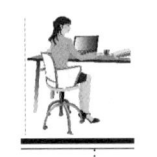

2. 银行贷款

银行融资主要是指中小企业向银行贷款。相对大企业，中小企业较难申请到银行贷款，一方面中小企业可以通过项目融资的方式，主动与多家银行接触，争取银行对项目的贷款支持；另一方面企业可以寻求担保机构的专业担保，提高信用来取得贷款。在选择银行融资时，要充分注意各银行间不同的信贷政策，选择对中小企业最为有利、最为优惠的银行。

3. 内部融资

内部融资是指中小企业不依赖外部资金，而在本单位内部筹集所需的资金。它需要处理好股利发放和留存收益之间的关系，主要是通过以前的利润留存进行资本纵向积累的一种融资方式。其来源一是企业自身的积累，二是某些暂时闲置的可用来周转的资金，如折旧准备等。与外部融资相比，由于经营规模、资金实力、信誉保证、还款能力等方面的限制，中小企业在内部融资上相对容易一些，且融资成本较低，因此内部融资是中小企业筹集发展资金的主要渠道和基础方式。

4. 商业融资

商业融资是指通过正常的商业往来和商业信用形成的短期应收应付往来。这要求企业合理制定应收款政策，利用供应商提供的信用，减少资金占用成本。

5. 债券融资

企业通过适时发行公司债券，融入定向资金，解决专项投资。但债券发行的审批过程较为严格。目前我国的债券市场规模仍比较小一般大型重点国有企业才可以获准发行债券。

6. 其他融资方式

（1）中小企业发展基金

企业可以通过争取国家设立的中小企业发展基金的投资或贷款，通常这些企业从事的行业必须是国家大力扶持的行业。为协助中小企业发展，我国在实行财政预算分级管理的体制下，国家对省、地（市）、县安排财政支出时，可按一定比例提取中小企业发展基金，或由国家财政和银行共同出资组建，还可以通过社会筹资、发行债券、发行股票等形式扩充基金。发展基金设中小企业专项贷款，运用发展基金配合金融机构对不能按通常

条件，融资或担保的中小企业给予帮助。根据中小企业改善经营管理或特殊需要而发放各种专项贷款，如回收期限长且投资收益不确定的贷款。由于风险较高，各金融机构不愿放贷，基金联合中小企业信用担保，对提高金融机构放贷意愿且缺乏担保的中小企业将很有帮助。

（2）资助中小企业的发展计划

企业可以争取国家设立的资助中小企业发展计划的投资或贷款，通常这些企业从事的行业是国家欲大力发展的行业。许多国家把中小企业作为国家经济发展体系中重要组成部分，并在各类发展计划中明确中小企业的扶持计划，如中小企业科技扶持计划、财政援助计划、海外发展资助计划等。

（3）票据贴现融资

票据贴现融资指票据持有人将商业票据转让给银行，取得扣除贴现利息后的资金。在我国商业票据主要是指银行承兑汇票和商业承兑汇票。这种融资方式的优势之一在于银行不按照企业的资产规模来放款，而是依据市场情况来贷款。企业收到票据至票据到期兑现之日，往往是少则几十天，多则300天，资金的这段时间处于闲置状态。企业如果能充分利用票据贴现融资，远比申请贷款手续简便，而且融资成本低。

（4）买方贷款

如果企业的产品有可靠的销路，但自有资本金不足、财务管理基础较差、可以提供的担保品或第三方担保比较困难，在此情况下，银行可以按照销售合同，对其产品购买方提供贷款支持。卖方可以向买方收取一定比例的预付款，以解决生产过程中的资金困难，或者由买方签发银行承兑汇票，卖方持汇票到银行贴现。

（5）出口创汇贷款

对于生产出口产品的企业，银行可根据出口合同或进口方提供的信用签证，提供打包贷款；对有现汇账户的企业，可以提供外汇抵押贷款；对外汇收入来源的企业，可以凭借结汇凭证取得人民币贷款；对出口前景看好的企业，银行还可以提供一定数额的技术改造贷款。

（6）联合协作贷款

有些中小企业产品销路很广，或者是为某些大企业提供配套零部件，

或者是企业集团的松散型子公司。在生产协作产品过程中，需要补充生产资金，可以寻求一家主办银行牵头，对集团公司统一提供贷款，再由集团公司对协作企业提供必要的资金，当地银行配合进行合同监督；也可由牵头银行同异地协作企业的开户银行结合，分头提供贷款。

我国中小型企业财务管理现状及解决措施

财务管理现状

1. 投资、融资能力欠缺，表现为投资短期化和盲目化

（1）投资能力欠缺，缺乏可行性研究

中小企业一般由业主或几个主要股东决定投资，没有进行可行性分析，不能全面掌握市场情况。对于企业收缩与扩张战略、选择筹资渠道模式的结构、确立新的投资方向等缺乏可行性研究，这样就会促使中小企业过分追求短期目标，总是想尽快收回投资，而投资却往往是凭直觉，故盲目性大、方向难以把握。这种投资的盲目性使得企业很难把握正确的投资方向，表现为多元化投资愿望过于强烈。中小企业进行多元投资，主要依靠自有资金，对多元投资项目在管理上欠缺控制力，并且缺乏相应的管理人才。

（2）筹融资能力差

中小企业贷款难，主要表现为抵押难和担保难：一是企业原来大多是依赖银行的信贷资金起步发展的，原有的有效资产已经向银行抵押完毕，新建企业不动产规模大多较小，也难以提供足值抵押，加上目前抵押贷款的抵押率较低，抵押不足的矛盾更为突出。二是难以找到合适的担保人，效益好的企业不愿替别人作保；效益一般或太差的企业，银行又不认同担保资格。三是中小企业产权主体不明确，财务不规范，抵抗风险能力弱。负债过多，风险大，造成中小企业信用等级低，资信相对较差。中介机构不健全，缺乏支持中小企业发展的投资风险基金和直接融资渠道。四是中小企业业务量小，手续麻烦。按照现代金融理论的解释，中小企业融资难，主要是"信息不对称"带来的市场的"逆向选择"和"道德风险"，银行

为了降低"道德风险",必须加大审查监督的力度,而中小企业贷款"小、急、频"的特点使银行的审查监督成本和潜在收益不对称,降低了它们在中小企业贷款方面的积极性。

(3) 投资短期化、盲目化严重

其一,中小企业追求短期目标。由于自身规模较小,贷款投资所占的比例比大企业多得多,所面临的风险也更大,所以它们总是尽快收回投资,很少考虑扩展自身规模。其二,中小企业投资存在盲目性,投资方往往找不到很好的向导。

2. 财务控制较弱,内部控制制度不健全

目前中小企业大多数仍是家长式管理,财务是由老板单线控制,但是往往又控制不住。多数企业为了节省成本而缩减财务人员,很多企业甚至从财务到会计到出纳本应该由三个人完成的工作交给一个人来完成。有些中小企业虽然也有公司管理规定和相应的财务制度,但是在具体操作中却因难以严格把关而导致制度和规定名存实亡。

许多中小企业存在内部控制制度不健全,例如,对现金管理不严,容易造成资金闲置或不足;应收账款控制不严,容易造成资金收回困难;存货控制薄弱,容易造成资金呆滞;重钱不重物,容易资产损失浪费严重;重生产与销售,容易轻理财与内部管理,等等。

3. 管理模式和管理观念落后

一方面,中小企业典型的管理模式是所有权与经营权的高度统一,企业的投资者就是经营者,缺乏经营管理知识,集权现象严重,对于财务管理的理论方法不去理解和研究。家长式作风严重,凭借经验和感觉进行管理,因而往往出现决策失误。领导专权不受约束,管理者职责不明、越权行事,造成财务管理混乱。

另一方面,企业管理者的管理能力和管理素质差。企业管理者缺乏现代财务管理观念,使财务管理失去了在企业管理中的地位和作用。很多中小企业是由家族作坊发展而来,造成财务核算和管理由非专业人员掌握,核算准确率较低,账目较为混乱,财务管理更无从谈起。中小企业会计主体的特殊性,会计工作人员需有比较全面的素质,随着中小企业的发展,仅局限"记账""算账",管理职能发挥不出来。

4. 财务人员素质参差不齐

管理者对财务人员缺乏必要的信任，缺乏民主和监督意识。同时财务管理在企业管理中处于被动和受轻视的地位。很多中小企业人员以精简为主，财务人员被视为辅助人员。优秀的专业人才难留住，形成财务核算、管理较差，管理层对财务管理不信任与财务管理滑坡的恶性循环。

5. 会计基础薄弱

中小企业会计账簿设置不规范，"糊涂账""流水账"等较多；会计科目使用不规范，成本、费用混用；原始凭证不规范，签字手续不齐全，自批、自买、自报等现象较普遍；报表不规范，多报、少报现象较多；会计档案不规范，有些凭证、账簿和报表没按规定要求装订成册或及时分类归档保存。

解决措施

1. 做好企业自身内部管理，建立有效的财务管理控制体系

（1）全方位转变企业财务管理观念

首先，树立人本化理财观念。重视人的发展和管理，是现代管理的基本趋势。其次，树立资本多元化理财观念。积极寻求与外资合作，提高管理水平，实现投资主体多元化。最后，树立风险理财观念。善于对环境变化带来的不确定因素进行科学预测，有预见地采取各种防范措施，使可能遭受的损失降到最低限度，提高抵御风险的能力。

（2）加强资金管理，强化财务控制

首先，努力提高资金的使用效率，使资金运用产生最佳的效果。其次，加强对营运资金的管理，加快生产经营资金的流动和周转，实现企业利润最大化。最后，加强财产控制，建立健全财产物资管理的内部控制制度，在物资采购、领用、销售及样品管理上建立规范的操作程序。

（3）加强财务预算管理，建立有效内部制约机制

企业财务部门根据企业的经营目标，在充分论证和可行性研究的基础上，编制财务预算，提交董事会审议。董事会对财务预算审议通过后形成的决议，作为企业工作的法定依据和目标。董事会通过的财务预算由企业经营层组织实施，财务部门进行全过程的动态监控，并将财务预算的执行情况向董事会报告。为了保证预算目标的实现，根据企业内部的管理层次

和组织结构,要建立有效的内部制约制度,主要包括财务收支审批制度、权限规定、联签手续、稽核制度等。落实责任制,并且通过财务会计信息的记录、分析和反馈,形成事前控制、事中监督、事后考核的企业内部控制系统。严格对财务实施考核,兑现奖惩。

（4）正确进行投资决策,努力降低投资风险

投资决策需要权衡风险和回报,一个投资项目要有好的回报,涉及多方面的因素：首先要投资方向适当；其次要投资时机适当；最后要适合环境变化。项目建成后还需管理科学,经营良好。任何一个方面的问题都有可能使支出增加,甚至使项目的预期呈反向效应,造成巨大损失,使企业陷入困境。正因如此,现代企业对投资决策非常慎重。因此,企业在决策时要识别风险,判断风险,决策后进行风险管理,规避风险,从而获得最大的投资效益。有了投资前的科学论证,投资后的跟踪监督,加强管理,再加上提取一定的投资风险准备,可以使企业在投资活动中有效地防范风险,取得较高的投资回报率。

2. 完善法人治理结构

目前中小企业投资结构已逐渐多元化,企业应严格按照《公司法》建立股东会、董事会、监事会,赋予董事会、监事会应有的权利,保证独立董事公正性,强化监事会职能,把董事会人员的罢免交由监事会负责,内部审计机构直接归监事会领导,防止董事长、总经理一人兼任,出现一股独大及"内部人控制"现象。通过完善法人治理结构,维护其他股东合法利益。

3. 加强内部监督

具体地讲,包括以下几个方面的内容：第一,财务部门内部现金、账、物要专人分管,严格执行内部牵制制度,并定期进行岗位轮换；第二,严格审批权限和额度,实行责任追究制,对报销不符合规定的票据,除追究当事人的直接责任外,还要追究有关会计人员审核不严的连带责任,以及有关领导的工作失误责任,防止内外勾结侵占企业财产,督促会计人员依据会计规章制度办事,保证会计信息真实可靠；第三,增设内部审计机构,保证审计人员的公正独立性。一方面审计企业内部不合理的开支,避免资金浪费,确保"好钢用在刀刃上"。另一方面防止会计作假,企业会计信息

失真，给企业带来经济损失。因此，强化内部审计是堵塞漏洞，保证投资决策正确、企业稳步发展的必要保障。

案例分析

2005年8月，金华家具公司总经理希阳正在研究公司资金筹措方式问题。为扩大生产规模，公司需要到2006年10月末筹措2300万元，其中650万元可以通过公司内部留存收益及提高流动资金利用效果得以解决，其余1650万元部分需要从外部筹措。在此之前，希阳已经和投资银行设想了几个方案，并将在2005年9月2日的董事会上正式提交讨论。

公司管理部门最初倾向于以发行股票的方式筹资1650万元。在证券市场上，金华公司普通股每股高达33元，扣除发行费用，每股净价为31元。但是，投资银行却建议通过借款的方式（年利率7%，期限10年）筹措资金，他们认为举债筹资可以降低资本成本。

一、公司背景及其规划

金华家具公司是由几个具有丰富专业知识的投资者于1995年创立的中小企业，经过10年的发展，到2005年，销售收入从刚成立时的1000万元增至1620万元。利润增加到74万元。有关资料如表4-1和表4-2所示。

根据希阳介绍，金华公司的家具生产线较少，不能向市场推出大量的新产品。2001年，该公司的生产线仅包括8种卧室家具类型、5种餐厅家具类型以及其他各种系列的家具类型，如有活动顶板的书桌及酒柜等。各类家具一般是按照传统方式，采用木质结构制作的，或采用类似木制材料进行表面装饰，使其既具有实用性，又具有观赏性。

从生产能力看，目前公司拥有4套独立的生产设备，设在东图的分公司占地面积为15万平方米，主要生产卧室及餐厅家具；而设在西林的分公司占地面积为13万平方米，主要生产其他系列的各种家具。这两个分公司所需要的木制胶合板是由北洼林业局的一家工厂提供；其他各种装饰用材料是由几家工厂分别提供。

为了不断扩充和发展，公司经常组织有关人员进行市场调查，了解消费者的口味与偏好，不断改进产品设计，每年在家具市场上推出2~3种新型家具，并且关闭了相同数量的过时或不受欢迎的生产线，使公司避免了生产线的过度扩张与生产线的低效率。

公司的销售人员近1500人，销售网点遍及全国各地，拥有客户9000多家。目前，市场部门致力于组建地区连锁店及平价商店。公司的管理人员确信，只有连锁店或平价商店才有利于在既定价格下大批量地推销家具。2005年，公司拥有平价商店200家，预计到2006年可达到350~400家。

金华公司拥有1800雇员，平均人均年生产总值为5万元，而同行业的人均生产总值为3.2万元。管理人员认为在公司中存在着剩余劳动力。

2002年，是家具行业的萧条年，尽管如此，金华公司的销售收入和利润仍比2001分别增长了8.7%和27.6%。在之后的5年中，预计销售收入将成倍增长，而利润增长幅度相对降低（2001—2005年财务预测如表4-3所示）。为了实现这一目标，公司必须扩大生产规模，到2003年年末，使生产能力翻一番。预计在北洼附近耗资1300万元建造一所占地23.9万平方米的工厂，这将是家具行业中规模最大、现代化程度最高的一家工厂。此外，还需要450万元整修和装备现有的厂房和设备；需要价值550万元的流动资金以补充生产规模扩大而短缺的部分；这三项合计共需资金2300万元。

二、家具行业的状况

家具业是高度分散的行业。据了解，在1000多家家具企业中，雇员少于900人的占2/3。2001年，家具行业的销售收入为100亿元，但其中销售收入超过5000万元的公司只有不到30家。在过去的5年中，家具行业一直经历着兼并和收购的风险，而且这种趋势愈演愈烈。在其他行业的大公司以收购家具公司的形式实现多种经营的同时，本行业中的大公司也在吞并小公司。例如，年销售收入6500万元的宏远公司被中美合资的科克公司兼并。家具行业的发展前景是可观的。经济不景气时期已经过去，该行业也随着整个经济的复苏发展起来。

表4-1、表4-2、表4-3、表4-4列示了三个独立的家具公司和金华公司的财务资料。

表4-1 华家具公司资产负债表（12月31日） 单位：万元

项目	2002年	2003年	2004年	2005年8月20日
资产				
现金	26	23	24	63
应收账款	209	237	273	310

项目	2002年	2003年	2004年	2005年8月20日
存货	203	227	255	268
其他	8	10	11	14
流动资产合计	446	497	563	655
同定资产总值	379	394	409	424
减：累积折旧135	155	178	189	
同定资产净值	244	239	231	235
同定资产合计	244	239	231	235
资产总计	690	736	794	890
负债及股东权益				
应付账款及应计费用	62	90	102	105
一年内到期的长期借款	10	10	10	10
应付股利	36	25	26	50
应付税金	108	125	138	170
流动负债合计	105	95	85	80
长期负债（5.5%）	477	516	571	640
股东权益（60万股）	690	736	794	890
负债及股东权益总计				

表4-2　金华家具公司损益表　　　　单位：万元（每股价格除外）

项目	会计年度末12月31日					32周末	
	2000年	2001年	2002年	2003年	2004年	2004年6月14日	2005年6月13日
销售净额	1062	1065	1239	1491	1620	926	1279
销售成本	853	880	1046	1201	1274	724	968
销售毛利	209	185	247	290	346	202	311
销售和管理费用	111	122	142	160	184	109	136
利息费用	8	7	7	6	5	3	3
税前利润	90	56	98	124	157	90	172
所得税	44	27	51	66	83	48	87
非常项目前利润	46	29	47	58	74	42	85
非常项目税后净额	—	15	—	—	—	—	—
净收益	46	44	47	58	74	42	85

项目	会计年度末12月31日					32周末	
	2000年	2001年	2002年	2003年	2004年	2004年6月14日	2005年6月13日
普通股每股收益							
非常项目前	0.77	0.48	0.78	0.97	1.23	0.70	1.42
非常项目	—	0.25	—	—	—	—	—
净收益	0.77	0.73	0.78	0.30	1.30	0.23	0.27
每股现金股利	0.27	0.27	0.27	0.30	0.30	0.23	0.27
上述成本中包含折旧	—	—	21	22	22	—	—

表4-3　金华家具公司已预计息税前收益　　　　　单位：万元

项目	2005年	2006年	2007年	2008年	2009年
销售净额	2080	2500	3100	3700	4200
销售成本	1574	1800	2347	2800	3179
销售毛利	506	610	753	900	1021
销售及管理费用	223	270	335	400	454
息税前利润	283	340	418	500	567
上述成本中包括的折旧	23	75	100	100	100

表4-4　家具公司其他资料（2004年）

项目	AA公司	BB公司	CC公司	金华公司
销售收入	3713.2	12929.3	7742.7	1490.8
净收益	188.4	1203.3	484.9	58.4
流动比率	3.2	7.2	4.3	4.0
流动资本	1160.7	4565.1	2677.8	372.6
资产负债率	1.4%	2.0%	10.4%	16.0%
流动资本占普通股权益	65.4%	64.9%	67.3%	74.5%
净收益占销售收入	5.1%	8.6%	6.3%	3.95%
净收益占普通股权益	10.6%	17.1%	12.2%	11.7%
普通股每股收益	0.70	2.00	1.93	0.97
普通股每股股息	0.28	0.80	0.60	0.30
价格收益比率	16.2	17.8	16.2	7.2

注：销售收入、净收益和流动资本单位为万元。

三、公司财务状况及其规划

金华公司现有长期借款 380 万元，其中 10 万元在一年内到期。年利率为 5.5%，每年分两期偿还本金 10 万元。借款合约规定公司至少要保持 225 万元的流动资金。金华公司 2000 年以每股 15 元公开发行普通股 17 万股。目前，该公司发行在外的普通股共计 60 万股，其中高级职员和董事会成员持有 20% 左右。其股利分配政策保持不变，年股利率为每股 0.4 元。

公司筹措 1650 万元的两种方案如下：

方案一：发行普通股

除非在股票发行日之前证券市场情况发生重大变化，公开发行普通股 25.8 万股将为公司筹措 1650 万元。这种方案必须在董事会讨论决定后 90 天，即在 2005 会计年度结束后方可实施。

方案二：举债

向银行举借年利率为 7%，期限为 10 年的贷款。其有关内容为：

A. 从贷款取得后第 30 个月开始，每半年偿还本金 82.5 万元；

B. 第十年末偿还贷款本金的 25%（330 万元）；

C. 借款的第一年，公司的流动资金必须保持在借款总额的 50%，以后每年递增 10%，直至达到未偿还贷款的 80%；

D. 股东权益总额至少为 600 万元；

E. 借款利息必须在每季末支付。

希阳必须准备一份详细的计划，他希望为公司赢得最大的利益，并可以在 9 月 2 日的董事会上向大家解释他的计划。

思考讨论题

1. 两种不同筹资方式下的资本成本各为多少？

2. 不同的筹资方式对公司的财务状况有何影响？

3. 你认为应采取哪种筹资方式？是发行股票还是取得银行借款？做出你最终的决策。

第五章

中小型企业的营销管理

企业的产品销售顺利与否，关系着企业的生死存亡。中小型企业的实际情况决定了应更加重视营销管理。中小型企业有规模小、人员少、层次少、决策机制灵活、适应性强、"船小好掉头"、工作效率高等特点。

中小型企业营销管理的基本原理

中小型企业营销管理

在市场经济条件下,营销管理已关系到每个企业生存发展,企业是市场的主体,企业存在的目的是获得利润,并追求整体和长远利益的最大化。企业的产品销售顺利与否,关系着企业的生死存亡。中小型企业的实际情况决定了应更加重视营销管理。中小型企业有规模小、人员少、层次少、决策机制灵活、适应性强、"船小好掉头"、工作效率高等特点。然而,资金有限、人力不足、管理体系不健全、竞争力低,是制约发展的不利因素。因此,中小型企业必须制定正确的营销战略,把握住大方向,才能在激烈的市场竞争中不断发展。

中小型企业营销管理的原则

1. 需求创造原则

需求创造原则是支撑市场营销的诸原则中的核心原则。该原则认为,需求并非固定或有一定限度,而可以通过企业的努力去扩大和创造。

(1) 需求创造原则要求企业明确需求的可创造性

其一,需求具有多样性、发展性和层次性等特点。它会随社会和科技进步以及经济发展而变化。其二,有些需求实际存在,但却没被企业发现或者企业对其不予关注。其三,连顾客自己也不知道是否存在的需求,即潜在需求。要靠企业去挖掘、去诱导。

(2) 需求创造原则要求企业懂得如何创造需求

即发现、创造、提供什么样的价值。现在最重要的是,企业必须提供顾客认为最有价值的利益,即真正解决顾客问题和满足顾客需求的产品和服务。

2. 目标诉求原则

营销大致经历了三个阶段:一是大量营销,即大量生产和销售单一产品;二是多品种营销,即生产和销售两种以上不同规格、式样、花色的产

品，但没有针对性，只是给顾客提供了几种选择；三是目标营销，即针对自己所选定的目标市场开展营销。这就要求产品、价格、渠道、促销等都必须与目标市场相适应，以目标市场的需求为其产品的诉求点，以目标人群为其诉求对象，制定目标人群能接受的价格，开拓最能接近目标人群的渠道，采用目标人群普遍欢迎的促销方式和广告媒体。

3. 非价格竞争原则

企业间竞争大致可分为两类：价格竞争和非价格竞争。价格竞争是通过降价来使顾客花更少的钱却得到同样满足的一种竞争。如果在产品、服务等其他方面几乎相同的情况下，往往容易陷入价格竞争，使企业成为"无利益的繁忙"。价格竞争用来评价价值的尺度是大家都知道的价格，所以价格的决定就显得非常重要。非价格竞争，就是为顾客提供更好、更有特色，或者更能适合顾客需求的产品和服务的一种竞争。非价格竞争对顾客和企业都有利。第一，产品和消费者需求都存在差异性；第二，不同的产品有不同的价格需求关系，一些体现身份地位的产品非高价卖不出；第三，运用价格以外的竞争手段，如产品的品种、质量、性能、专利、品牌、款式、特色、包装、保证、服务、形象、各种促销活动等来唤起顾客的购买欲望，并使其购买产品，从而达到战胜竞争对手的目的。

4. 流通网络化原则

流通网络是指从上游的制造商到下游的消费者的路径过程中，制造商与流通业者、消费者在连接点的有机联系，形成网络系统，积极开展相互间的协作。企业不仅要制造或采购适合顾客需求的产品和服务，而且还要构筑起能顺利、及时将其转移给顾客的流通渠道，否则无法产生销售，实现交换。另外，从维持产品和服务价值的角度来讲，其关键是要通过一定的渠道将其优秀价值向市场和顾客进行说明、说服和推荐。因此，必须建立起制造商、流通业者和消费者或用户间的有机网络，构筑起完备的流通系统，运用通信技术和信息技术积极有效地开展与市场的沟通活动。

5. 企业主体性原则

市场营销总是站在以企业为主体的角度来考虑企业主体原则。该原则认为，企业生产出来的产品和服务绝不会像自然流冰一样地流通，而要求企业有意图、有计划地开展市场营销活动。也就是说，这些业务的关系者

涉及制造业者、批发业者和零售业者等流通的各个阶段，希望处在各个阶段的企业都能开展各自的市场营销活动。

6. 科学认识市场原则

在市场营销中市场和顾客是出发点。但并不能因为作为这种出发点的市场和顾客发生着较大变化而受其影响，而必须正确地掌握现场、现实和现物的实际情况。要充分运用市场分析、消费者行为分析、竞争分析、顾客满意度调查、各种实验、试销等科学的分析技术，正确地把握市场和顾客的现状及发展趋势。

7. 全面营销原则

1992年，菲利普·科特勒提出了"全面营销理论"，该理论指出，现代市场营销具备一种统括职能。即由原来与生产、财务、人事、研发等职能平行转变为将其统括起来及时有效应付激变环境的最重要的职能，具体地讲包括。

第一，市场营销的概念和策略广泛渗透到各部门，即从董事会到工厂的生产线；广泛深入人心，即从经营者到一般从业人员。换言之，全面营销也就是全公司营销，全体员工营销。

第二，企业所有部门都必须树立起市场营销观念，服从市场营销，服务于市场营销。

第三，公司以市场（顾客）为导向，根据市场营销的需要来确定企业的职能部门及其人员配置，分配经营资源，决定企业总体发展方向。

第四，实行职能重点转移，制造商要由"销售已经开发、生产的产品，转向开发、生产好卖的产品"；流通业者要由原来"销售已采购的产品转变为采购畅销的产品"。

第五，企业要克服自以为是的观点，不要认为自己的产品是好东西，就一定会人见人爱；要知道人家凭什么非得爱你，非得买你的产品不可，你的产品究竟能给消费者和用户带来什么好处，具备什么样的特色，是否能比其他产品更好地满足其需求，等等。

第六，全面运用营销手段。既要运用各种营销手段，又不能是简单相加，而应有机结合，相互协调，如针对不同的产品，制订不同的价格，选择不同的渠道，采取不同的促销方式；营销手段的组合并非静态不变，应

该动态把握，适时调整，如产品生命周期所处阶段变化时，其他营销手段也随之改变。

8. 推拉结合原则

各种促销措施归结起来不外乎推进策略和拉引策略。最现实且最有效的做法，并不是其中哪一个，而应该是前拉后推，推拉结合。这对消费者和中间商都非常重要。不过也有几个因素必须予以考虑。第一，根据产品特性，其侧重点要有所不同。第二，在顾客心理过程中不同阶段，要区别运用推拉策略。第三，推拉必须有机配合，协调启动。

推进策略：是指制造商派推销人员作用于批发商，促进产品交易，批发商再向零售商推销产品，零售商再向消费者推销产品，这样，从上游到下游，一个阶段一个阶段地进行信息传递和沟通，并转移其产品。推进策略首先必须说服流通业者，调动流通业者的积极性，所以人员推销的沟通形式最受重视；其次是营业推广，这包括对流通业者的推销活动和销售店支援活动等。在推进的流程中，信息的传递和沟通不能是单纯的接力式，制造商应该在整个过程中发挥主导作用，首先向批发商，接着要配合和协助批发商向零售商，再配合零售商向消费者推进。

拉引策略：是指制造商直接作用于消费者，唤起消费者的兴趣和购买欲望，引导消费者到商店寻购其产品，零售商再向批发商，批发商再向制造商寻问或订购产品。拉引策略面对消费者，向消费者传递信息，唤起消费者的兴趣和欲望，为此，需要打广告，搞公共关系，进行消费者教育，或者直接邮寄广告等。

9. 社会责任原则

当今时代，企业规模不断扩大，对社会的影响也越来越大。因此，企业的市场营销活动要被社会所接受，承担起对社会的责任，包括：

（1）保护消费者

（2）顾客满意

（3）保护地球环境

（4）消费需求与社会的协调

既要满足消费者的需要和欲望，又要符合道德规范，符合消费者和整个社会的长远利益；要正确处理消费者欲望、企业利润和社会整体利益之

间的矛盾，统筹兼顾；要考虑企业发展和社会的协调；要考虑目的性结果与伴随性结果的一致性或者预防伴随性结果的负面影响。

10. 创新原则

市场营销要运用动态的观点坚持不断创新，具体包括：

（1）拓新市场，创造新需求，发现新的市场营销机会

（2）开发新产品

随着科学技术的进步，产品生命周期不断缩短，更新换代加快，要求企业不断地开发新产品。

（3）新价格的确定

包含三个意思：要求企业不断改进工艺，提高效率，降低成本，以适应市场上的价格变化；根据产品所处生命周期的不同阶段和竞争者价格策略及时作出反应，调整产品价格策略；价格的决定要贯穿一个观念，即产品要在自由竞争市场上接受消费者冷酷的挑选。产品的成本与消费者没有多大关系，主要看其产品对消费者是否有价值，有多大的价值。

（4）改革流通渠道，导入新的渠道模式

如邮购、电视购物、直销、超级市场、折扣商店、平价商店、专门商店、便利商店、仓储商店、量贩店等。尤其成为热门话题的电子商务、网络营销，这是在今后必定大办发展的新的渠道模式。

（5）开发新的促销方式或在现有方式上增加新的内涵。

中小型企业营销管理产品策略

产品策略选择的理论依据

1. 产品的整体概念

产品是指能提供给市场，用于满足人们某种欲望和需要的任何事物，包括实物、服务、场所、组织、思想、创意等。产品是指为留意、获取、使用或消费以满足某种欲望和需要而提供给市场的一切东西。从市场营销的角度来认识产品的整体概念，应包括核心产品、有形产品和附加产品三

个层次。

(1) 核心产品

核心产品（Core Product）是指顾客购买某种产品时所追求的基本利益，它是顾客真正要买的东西。消费者购买某种产品，中心就是为了获取核心产品，满足某种需要的效用或利益，并不是为了占有或获取产品本身。营销人员的任务就是要了解顾客所需要的核心利益和服务。企业提供给顾客的效用是客观的，但顾客对它的理解是主观的，不同的顾客对同一产品效用的理解是不同的。因此，企业营销人员要从不同角度提示商品的效用，以吸引更多的顾客。

(2) 形式产品

形式产品（Tangible Product）是指核心产品的载体。形式产品是通过产品的质量、款式、特色、品牌和包装等特征表现出来的。产品的基本效用必须通过某种具体形式才能得以实现，所以，市场营销人员在满足顾客所追求利益的同时，必须考虑形式产品的设计，以达到内外完美的统一。

(3) 附加产品

附加产品（Augmented Product）是指顾客购买企业产品时所获得的全部附加服务和附加利益。如提供信贷、免费送货、保证、售后服务等。现代市场竞争不仅在于生产和销售什么产品，而且在于提供什么样的附加服务和利益。

2. 产品生命周期理论及其作用

产品生命周期理论是美国哈佛大学教授费农 1966 年在其《产品周期中的国际投资与国际贸易》一文中首次提出的。费农认为：产品生命是指其在市场上的营销生命，产品和人的生命一样，要经历形成、成长、成熟、衰退这样的周期，而这个周期在不同技术水平的国家里，发生的时间和过程是不一样的，其间存在一个较大的差距和时差，正是这一时差，表现为不同国家在技术上的差距，它反映出了同一产品在不同国家市场上的竞争地位的差异，从而决定了国际贸易和国际投资的变化，为了便于区分，费农把这些国家依次分成创新国（一般为最发达国家）、一般发达国家、发展中国家。

费农还把产品生命周期分为三个阶段，即新产品阶段、成熟产品阶段

和标准化产品阶段。费农认为，在新产品阶段，创新国利用其拥有的垄断技术优势，开发新产品，由于产品尚未完全成型，技术上未加完善，加之，竞争者少，市场竞争不激烈，替代产品少，产品附加值高，国内市场就能满足其摄取高额利润的要求等，产品极少出口到其他国家，绝大部分产品都在国内销售。而在成熟产品阶段，由于创新国技术垄断和市场寡头地位的打破，竞争者增加，市场竞争激烈，替代产品增多，产品的附加值不断走低，企业越来越重视产品成本的下降，较低的成本开始处于越来越有利的地位，且创新国和一般发达国家市场开始出现饱和，为降低成本，提高经济效益，抑制国内外竞争者，企业纷纷到发展中国家投资建厂，逐步放弃国内生产。在标准化产品阶段，产品的生产技术、生产规模及产品本身已经完全成熟，这时对生产者技能的要求不高，原来新产品企业的垄断技术优势已经消失，成本、价格因素已经成为决定性的因素，这时发展中国家已经具备明显的成本因素优势，创新国和一般发达国家为进一步降低生产成本，开始大量地在发展中国家投资建厂，再将产品远销至别国和第三国市场。

（1）典型的产品生命周期

一般可以分成四个阶段，即介绍期（或引入期）、成长期、成熟期和衰退期。

第一阶段：介绍（引入）期。指产品从设计投产直到投入市场进入测试阶段。新产品投入市场，便进入了介绍期。此时产品品种少，顾客对产品还不了解，除少数追求新奇的顾客外，几乎无人实际购买该产品。生产者为了扩大销路，不得不投入大量的促销费用，对产品进行宣传推广。该阶段由于生产技术方面的限制，产品生产批量小，制造成本高，广告费用大，产品销售价格偏高，销售量极为有限，企业通常不能获利，反而可能亏损。

第二阶段：成长期。当产品进入引入期，销售取得成功之后，便进入了成长期。成长期是指产品通过试销效果良好，购买者逐渐接受该产品，产品在市场上站住脚并且打开了销路。这是需求增长阶段，需求量和销售额迅速上升。生产成本大幅度下降，利润迅速增长。与此同时，竞争者看到有利可图，将纷纷进入市场参与竞争，使同类产品供给量增加，价格随

之下降，企业利润增长速度逐步减慢，最后达到生命周期利润的最高点。

第三阶段：成熟期。指产品进入大批量生产并稳定地进入市场销售，经过成长期之后，随着购买产品的人数增多，市场需求趋于饱和。此时，产品普及并日趋标准化，成本低而产量大。销售增长速度缓慢直至转而下降，由于竞争的加剧，导致同类产品生产企业之间不得不在产品质量、花色、规格、包装服务等方面加大投入，在一定程度上增加了成本。

第四阶段：衰退期。是指产品进入了淘汰阶段。随着科技的发展以及消费习惯的改变等原因，产品的销售量和利润持续下降，产品在市场上已经老化，不能适应市场需求，市场上已经有其他性能更好、价格更低的新产品，足以满足消费者的需求。此时成本较高的企业就会由于无利可图而陆续停止生产，该类产品的生命周期也就陆续结束，以致最后完全撤出市场。

（2）产品生命周期各阶段特征与策略

产品生命周期是一个很重要的概念，它和企业制定产品策略以及营销策略有着直接的联系。中小型企业在资金、人力、研发等方面存在着自身不足和缺陷，较大的资金、人力、研发投入较多的产品对于中小企业来说几乎是不可能的。中小型企业的管理者要想使他的产品有一个较长的销售周期，以便赚取足够的利润来补偿在推出该产品时所做出的一切努力和经受的一切风险，就必须认真研究产品在生命周期的各阶段所具有的特征以及企业所能采取的最有效率的策略。

1）介绍期的营销策略

商品的介绍期，一般是指新产品试制成功到进入市场试销的阶段。在商品介绍期，由于消费者对商品十分陌生，企业必须通过各种促销手段把商品引入市场，力争提高商品的市场知名度；另外，对于中小企业来说介绍期的生产成本和销售成本相对较高，企业在给新产品定价时不得不考虑这个因素。故在介绍期，中小企业营销管理的重点主要集中在促销和价格方面。一般有四种可供选择的市场策略。

第一种是高价快速策略。这种策略的形式是：采取高价格的同时，配合大量的宣传推销活动，把新产品推入市场。其目的在于先声夺人，抢先占领市场，并希望在竞争还没有大量出现之前就能收回成本，获得利润。

适合采用这种策略的市场环境为：

①必须有很大的潜在市场需求量。

②商品的品质特别高，功效又比较特殊，很少有其他商品可以替代。消费者一旦了解这种商品，常常愿意出高价购买。

③企业面临着潜在的竞争对手，想快速地建立良好的品牌形象。

第二种是选择渗透策略。这种策略的特点是：在采用高价格的同时，只用很少的促销努力。高价格的目的在于能够及时收回投资，获取利润；低促销的方法可以减少销售成本。

这种策略主要适用于以下情况：

①商品的市场比较固定，明确。

②大部分潜在的消费者已经熟悉该产品，他们愿意出高价购买。

③商品的生产和经营必须有相当的难度和要求，普通企业无法参加竞争，或由于其他原因使潜在的竞争不迫切。

第三种是低价快速策略。这种策略的方法是：在采用低价格的同时做出巨大的促销努力。其特点是可以使商品迅速进入市场，有效的限制竞争对手的出现，为企业带来巨大的市场占有率。该策略的适应性很广泛。

适合该策略的市场环境是：

①商品有很大的市场容量，企业可望在大量销售的同时逐步降低成本。

②消费者对这种产品不太了解，对价格又十分敏感。

③潜在的竞争比较激烈。

第四种是缓慢渗透策略。这种策略的方法是：在新产品进入市场时采取低价格，同时不做大的促销努力。低价格有助于市场快速地接受商品；低促销又能使企业减少费用开支，降低成本，以弥补低价格造成的低利润或者是亏损。

适合这种策略的市场环境是：

①商品的市场容量大。

②消费者对商品有所了解，同时对价格又十分敏感。

③当前存在某种程度的竞争。

2）成长期的营销策略

商品的成长期是指新产品试销取得成功以后，转入成批生产和扩大市

场销售额的阶段。在商品进入成长期以后，有越来越多的消费者开始接受并使用，企业的销售额直线上升，利润增加。在此情况下，越来越多的竞争对手也会纷至沓来，威胁企业的市场地位。中小型企业自身资源不足，在这个时期更要做好防守与进攻两项准备，一方面采取策略甩开竞争对手，另一方面将企业的营销重点应该放在保持并且扩大自己的市场份额，加速销售额的上升方面。另外，企业还必须注意成长速度的变化，一旦发现成长的速度由递增变为递减时，必须适时调整策略。这一阶段可以适用的具体策略有以下几种：

第一，积极筹措和集中必要的人力、物力和财力，进行基本建设或者技术改造，以利于迅速增加或者扩大生产批量。

第二，改进商品的质量，增加商品的新特色，在商标、包装、款式、规格和定价方面作出改进。

第三，进一步开展市场细分，积极开拓新的市场，创造新的用户，以利于扩大销售。

第四，努力疏通并增加新的流通渠道，扩大产品的销售面。

第五，改变企业的促销重点。例如，在广告宣传上，从介绍产品转为树立形象，以利于进一步提高企业产品在社会上的声誉。

第六，充分利用价格手段。在成长期，虽然市场需求量较大，但在适当时企业可以降低价格，以增加竞争力。当然，降价可能暂时减少企业的利润，但是随着市场份额的扩大，长期利润还可望增加。

3）成熟期的营销策略

商品的成熟期是指商品进入大批量生产，而在市场上处于竞争最激烈的阶段。在成熟期中，中小型企业有针对地评估产品，区分产品进而分配资源十分有意义。有的弱势产品应该放弃，以节省费用开发新产品；但是同时也要注意到原来的产品可能还有其发展潜力，有的产品就是由于开发了新用途或者新的功能而重新进入新的生命周期的。因此，中小型企业不应该忽略或者仅仅是消极的防卫产品的衰退。一种优越的攻击往往是最佳的防卫。中小型企业应该有系统的考虑市场、产品及营销组合的修正策略。

①市场修正策略

即通过努力开发新的市场，来保持和扩大自己的商品市场份额。

②产品改良策略

企业可以通过产品特征的改良,来提高销售量。

③营销组合调整策略

即企业通过调整营销组合中的某一因素或者多个因素,以刺激销售。

4)衰退期的营销策略

衰退期是指商品逐渐老化,转入商品更新换代的时期。中小型企业虽然实力不及大企业,但是并不意味着当产品进入衰退期时就简单地一弃了之,彻底停止生产离开市场,当然也不应该恋恋不舍,一味维持原有的生产和销售规模。中小型企业必须经过慎重的针对商品的市场地位的研究来决定是继续经营下去还是放弃经营。

①维持策略

即企业在目标市场、价格、销售渠道、促销等方面维持现状。由于这一阶段很多企业会先行退出市场,因此,对一些有条件的企业来说,并不一定会减少销售量和利润。使用这一策略的企业可配以商品延长寿命的策略。

②缩减策略

即企业仍然留在原来的目标上继续经营,但是根据市场变动的情况和行业退出障碍水平在规模上做出适当的收缩。如果把所有的营销力量集中到一个或者少数几个细分市场上,以加强这几个细分市场的营销力量,也可以大幅度的降低市场营销的费用,从而增加当前的利润。

③撤退策略

即企业决定放弃经营某种商品以撤出该目标市场。在撤出目标市场时,企业应该主动考虑以下几个问题:将进入哪一个新领域,经营哪一种新产品,可以利用以前的哪些资源。品牌及生产设备等残余资源如何转让或者出卖。保留多少零件存货和服务,以便在今后为过去的顾客服务。

品牌与品牌策略

1. 品牌的概念

品牌(Brand)一词来源于古挪威文字 Brandr,意思是"烙印",它非常形象地表达出了品牌的含义——如何在消费者心中留下烙印。品牌是一个综合、复杂、抽象的概念,从表象上看,品牌是用来识别一个(或一群)

卖主的商品或劳务的名称、术语、记号、象征或设计，或其组合。但是从本质上看，品牌是一个系统，是企业市场竞争实力的综合反映。品牌作为一个系统，主要由以下三个子系统构成：第一，产品服务与功能（用途、品质、价格、包装……）；第二，企业及产品形象（内在形象、标识、音乐、广告、色调……）；第三，消费者心理（认知、态度、情感、体验……）。

品牌所反映的企业市场竞争实力则主要包括：对市场的观察和判断能力、对企业投资的谋划与决策能力、研究和开发能力、质量控制能力、营销传播（沟通）能力、营销服务能力、营销渠道的拓展和控制能力，等等。因此，从系统观点看，不仅需要以系统的观点和方法经营品牌，而且需要持续创新并保持鲜明的品牌特色或个性。品牌只有经由持续的创新过程和市场竞争的严酷考验，才能成长为顾客心目中的名牌。中小型企业虽然在各方面的实力不足，相应投入也不及大型企业，但是品牌的建立与维护对中小企业来说同样十分重要。广大的中小型企业只有通过不断完善、深化自己的品牌才有可能从数以万计的同质竞争者中脱颖而出，使中小型企业走出没有品牌，或者只有杂牌所带来的消费者心理的低价、低质、低形象的恶性循环。中小型企业应该了解各种各样的品牌策略，将品牌建设从小做起，在企业发展的不同阶段选择不同的品牌策略，为企业的长远发展打好基础。主要的几种品牌策略有：单品牌策略（品牌延伸策略是其中的典型）、多品牌策略和双品牌策略。

2. 品牌策略及其选择

（1）单品牌策略

单品牌策略是指企业生产的若干产品皆使用同一个品牌。如日本的索尼公司、荷兰的飞利浦公司、韩国的三星电子公司均采用单品牌策略。品牌延伸策略是单品牌策略中最为重要的策略，它又叫品牌扩展策略。品牌延伸策略是指创出名牌之后，不断开发新领域的产品都使用同一品牌。新产品推向市场是十分艰难的工作，而且成功率不高，但借用名牌在消费者中的心理优势，可以极大地提高新产品推向市场的成功率，而且品牌延伸可以使企业有更多的选择余地。

（2）多品牌策略

多品牌策略是指企业生产的产品使用多个品牌。即企业生产的每一种

产品都有一个品牌。一个品牌只适用于一种商品、一种市场定位，有助于最大限度地形成品牌的差别化和个性化。实行这种策略的企业通常有一个类似于产品组合的品牌组合，企业以品牌为单位组织开展营销活动。

（3）双品牌策略

双品牌策略是指企业在某项产品上设定一主一副两个品牌的策略。其中主品牌涵盖企业所有产品，同时，给各个产品设定不同的副品牌，以副品牌来突出不同产品的个性形象。

采用何种品牌策略，需要中小型企业根据自身产品的情况、目标客户的特征以及企业实力，在权衡利弊的基础上做出明智的选择。

产品组合策略

1. 产品组合要素

产品组合是指一个企业提供给市场的全部产品线和产品项目。产品线是指一组密切相关的产品，这组产品具有相近的功能，满足相同的需要，卖给同一顾客群，且以相同形式的配销渠道销售，或者他们都在某一价格范围内，而组成一条产品线。

产品项目是指产品线中在规格、价格、式样有差别的特定产品。产品组合的广度是指该公司所有产品线的数目；产品组合的长度是指该公司所拥有的产品线中产品项目的总数；产品组合的深度是指产品线中每种产品所提供的花色品种的多少；产品组合的密度也叫产品组合的关联性或一致性，是指各种产品线在最终用途、生产条件、分销渠道或其他方面的相互关联的程度，即产品种类之间的一致性。关联的程度越紧，其密度就越大；反之就越小。

企业产品组合的宽度、长度、深度和密度不同，就构成不同的产品组合。企业在选择决定产品组合宽度、长度、深度和密度时，会受到企业资源、市场需求及市场竞争的制约。企业产品组合的宽度、长度、深度和密度主要取决于企业目标市场的需要。研究产品组合的宽度、长度、深度和密度在市场营销战略上具有重要意义。首先，企业增加产品的宽度，扩展经营领域，实行多角化经营，可以充分发挥企业优势，使企业尤其是大企业的资源、技术得到充分利用，开拓新的市场，提高经济效益；实行多角化经营还可以分散企业的投资风险。其次，企业增加产品组合的长度和深

度，可以占领同类产品中更多的细分市场，适应更广泛的消费者的不同需求和爱好。最后，企业加强产品组合的密度，可以提高企业在某一地区或某一行业的声誉，提高企业的市场地位。

2. 产品组合的策略选择

企业产品组合策略，就是企业根据目标市场的需要和企业的经济实力，对产品的宽度、长度、深度和密度进行不同的结合的策略。中小型企业由于生产经营规模小，产品单一，通常只经营少数几个品种的产品，这些产品的正常销售成为维持企业生存的基础。因此，中小型企业的产品组合策略显得尤为重要，中小型企业在制定产品组合的决策时，根据不同的情况和目标市场的不同特点，可以选择如下几种策略。

（1）扩大产品组合策略

所谓扩大产品组合策略就是拓展产品组合的宽度或深度。即企业在原有产品线的基础上，再增加一条或几条产品线，扩大产品经营范围，或是在原有产品项目的基础上增加新的产品项目，生产经营更多的产品以满足市场的需求。对于中小型企业来说，扩大产品组合策略应该经过慎重的考证，否则额外的较大的成本支出，不会在短时间内产生收益，可能会冲击中小型企业脆弱的资金链，甚至影响其他稳定的生产线的产品正常运营。

扩大产品组合对企业经营有如下作用：能够综合利用企业的各项资源，降低成本，增强产品竞争能力；能够减少季节性变化和市场需求的变化对企业经营造成的影响，增强企业经营的稳定性。能够充分利用商誉和商标，完善产品系列，充分增加企业的销售额和利润，提高企业的市场营销效率。有利于满足顾客多方面的需求，扩大生产和经营规模，进入和占领多个细分市场。

扩大产品组合的方式可归纳为如下三种。

1）平行扩大法

即企业在生产设备、技术力量和流动资金允许的范围内充分发挥企业潜能，向专业化和综合化方向扩展。在原有产品线的基础上增加产品项目，在产品线层次上平行延伸。

2）系列扩大法

即企业增加产品系列或产品线，同时也增加产品项目，向产品的多规

格、多类型、多款式、多花色发展，增强生产经营的灵活性，在产品项目层次上向纵深扩展。

3）综合利用扩大法

即生产企业生产与原有产品系列不相关的异类产品，通常与综合利用原材料、处理积压产品等结合进行。如某宝石批发企业在长期的业务中，遗留下一批规格不整的宝石半成品，为了处理这些半成品，他们将这些半成品镶嵌后再批发，从而增加了成品批发业务。

（2）缩减产品组合策略

所谓缩减产品组合就是降低产品组合的宽度和深度，即在原有的产品组合中取消若干个产品线或产品项目，集中力量生产或经营一个或少数几个产品项目，提高专业化水平，力图从生产经营较少的产品中获得较多的利润。中小型企业应该正确认识自身的不足，不能盲目追求产品的种类与数量。应该在调查、分析企业自身的优劣势和市场竞争情况的前提下，尽量将优势保持在几个产品种类上，以集中资源发挥企业优势。

（3）产品延伸策略

产品延伸策略也称高档产品与低档产品策略。任何企业的产品都有其特定的市场定位，所谓产品延伸策略是指全部或部分地改变企业原有产品的市场定位，将企业现有产品大类延长的一种策略。

1）向上延伸

向上延伸是指原来生产经营低档产品的企业后来决定增加高档产品，即高档产品策略，就是在产品组合的某一条产品线中增加新的高档高价的产品项目，以提高企业现有产品的市场声望。这样既可提高企业原有产品的销售量，又可以使企业的产品逐步转入高档产品市场，从而谋求企业的长远利益。

2）向下延伸

向下延伸是指原来生产经营高档产品的企业后来决定增加低档产品，即低档产品策略，就是在原来产品组合的高档产品线中增加廉价的产品项目。低档产品策略的目的是要充分利用高档名牌产品的声誉，吸引买不起高档产品的消费者购买高档产品线中的廉价产品。

3）双向延伸

双向延伸是指原定位于中档产品的企业掌握了市场优势以后，决定向产品的上下两个方向延伸，一方面增加高档产品，另一方面增加低档产品，把产品项目扩大到高、中、低三个档次。

中小型企业营销管理定价策略

影响企业定价的因素

1. 成本因素

企业对产品进行定价是为了促进销售、获取利润。因此企业既要考虑成本的补偿，又要考虑消费者对价格的接受能力。从消费者角度讲，在企业销售目标既定的情况下，消费者对产品价格的可接受程度上限，决定了企业定价的上限，价格高于这个限度，就达不到销售目标。从企业讲，成本是一个关键的因素，产品的成本费用决定了它的最低价格。从长远看，任何产品的销售价格只有高于总成本费用，企业才补偿生产成本和经营费用，获得一定的赢利；低于总成本费用，企业就会亏本，使生产难以为继。从这个意义上讲，成本是价格的生命线，抓住这条"生命线"，企业就有可能获得成功。企业制定价格时所估算的成本，包括原材料成本、生产成本、营销成本、财务成本、储运成本、可避免成本与沉没成本等。

2. 需求因素

市场营销理论认为，产品的最高价格取决于产品的市场需求，最低价格取决于该产品的成本费用。在最高价格和最低价格的幅度内，企业能把这种产品价格定多高，则取决于竞争者同种产品的价格水平。因此，市场需求、成本费用、竞争产品价格对企业定价有重要影响。

3. 竞争因素

就一般情况而言，竞争的程度决定了价格对抗的程度。竞争程度强，价格的对抗性强；竞争程度弱，价格的对抗性就弱。企业常以竞争对手的对立面出现在市场上。为了在价格上更胜一筹，应在产品制作技术、广告、宣传、商品包装等方面来影响消费者，特别是品牌意识，使消费者在心理

上认为它们有差异，不同品牌的产品，其价格有所不同，如服装行业。

4. 经济周期因素

经济周期是大多数经济部门和不同国家都共同存在的一种经济运行的起伏。工业生产的上升、下降，市场需求旺盛、萎缩反映在供求关系上，都会在许多产品价格的变化上得到表现，企业定价应该考虑到经济周期的影响。

产品定价策略

1. 新产品定价策略

（1）撇脂定价策略

撇脂定价策略是在新产品投放期，利用消费者的"求新""猎奇"心理，高价投入商品，以期迅速收回成本，获得利润以后再根据市场销售情况逐渐适当降价的策略。

这种定价策略的英文原意是在鲜牛奶中撇取奶油，先取其精华，后取其一般。先制定高价，利用消费者求新、求美、好奇的心理，从市场上"撇取油脂"——赚取利润；当竞争者纷纷出现时，奶油已被撇走，再逐步降价，这时的企业只是赚得少一些罢了。

采取撇脂定价策略的好处：能尽快收回成本，赚取利润；高价可以提高新产品身价，塑造其优质产品的形象；扩大了价格调整的回旋余地，提高了价格的适应能力，增强了企业的赢利能力。

在我国，大多数中小型企业靠模仿起家，也靠模仿生存。企业新产品开发能力不足，导致大多数中小型企业几乎不可能采取撇脂定价法，他们只能跟随大型企业新产品开发与上市的脚步，无法获得新产品进入市场在价格方面的先发优势。中小型企业虽然资本、人力、物质等有限，但是可以适当地在自身有所专长的方面投入力量研究开发新产品、新专利，从而获得撇脂定价的高利润。

（2）渗透定价策略

这种定价策略与撇脂定价策略相反，即在新产品投入期，迎合消费者"求实""求廉"的心理，低价投放新产品，给消费者以物美价廉、经济实惠的感觉，从而刺激消费者的购买欲望；待产品打开销路、占领市场后，企业再逐步提价。我国多数中小型企业采用渗透定价法达到薄利多销的

效果。

采取渗透定价的条件：市场需求显得对价格极为敏感，因此，低价会刺激市场需求迅速增长；企业的生产成本和经营费用会随着生产经验的增加而下降；低价不会引起实际和潜在的竞争。

采用渗透定价策略的好处：能迅速将新产品打入市场，提高市场占有率；物美价廉的商品有利于企业树立良好形象；低价薄利信号不易诱发竞争，便于企业长期占领市场。

2. 心理定价策略

根据顾客能够接受的最高价位进行定价，抛开成本，赚取所能够赚取的最高利润，即顾客能接受什么价我就定什么价。例如，某企业有一个非常好的产品，若按成本定价，产品价格仅为70元左右，但经过市场调研后发现，消费者所能接受的心理价位为180元以内，于是其定价168元。新产品上市后，价格并未成为购买障碍，消费者反而本着好货当然价高的心理，认为这是一款品质相当好的产品。

（1）尾数定价策略

在确定零售价格时，以零头数结尾，使用户在心理上有一种便宜的感觉，或者是按照风俗习惯的要求，价格尾数取吉利数，也可以促进购买。

（2）整数定价策略

与尾数定价策略相反，利用顾客"一分钱一分货"的心理，采用整数定价，该策略适用于高档、名牌产品，或者是消费者不太了解的商品。

（3）声望定价策略

主要适用于名牌企业和名牌产品。由于声望和信用高，用户也愿意支付较高的价格购买。

（4）特价价格策略

这是利用部分顾客追求廉价的心理，企业有意识地将价格定得低一些，达到打开销路或者是扩大销售的目的，如常见的大减价和大拍卖，就属于这种策略。

中小型企业无法依靠撇脂定价来获得高利润，渗透定价法也只能是薄利多销，但是中小型企业可以在消费者心理这方面下功夫研究，弄清楚目标客户的消费心理。根据消费心理来制定产品价格配合适当的渠道、促销

策略，一方面使得中小型企业的产品更易以较好的价格售出，另一方面满足了目标客户的心理需求，为产品赢得较好的市场声誉。

3. 折扣定价策略

为了报答顾客的某种购买行为，例如，及早付清账单，批量购买，淡季采购，等等，许多公司都将修改它们的基本价格。这种价格调整被称为折扣。折扣包括：

（1）现金折扣

现金折扣是对及时付清账款的购买者的一种价格折扣。

（2）数量折扣

数量折扣是卖方因买方数量大而给予的一种折扣。数量折扣必须提供给全部的顾客，非累计基础上提供折扣（每张订单），在累计基础上提供折扣（在一个规定的时期内订购的数量）。

（3）功能折扣

是由制造厂商向履行了某种功能，如推销、贮存和售后服务的贸易渠道成员所提供的一种折扣。

（4）季节折扣

季节折扣是卖主向那些购买非时令商品或服务的买者提供的一种折扣。季节折扣使卖主在一年中得以维持稳定的生产。

产品定价方法

1. 成本导向定价法

成本导向定价法最主要的是成本加成定价法。这种定价方法就是在单位产品成本的基础上，加上预期的利润额作为产品的销售价格。售价与成本之间的差额即利润称为"加成"。这种定价方法的优点在于价格能补偿并满足利润的要求，计算简便，有利于核算。但其致命的缺陷在于单位成本随产品的销量而变化，所以要在产品价格确定之前确定产品的销量和单位成本是很困难的。

2. 需求导向定价法

需求导向定价法是以消费者对商品价值的感知为基础，使消费者感到购买该产品比购买其他产品能获得更多的相对利益，从而确定其可接受价格的定价方法。需求导向定价法可分为习惯定价法、可销价格倒推法、需

求差异定价法等。

3. 竞争导向定价法

竞争导向定价法是以同类产品的市场供应竞争状态为依据，根据竞争状况确定本企业产品价格水平的方法。采取竞争导向定价法有利于迅速占领市场，但却有可能为了完成市场份额而忽视成本、牺牲价格的获利性。竞争导向定价法可分为通行价格定价法、竞争价格定价法和投标定价法。

中小型企业营销管理渠道策略

营销渠道是促使产品或服务顺利地被使用或消费的一整套相互依存的组织。营销渠道也称贸易渠道或分销渠道。

营销渠道的职能与结构

1. 营销渠道的职能

从经济系统的观点来看，市场营销渠道的基本功能在于把自然界提供的不同原料根据人类的需要转换为有意义的货物搭配。市场营销渠道对产品从生产者转移到消费者所必须完成的工作加以组织，其目的在于消除产品（或服务）与使用者之间的差距。市场营销渠道的主要职能有如下几种。

（1）研究

即收集制订计划和进行交换时所必需的信息。

（2）促销

即进行关于所供应的货物的说服性沟通。

（3）接洽

即寻找可能的购买者并与其进行沟通。

（4）配合

即使所供应的货物符合购买者需要，包括制造、评分、装配、包装等活动。

（5）谈判

即为了转移所供货物的所有权，而就其价格及有关条件达成最后协议。

（6）实体分销

即从事商品的运输、储存。

（7）融资

即为补偿渠道工作的成本费用而对资金的取得与支用。

（8）风险承担

即承担与从事渠道工作有关的全部风险。

2. 营销渠道的结构

营销渠道的结构，可以分为长度结构，即层级结构，宽度结构以及广度结构三种类型。三种渠道结构构成渠道设计的三大要素或称为渠道变量。进一步说，渠道结构中的长度变量、宽度变量及广度变量完整地描述了一个三维立体的渠道系统。

（1）长度结构（层级结构）

营销渠道的长度结构，又称为层级结构，是指按照其包含的渠道中间商（购销环节），即渠道层级数量的多少来定义的一种渠道结构。通常情况下，根据包含渠道层级的多少，可以将一条营销渠道分为零级、一级、二级和三级渠道等。

零级渠道，又称为直接渠道，是指没有渠道中间商参与的一种渠道结构。零级渠道，也可以理解为是一种分销渠道结构的特殊情况。在零级渠道中，产品或服务直接由生产者销售给消费者。零级渠道是大型或贵重产品以及技术复杂，需要提供专门服务的产品销售采取的主要渠道。在IT产业链中，一些国内外知名IT企业，如联想、IBM、HP等公司设立的大客户部或行业客户部等就属于零级渠道。另外，DELL的直销模式，更是一种典型的零级渠道。

一级渠道包括一个渠道中间商。在工业品市场上，这个渠道中间商通常是一个代理商、佣金商或经销商；而在消费品市场上，这个渠道中间商则通常是零售商。

二级渠道包括两个渠道中间商。在工业品市场上，这两个渠道中间商通常是代理商及批发商；而在消费品市场上，这两个渠道中间商则通常是批发商和零售商。

三级渠道包括三个渠道中间商。这类渠道主要出现在消费面较宽的日

用品中，如肉食品及包装方便面等。在 IT 产业链中，一些小型的零售商通常不是大型代理商的服务对象，因此，便在大型代理商和小型零售商之间衍生出一级专业性经销商，从而出现了三级渠道结构。

（2）宽度结构

渠道的宽度结构，是根据每一层级渠道中间商的数量的多少来定义的一种渠道结构。渠道的宽度结构受产品的性质、市场特征、用户分布以及企业分销战略等因素的影响。渠道的宽度结构分成如下三种类型。

密集型分销渠道，也称为广泛型分销渠道，就是指制造商在同一渠道层级上选用尽可能多的渠道中间商来经销自己的产品的一种渠道类型。密集型分销渠道，多见于消费品领域中的便利品，如牙膏、牙刷、饮料等。

选择性分销渠道，是指在某一渠道层级上选择少量的渠道中间商来进行商品分销的一种渠道类型。在 IT 产业链中，许多产品都采用选择性分销渠道。

独家分销渠道，是指在某一渠道层级上选用唯一的一家渠道中间商的一种渠道类型。在 IT 产业链中，这种渠道结构多出现在总代理或总分销一级。

（3）广度结构

渠道的广度结构，实际上是渠道的一种多元化选择。也就是说许多公司实际上使用了多种渠道的组合，即采用了混合渠道模式来进行销售。例如，有的公司针对大的行业客户，公司内部成立大客户部直接销售；针对数量众多的中小企业用户，采用广泛的分销渠道；针对一些偏远地区的消费者，则可能采用邮购等方式来覆盖。

概括地说，渠道结构可以笼统地分为直销和分销两个大类。其中直销又可以细分为几种，如制造商直接设立的大客户部、行业客户部或制造商直接成立的销售公司及其分支机构等。此外，还包括直接邮购、电话销售、公司网上销售，等等。分销则可以进一步细分为代理和经销两类。代理和经销均可能选择密集型、选择型和独家等方式。

营销渠道管理

1. 选择渠道成员

作为营销渠道的主体，渠道成员的选择至关重要，关系到公司营销能

力的稳固和提升。营销成员的选择要根据营销系统来确定,就是我们采用的是一级渠道、二级渠道、三级渠道还是渠道组合。

2. 评价和激励

对于经销商的评价目前主要的评价标准就是业务量,而激励的主要标准就是完成一定的量享受折扣或返点。还有平均存货水平;向顾客交货时间;对损坏和遗失商品的处理;与公司促销和培训计划的合作情况,等等。生产者必须不断地激励中间商,促使其做好工作。

3. 渠道改进

生产者的任务不能仅限于设计一个良好的渠道系统,并推动其运转。渠道系统需要定期进行改进,以适应市场新的动态。当消费者的购买方式发生变化、市场扩大、新的竞争者兴起和创新的分销战略出现及产品进入产品生命周的后一阶段时,便有必要对渠道进行改进。

4. 渠道动态

要密切注意分销渠道的变化,这里,要考察最近发展的垂直、水平和多渠道营销系统,以及这些系统是如何合作、冲突和竞争的。

5. 渠道冲突的管理

一定的渠道冲突能产生建设性的作用。它能导致适应变化着的环境。当然,更多的冲突是失调的。问题不在于是否消除这种冲突,而在于如何更好地管理它。这里有几种管理冲突的机制。

最重要的解决方法可能是采用超级目标。渠道成员与公司签订共同寻找的基本目标的协议。内容包括生存、市场份额、高品质或顾客满意;调查取证,明令禁止,如违反规定者屡教不改,立即终止与其业务往来;合作,当冲突是长期性或尖锐的时候,冲突方必须通过协商、调解或仲裁解决。当渠道内部发生这样的冲突时,渠道管理部门坚决不能回避,而是要担当起协调人、仲裁人的角色,督促冲突双方进行协商,以便达成共识。

中小型企业营销渠道的建立

中小型企业由于自己的产品或品牌缺乏一定的知名度,要想在激烈的消费品市场上争得一席之地,确实有一定的难度,但也不是没有可能。在企业暂时没有强大的媒体推广能力下,不如先从渠道的规划做起,集中全部的精力,扎扎实实地从一个网点到一个城市,再由一个城市到一个区域,

由一两个区域，到更多的区域，从而逐步建立起属于自己的销售领地，这企业的发展初期是一个比较现实的明智之举。

1. 策划包装产品招商

企业招商，往往是建立销售渠道的第一步，招商的成功，也喻示着好的开头。但很多中小型企业由于策划能力有限，对招商工作不重视或者操作不当，明明是个不错的产品，问津者却寥寥无几。所以在确立招商之前，要解决三大问题：一是产品卖点的提炼；二是推广方案的设计；三是相配套的销售政策，在此基础上，企业才制定切实可行的招商方案。

招商策划书一定要阐明以下几个要点：一是科学的市场潜力和消费需求预测；二是详细分析经销本产品的盈利点，经销商自身需要投入多少费用？三是要给经销商讲解清楚如何操作本产品市场，难题在哪儿，如何解决。通常比较有想法或者想有所作为的经销商比较注重企业的以下5个方面的问题：一是企业的实力；二是企业营销管理人员的素质；三是推广方案的可操作性；四是产品市场需求和潜力；五是经营该产品的赢利情况。

招商成功离不开具有轰动效应的招商广告，但目前媒体上所见的招商广告普遍存在一种过分夸大和空洞吹嘘的现象，中小型企业应实实在在，说出自己的弱点，并阐明自己的决心，以赢得经销商的重视，有时候过分夸大市场效果的广告只能引来纯粹的投机商，而实在的广告宣传，反而会吸引那些注重商德的经销商。

2. 选择合适的经销商

经销商是中小型企业产品在市场上赖以生存并发展的唯一支柱，由于缺乏经济能力，无论在整体推广还是与渠道经销商的谈判筹码上，均占不了主动权，所以，中小型企业选择合适的经销商并与之合作，就显得尤其重要。大而强的经销商，必然要求也高，同时因为这类经销商经常与大品牌企业合作，所以往往盛气凌人，一般的中小型企业往往很难控制他们。要知道，好的未必一定合适，而渠道伙伴的合适，才是最重要的。

所以中小型企业选择合作的经销商，一定是那些刚起步做市场的，经济实力和市场运作能力较一般的，但正由于这些因素，这类经销商非常需要企业的支持，同时这类经销商对合作的企业忠诚度比较高，而且，他们不像那些大经销商那样条件苛苛刻，如果企业的销售政策完善，多向他们

描绘一下企业的发展远景，基本上能吸引他们，企业也可以完全控制他们。

选择这样的经销商加盟，就可以让经销商按照企业的发展战略去运作整个市场，促使整个渠道网络的稳固发展。需要注意的是，由于这类经销商的资金实力和运作市场的能力均有限，需要企业保持高度的警惕和具备强劲的市场管理团队，以指导和协销，来帮助经销商与企业一同成长。

3. 合适的渠道模式

渠道模式的选择或者规划，是中小型企业建立销售渠道的必然步骤，但中小型企业由于品牌知名度和企业的经济实力以及市场管理能力都比较弱，因而市场初期的渠道模式以每省级总经销制比较合适，也就是每个自然省只选择一个经销商，因为这个时候企业产品销售力不够，销售区域过于狭小的话，经销商会不满足，从而引起区域窜货的发生。所以，以每省一个经销商，然后由省级经销商自主向下游招商，组建本省区域的销售网络，企业如果有人力，可以协助经销商招商开拓区域市场，这样经销商会因为企业的帮助而心存感激，提高忠诚度。

如果有野心大一点的经销商欲跨区域销售，企业也可以酌情予以考虑，假如该经销商欲跨入的区域尚没有合适的经销商，而该经销商又有现成的网点，可以考虑，等以后条件成熟，再重新划分区域不迟。毕竟这个时候的企业，需要的是产品的大量铺市和促销，而不是呆板的规范。

4. 设计可控的渠道结构

渠道结构通常指渠道的宽广度与深浅度以及长短度，宽度也就是指企业在选择渠道成员的单一性和复合度，如某企业在一个省内设立多个独立经销商，分别经营不同的小区域。宽度还有一层意思是渠道的多样性，目前多渠道运作的企业很多，如 IBM，就是采用了代理商、经销商、公司直营以及直接销售等。多渠道结构，需要企业有强大的渠道管理能力，而中小型企业由于缺乏一定的管理能力，是不适合采用多渠道结构的，同时，由于多渠道结构容易引起经销商反感，所以中小型企业很难控制。

渠道的深浅度主要是指零售终端的多样性，如化妆品经销商，既可以将产品进入商场超市的专柜销售，也可以进入美容专业线，同时还可以进入医药连锁系统。终端的多样性，可以使产品更有效地渗透进整个市场，达到销售的规模效应。

渠道的长短度则是指由一级经销商到销售终端，中间需要经过几个层级，如有的产品需要经过省一级经销商，然后由省经销商批发给二级经销商，而二级经销商再将产品分销给终端或者批发给更往下的三级经销商。层级越多，对渠道的管理越困难，市场信息的反馈也就更缓慢。

中小型企业由于在资金、管理能力方面比较弱，所以暂时先采取窄而长的深渠道结构比较合适，等待市场销售起来了，企业有资金回笼了，市场的管理能力也强了，然后才开始逐步削短渠道层级，将进一步拓宽，并将渠道的管理重心下移。

5. 对渠道经销商的管理

一旦销售渠道初步形成，企业就要有专门的渠道管理人员，对渠道成员进行严格的管理，管理的内容包括，经销商的库存情况、资金信用情况、每个产品的销售情况、区域市场整体销售统计、协助经销商或者终端进行促销、公司宣传品的摆放以及经销商对公司产品的具体反映等。对经销商的管理不仅仅停留在管上，更重要的是让经销商时刻与企业的市场战略保持一致，同时融合企业的文化，这就需要管理人员除了日常的市场管理以外，要适时地对经销商以及经销机构的员工进行产品和市场营销专业知识和技能的培训，使经销商对企业有所依赖，并产生好感。

6. 完善的渠道政策和有效的经销商激励

对经销渠道成员的激励是企业渠道管理中非常重要的一个环节，很多企业销售网络的瘫痪很大程度是由于企业渠道政策的不健全或者缺乏有效的激励机制。

渠道激励一定要与整体的销售政策相配套，并且要充分估计经销商的销售潜力，在设计激励考核体系时，要有适当的宽度，太容易达标的，企业会得不偿失，过分难以抵达的，又缺乏实际意义。奖励目标太大，企业划不来，太低廉，又吸引不了经销商。所以，如何制定激励指标和奖励目标，是十分重要的。

7. 有计划地收缩，有步骤地扁平

当企业正常运作了一年或者两年，市场也有了不少起色，这个时候，企业如果有更大渠道野心的话，可以采取逐步收缩，逐步扁平的策略，即网络初建时期，由于企业的管理能力、经济实力以及品牌的知名度都很弱，

所以不得以采取省级总经销的模式,由于总经销模式对企业控制渠道的能力很有限,尤其是对顾客的服务和市场信息的收集,都带来很大的影响,所以,企业要想树立品牌,想健康发展,总经销模式是难以为继的。但由于大部分省级总经销商已经习惯了做省级老大,因而一般很难撼动他们的经销地位,企业要想让他们收缩区域或者让出部分区域,是比较难的,弄得不好,反而会影响到网络的安全。

所以,这个时候企业要逐步将渠道重心下移,首先增派管理人员到二级乃至终端,去进行渠道的日常维护,将总经销商的下游网络紧紧地控制在企业手中。其次将市场渗透指标进一步扩大,让经销商感到按照现有的力量很难达到。然后,企业顺势而为,劝经销商放弃地市批发,将总经销商的势力范围控制在省会城市之内而不影响经销商的收益,而地市级(原二级)经销商逐步上升为直接从企业拿货,跟总经销商平起平坐的一级经销商。企业同时还可以以新产品招商为由,进行补充型区域招商,招商的对象,可以是原来的二级经销商演变而来,也可以是真正的空白地区的新经销商,这样几个步骤下来,企业扁平化渠道的任务就基本达成,网络的布点也更科学,同时企业控制整个网络的愿望也顺利达到。

中小型企业营销管理促销策略

促销与促销的作用

1. 促销的含义

促销(Promotion)是指企业通过人员推销或非人员推销的方式,向目标顾客传递商品或劳务的存在及其性能、特征等信息,帮助消费者认识商品或劳务所带给购买者的利益,从而引起消费者的兴趣,激发消费者的购买欲望及购买行为的活动。

促销本质上是一种通知、说服和沟通活动,是谁通过什么渠道(途径)对谁说什么内容,沟通者有意识地安排信息、选择渠道媒介,以便对特定沟通对象的行为与态度进行有效的影响。

2. 促销的作用

促销的基本目的是改变一个公司的产品的需求（收入）曲线的形状。通过运用促销，一个公司有希望在任何一定价格的条件下，增加某种产品的销售量。它还希望促销会影响产品的需求弹性。其目的在于：当价格提高时使需求无弹性，当价格降低时使需求有弹性。换言之，企业管理当局希望：当价格上升时，需求数量下降很少，而当价格下降时，销售却大大增加。

促销策略

1. 广告促销策略

（1）广告目标和定位

广告是实现企业经营策略的工具之一，成功的广告策略必须有明确的目标，如是短时期内推销产品还是树立良好的企业形象，是扩大市场区域还是要提高市场占有率，是极力保护巩固现有市场还是通过向竞争对手发动进攻，进一步抢夺对手的市场……这些问题在广告策划中必须首先明确，只有这样，制定的广告策略才能有的放矢。一般地讲，广告目标就是广告主希望广告活动所能达到的预期目的。或者说，广告目标是指广告要达到的要求。确定广告目标，是广告策划的第一步，不论是广告底稿拟制人、版面设计人、摄影的人以及与媒体谈判的人、预算广告费的人等，都应了解广告目标，共同对此目标负责。

根据广告的目的，可以将广告目标分为以下几类。

1）信息性广告目标。这类广告目标的作用一般在产品开拓阶段表现得比较突出，因为只有消费者对产品的性能、品质和特点有所认识，才能对产品产生某种需求。如对某种保健营养饮料，应首先把该产品的营养价值及其多种功效的信息传递给消费者。

2）说服性广告目标。广告产品处于成长或成熟期阶段，市场上同类产品多了，代用品也不断出现，市场竞争也日趋激烈，消费者购买选择余地也就比较大。这时，企业为了在激烈的竞争中处于不败之地，多采用说服性广告，通过说服或具体比较，进而建立某一品牌的优势。因此，在竞争阶段企业对说服性广告的运用越来越重视。

3）提醒性广告目标。当产品处于成熟期阶段，虽然产品已有一定的知

名度，消费者已有一定的消费习惯，但由于新产品不断涌现，同类产品选择余地大，所以提醒性广告不仅起"提醒"作用，更重要的是起"强化"作用。其目的在于使现有的购买者确信他们购买这类产品是做了正确的选择，从而加强重复购买与使用的信心。

（2）广告预算

广告预算是广告主根据广告计划对开展广告活动费用的匡算，是广告主进行广告宣传活动投入资金的使用计划。它规定了广告计划期内开展广告活动所需的费用总额、使用范围和使用方法。

广告预算不仅是广告计划的重要组成部分，而且是确保广告活动有计划顺利展开的基础。广告预算编制额度过大，就会造成资金的浪费，编制额度过小，又无法实现广告宣传的预期效果。广告预算是企业财务活动的主要内容之一。广告预算支撑着广告计划，它关系着广告计划能否落实和广告活动效果的大小。

（3）广告预算的分配

企业在确定了广告费用总额之后，就要按照广告计划的具体安排将广告费用分摊到各个广告活动项目上，使广告策划工作有序地展开，以实现扩大产品品牌的知名度、提高品牌资产、树立企业形象、增加商品销售的目的。中小型企业由于自身实力不及大型企业，各方面的投入尤其是广告费用方面的投入更无法与大型企业相提并论。中小型企业的广告促销更应该体现精准性，使企业的广告投入效率最大化。要做到这一点，首先要明确目标客户的特点，将广告促销尽可能地接近目标客户，并引起目标客户的注意。然后，便是合理的分配广告预算，将有限的广告预算投入到最有效的方面。广告策划者在分配企业的广告费用时，可以按时间分配、按地理区域、按商品分配和按广告媒体分配。

2. 人员推销策略

人员推销是指通过推销人员深入中间商或消费者进行直接的宣传介绍活动，使中间商或消费者采取购买行为的促销方式。考虑到广告促销的费用相对较高，多数中小型企业主要运用人员推销来促进产品的销售以及树立企业的形象。因而人员的推销能力对中小型企业的初期发展至关重要。

（1）人员推销的基本形式

1）上门推销

上门推销是最常见的人员推销形式。它是由推销人员携带产品样品、说明书和订单等走访顾客，推销产品。

2）柜台推销

又称门市，是指企业在适当地点设置固定门市，由营业员接待进入门市的顾客，推销产品。门市的营业员是广义的推销员。柜台推销与上门推销正好相反，它是等客上门式的推销方式。

3）会议推销

会议推销是指利用各种会议向与会人员宣传和介绍产品，开展推销活动。例如，在订货会、交易会、展览会、物资交流会等会议上推销产品。

（2）人员推销的策略

1）试探性策略

亦称刺激—反应策略。就是在不了解客户需要的情况下，事先准备好要说的话，对客户进行试探。同时密切注意对方的反应，然后根据反应进行说明或宣传。

2）针对性策略

亦称配合—成交策略。这种策略的特点，是事先基本了解客户的某些方面的需要，然后有针对性地进行"说服"，当讲到"点子"上引起客户共鸣时，就有可能促成交易。

3）诱导性策略

也称诱发—满足策略。这是一种创造性推销，即首先设法引起客户需要，再说明所推销的这种服务产品能较好地满足这种需要。这种策略要求推销人员有较高的推销技术，在"不知不觉"中成交。

找好上门对象。可以通过商业性资料手册或公共广告媒体寻找重要线索，也可以到商场、门市部等商业网点寻找客户名称、地址、电话、产品和商标。

做好上门推销前的准备工作，尤其要对产品和服务的内容材料要十分熟悉、充分了解并牢记，以便推销时有问必答；同时对客户的基本情况和要求应有一定的了解。

掌握"开门"的方法，即要选好上门时间，以免吃"闭门羹"，可以采

用电话、传真、电子邮件等手段事先交谈或传送文字资料给对方并预约面谈的时间、地点。也可以采用请熟人引见、名片开道、与对方有关人员交朋友等策略，赢得客户的欢迎。

把握适当的成交时机。应善于体察顾客的情绪，在给客户留下好感和信任时，抓住时机发起"进攻"，争取签约成交。

3. 营业推广策略

美国销售学会对营业推广的定义是：人员推广、广告和宣传以外的用以增进消费者购买和交易效益的那些促销活动诸如陈列、展览会、展示会等不规则的、非周期性发生的销售努力。

（1）营业推广的方式

1）面向消费者的营业推广方式

①赠送促销

向消费者赠送样品或试用品，赠送样品是介绍新产品最有效的方法，缺点是费用高。

②折价券

在购买某种商品时，持券可以免付一定金额的钱。折价券可以通过广告或直邮的方式发送。

③包装促销

以较优惠的价格提供组合包装和搭配包装的产品。

④抽奖促销

顾客购买一定的产品之后可获得抽奖券，凭券进行抽奖获得奖品或奖金，抽奖可以有各种形式。

⑤现场演示

企业派促销员在销售现场演示本企业的产品，向消费者介绍产品的特点、用途和使用方法等。

⑥联合推广

企业与零售商联合促销，将一些能显示企业优势和特征的产品在商场集中陈列，边展销边销售。

⑦参与促销

通过消费者参与各种促销活动，如技能竞赛、知识比赛等活动，能获

取企业的奖励。

⑧会议促销

展销会、博览会、业务洽谈会期间的各种现场产品介绍、推广和销售活动。

2）面向中间商的营业推广方式

①批发回扣

企业为争取批发商或零售商多购进自己的产品，在某一时期内给经销本企业产品的批发商或零售商加大回扣比例。

②推广津贴

企业为促使中间商购进企业产品并帮助企业推销产品，可以支付给中间商一定的推广津贴。

③销售竞赛

根据各个中间商销售本企业产品的实绩，分别给优胜者以不同的奖励，如现金奖、实物奖、免费旅游、度假奖等，以起到激励的作用。

④扶持零售商

生产商对零售商专柜的装潢予以资助，提供POP广告，以强化零售网络，促使销售额增加；可派遣厂方信息员或代培销售人员。生产商这样做的目的是提高中间商推销本企业产品的积极性和能力。

3）面对内部员工的营业推广方式

主要是针对企业内部的销售人员，鼓励他们热情推销产品或处理某些老产品，或促使他们积极开拓新市场。一般可采用方法有：销售竞赛、免费提供人员培训、技术指导等形式。

4. 公共促销策略

公共促销并不是推销某个具体的产品，而是利用公共关系，把企业的经营目标、经营理念、政策措施等传递给社会公众，使公众对企业有充分了解；对内协调各部门的关系，对外密切企业与公众的关系，扩大企业的知名度、信誉度、美誉度。为企业营造一个和谐、亲善、友好的营销环境，从而间接地促进产品销售。

中小型企业由于自身资源不足及管理相对不规范等多种原因，在现代营销的学习和创新上往往落后于大型企业。如何在竞争惨烈的市场中提高

自己的营销管理能力，并持续推动企业的发展十分重要。

我国中小型企业的营销现状

1. 营销战略只是一种形式

许多民营企业即便制定了营销战略，也仅停留在喊口号的阶段，无法把其贯穿于自身经营活动，使营销战略成了装点门面的东西。由于战略迷失，许多企业在竞争过程中不断被动地调整自己的发展方向，白白浪费优势资源。

2. 先制造后销售

许多中小型企业在产品出厂时，连产品卖给谁都不清楚，就胡乱打广告。许多民营企业并不清楚自己的消费者在何处，更不清楚他们的喜好、消费能力、年龄、性别、社会定位等方面的内容。

3. 营销＝广告+促销

大量广告漫无方向地投放及大量买赠促销过后，销量仍然不尽如人意。经销商开始提出退货，销售精英纷纷流失，产品大量积压面临过期，民营企业再次陷入迷茫。难道是产品价格太贵了？产品质量不好？始终找不到问题的答案。

4. 盲目跟风

许多企业一看竞争对手在电视上打广告，就迅速跟进。对手聘请了空降兵团，自己也毫不示弱地招兵买马。盲目照搬其他公司（特别是竞争公司）的经验往往给自己带来巨大损失。

我国中小型企业营销管理问题分析

1. 营销战略不科学

营销战略是指在 SWOT 分析基础之上，找出最适合自己的长期发展方向的战略，它集中了企业最核心的竞争力。中小型企业常在以下几个方面出现战略问题。

（1）企业经营管理者的经营思想落后

一些企业领导人市场经济意识较差,市场营销不被他们认识和接受,或被他们错误地等同于推销或销售。

(2) 市场营销人员素质低

不少企业特别是中小企业的市场营销人员属于"半路出家",没有经过专业培训,也没有系统地读过市场营销方面的专业书籍,对市场经济理论知识掌握不够。

(3) 市场营销目标低、眼光浅

有些企业开展市场营销所涉及的范围狭小,对打破市场分割、开拓新的市场缺少勇气和谋略,甚至一筹莫展。有些企业缺乏产品创新精神和扩大经营范围的开拓精神,满足于扩大企业现有产品的生产和销售,或将企业的产品限制在特定的行业中,不向相关的领域进行渗透和开拓,更没有生产一批、开发一批、研制一批的战略眼光。

(4) 营销战略缺乏科学性

许多企业也认识到营销战略的重要,但缺乏科学的策划和决策,也不做科学的市场预测和可行性分析,只凭某种经验、感觉来判断,匆忙做出决定,结果造成战略上重大失误,使企业陷入困境。

2. 缺乏适销对路的产品

企业缺乏适销对路的产品。营销就是满足消费者需求的过程,它起始于市场需要,满足了市场需要也就是适销对路。中国已经由卖方市场转变成买方市场,现代营销必须以消费者为中心,产品设计之前就必须对其进行充分研究和分析,并且要把差异化、竞争策略、市场细化、定位等观念融会到从产品设计、定价、广告、促销到终端销售的每一个环节。

3. 对营销的含义理解有误

营销是管理者围绕顾客的需求,运用管理职能追求实现双赢式交换的一系列活动。营销是一套"组合拳",不是靠一两招就能赢得胜利。只有以消费者为中心的营销策略贯穿于每一个营销环节并有效整合,才能发挥出系统的力量,而不仅仅是广告加促销。

4. 市场定位与目标市场不明确

因为不同企业的外部环境、内部资源、管理水准、企业文化、人员素质等不尽相同,机械照搬其他企业的战略,没有原来的环境,自然结不出

胜利的果实。因此，中小型企业在借鉴其他公司营销方法时，要深挖其中的精髓，再结合自身条件制订出适合自己的方案。

中小型企业营销管理的建议

现代营销是体系营销，既需要理论的登高望远，也需要沙场实战的灵活变通。因此，中小型企业要想突破困局，就必须在营销的各个环节下足功夫，用"营"、用"销"、用"运"的系统力量来推动市场的发展。

1. 建好一支队伍

管理，就是管人理事，用人成事。要把企业经营好，营销管理好，关键就是要有一支过硬的队伍。而且也只有拥有了一支具有高素质、专业化、有凝聚力的队伍，才有可能做好营销的"营"——把市场分析透，把产品定位准，把策略制定全；也才可能做好营销的"销"和后勤的"运"，让整个体系顺畅地流转起来。

对于如何建设好一支营销队伍，主要从以下几方面开展。

（1）树立正确的人才理念

必须改变人力资源是成本的思想，而要把人才当成是重要的稀缺资源来对待。不能"用时招来，不用时踢开"，这种想法就算可以找到人，也是见钱眼开的匆匆过客，一点忠诚都没有。

（2）严把源头，选好人

古语说"志同道合者成大业"，志是志向，道是理念，用现在的时髦话来讲就是价值观。所以在选人上，一定要注重对方对企业文化的认同感，只有价值观一致了，才可以并肩作战。

（3）注重培训和开发

"玉不琢，不成器"，任何人才都需要培养和教育，对选好的人员进行培训，一方面可以提高他们的素质，让执行更彻底，更到位；另一方面通过培训还可以增加队伍的归属感和凝聚力。

（4）加强激励和考核

现代人力资源学研究证明，人在没有激励的情况下只能发挥30%左右的潜能，而一旦得到激励则可以发挥到80%以上。这也充分说明，领导的有效激励可以提高整支队伍的战斗力。当然，进行科学的考核和有限度的调整，也是保持团队活力的重要手段。

2. "营"好一组产品

在产品营销阶段，企业可以只管生产，把产品质量把握好就行了。但进入了体系营销阶段后，生产质量则仅仅是基础的基础，更关键是把目标消费者真正需要的东西做好并让他满意。这也就要求企业必须对产品进行规划、设计，让每个产品都对合适的人产生合适的吸引力，具体可以按以下步骤开展。

第一，根据产品的市场竞争力、市场需求潜力和产品对企业的销量贡献率、利润贡献率四大指标，把企业的产品进行分类，确定什么是公鸡型产品（利润薄，但销量贡献大，名声响），什么是母鸡型产品（利润丰厚，有一定的竞争力，但市场规模小，不会叫），什么是金鸡型产品（利润大，市场规模大，竞争力强），什么是小鸡型产品（利润小，规模小，还有待考证）。

第二，根据不同型产品确定不同的战略，即是维持？是强化？还是放弃？并确定主打产品，辅助产品。然后再根据战略制定相匹配的资源，确保要做大的有做大的资源，要放弃的就有放弃的做法，让整个产品组合形成一个完整的整体。

第三，对选定的具体产品进行详尽的营销设计，每个产品都要根据细分市场的消费情况、竞争情况、渠道需求和自身的特点进行市场定位，然后确定竞争战略，到底是跟随还是挑战。最后再根据战略制定完整的营销组合策略，也就是4P。

只有经过了以上三步骤，企业的产品才是做好了"营"的工作。

3. 理好一份计划

一份好计划主要是指销售和促销计划。很多企业在年末制定下一年目标的时候，踌躇满志，信心十足，可是一到年初要真枪实干的时候却又犯愁——不知如何实现那个令人心跳的目标。这关键就是缺乏一份严密的可以执行的计划。写好一份计划关键要做好以下几个步骤。

（1）制定好销售战略

也就是根据各区域市场的需求、竞争态势和企业的资源状况，明确企业什么时间在什么地方开展什么业务（销售什么产品）。很多企业在销售的时候，全国四处开花，追求"东方不亮西方亮"。结果由于架子拉得太大，

资源跟不上，管理跟不上，最后哪里都没亮，所以销售战略的明确至关重要。

（2）在制定好销售战略后，依战略将销售目标按产品、区域、时间进行层层分解，越翔实越好

产品方面除了按产品群分，还要细分到具体每个产品；区域方面从全国分解到大区，到省，再到市，最好是分解到客户和每个终端点；时间方面则从全年到季度，再到月份，最好到周和天。通过这样层层分解，让总目标有了更多分目标的支持。

（3）在明确了任务以后，就可以根据市场与任务来确定需要做多少促销活动，做什么促销活动，同时也可以计算出费用预算

4. 定好一套制度

当营销队伍拿着产品在按计划开展业务时，剩余的工作就是日常的后勤运营和支持。在全年的运作当中，有许多事情是在计划之外的突发事件，需要灵活处理。但大多数事情是不断重复的日常管理，因此需要通过制度、流程来规范化。就目前中小型企业营销的实际需要来看，主要需要在客户管理、促销管理、报表管理、会议管理、费用管理、办事处管理、货款票管理七大方面做好规范，做到"有法可依"，通过制度的力量来运作整个营销体系。

第六章

企业战略定位

战略定位是企业基于长远发展的需要,在综合分析外部环境和机遇与内部资源能力的基础上确定企业的经营重心,规划企业的总体行动,追求企业的总体效果。它所确定的目标和发展方向是一种原则性和总体性的规定,是对企业未来的总体谋划。

企业战略定位概述

战略定位理论的发展过程

定位原本是市场营销学中的一个概念,最早出现在 1972 年艾尔·里斯和杰克·特劳特联合发表在美国《广告时代》上的文章《定位时代》。文章发表后,产品定位、市场定位、品牌定位、文化定位相继成为企业经营的热点问题。

从战略角度研究定位问题的代表人物是美国哈佛商学院的迈克尔·波特。20 世纪 80 年代,以波特为代表的定位学派曾经是企业战略理论的主流观点。波特在理论界和企业界的研究与实践基础上,提出分析产业结构和竞争对手的理论与方法,形成了著名的定位学派。波特认为,战略定位是企业竞争战略的核心内容,形成竞争战略的实质就是要在企业与其环境之间建立联系。尽管企业环境的范围广泛,包含着社会的、政治的、经济的、历史的、文化的因素,但企业环境的最为关键的部分就是企业投入竞争的一个或几个产业,产业结构强烈地影响着市场竞争规则的建立以及企业竞争战略的选择。因此,一个企业的战略目标就在于使企业在产业内部获得最佳位置,并通过影响和作用于各种市场竞争力量来保护这一位置。

1991 年,波特深入阐述了战略定位之于企业竞争制胜的重要性。他认为,企业战略的目标是为了企业获得成功,成功取决于企业是否有一个有价值的相对竞争地位,而有价值的相对竞争地位来源于企业相对于竞争对手的持续竞争优势,竞争优势有成本优势和特色优势两种基本类型,选择何种优势类型是企业战略定位的一个重要内容。

杰克·特劳特是定位之父,被摩根士丹利推崇为高于迈克尔·波特的战略家。杰克·特劳特是全球最顶尖的营销战略家,也是美国特劳特咨询公司总裁。他于 1969 年以《定位:同质化时代的竞争之道》论文首次提出了商业中的"定位"(Positioning)观念,1972 年以《定位时代》论文开创了定位理论,1981 年出版学术专著《定位》。1996 年,他推出定位论落定

之作《新定位》。

2001年，定位理论压倒菲利普·科特勒、迈克尔·波特，被美国营销协会评为"有史以来对美国营销影响最大的观念"。商业中的战略概念源自军事领域，本义是"驱动军队抵达决战地点"。杰克·特劳特根据军事中"选择决战地点"的概念提出定位观念，用以界定企业经营要创造的外部成果，企业内部运营规划相应成为"如何驱动军队抵达"去创建定位。具体而言，是指企业必须在外部市场竞争中界定能被顾客心智接受的定位，回过头来引领内部运营，才能使企业产生的成果（产品和服务）被顾客接受而转化为业绩。

随着商业竞争日益兴起，先在外部竞争中确立价值独特的定位，再引入企业内部作为战略核心，形成独具的运营活动系统，成为企业经营成功的关键。定位选择不仅决定企业将开展哪些运营活动、如何配置各项活动，而且还决定各项活动之间如何关联，形成战略配称。

伴随商业界运营效益的普遍提升和最佳实践的日趋通用，战略定位日益成为企业创造竞争优势的要求，有别于传统的"管理咨询"，杰克·特劳特创建特劳特伙伴公司，开创了"战略定位咨询"。

杰克·特劳特现任特劳特伙伴公司总裁。特劳特伙伴公司，是当今世界上最为著名的营销咨询公司之一，总部设在美国康涅狄格州的老格林威治区，在14个国家设有分部。特劳特伙伴的全球专家网络，运用特劳特先生的理论为企业把脉咨询，同时也对这一理念进行发展，特劳特先生则对这个网络进行着监控和管理。特劳特伙伴服务的客户有：

汉堡王、美林、施乐、默克、莲花、爱立信、惠普、宝洁、西南航空和其他财富500强企业。

另外，企业竞争优势必然要涉及竞争范围（包括产品、顾客、区域等），因此，竞争范围的选择也就成为企业战略定位的一个重要内容。企业在追求几种优势类型或不同竞争范围的时候，通常可能存在逻辑上的冲突，因而战略定位就成为企业竞争战略的核心内容。

波特针对理论界和企业界存在的关于战略定位的种种认识误区作了深刻的分析，进一步丰富和发展了企业战略定位的理论与方法。他明确指出，战略定位的目的首先在于创造一个独特的、有价值的、涉及不同系列经营

活动的地位。从本质上讲，战略定位就是选择与竞争对手不同的经营活动或以不同的方式完成类似的经营活动等。在同一产业中，战略定位，相对于竞争对手的战略和结构上的差异，往往是企业持续竞争优势和超额利润回报的重要来源。

总之，波特的战略定位理论与方法的本质在于，在企业经营环境约束条件下，寻找和确定适合企业生存与发展的理想位置。从这个意义上说，战略定位起源于安德鲁斯的研究。1971年，安德鲁斯在《公司战略概念》一书中所提出的战略理论及其分析框架一直被视为现代企业竞争战略理论研究的起点。在安德鲁斯的SWOT分析框架中，S是指企业的强项，W是指企业的弱项，O是指环境提供的机会，T是指环境造成的威胁。按照古典战略理论的完整概念，战略应该是一个企业"能够做的"和"可能做的"两个维度之间的有机匹配。其中，企业"能够做的"取决于组织的强项与弱项，"可能做的"取决于环境的机会与威胁。

后来，明茨伯格在回答"什么是企业战略"的问题时这样认为，简单地说，它可以包括产品及过程、顾客与市场、企业的社会责任与自我利益等任何经营活动和行为。不过，最重要的是，战略应该是一种定位，是一个组织在自身环境中所处的位置。对企业来讲，就是确定自己在市场中的位置。定位，实际上成为企业与环境之间的一种中坚力量，使得企业的内部条件与外部环境实现匹配。"战略是一种定位"这一观点就是要把企业的重要资源集中到相应地方，形成一个由产品和市场构成的"生长圈"。

回顾企业战略理论发展过程就会发现，从19世纪70年代以来到现在，企业战略定位理论研究方法实际上都是围绕着安德鲁斯的分析框架进行的，只不过在不同的时期有着不同的表现形式而已。而且，这一研究重点的变化经历了一个循环的过程，即从内外匹配到企业外部再到企业内部。如果把现有企业战略定位理论与方法的内涵界定为解决企业"能够做的"和"可能做的"这两个维度之间的匹配问题，那么，归纳一下企业战略定位理论的发展逻辑，可以发现，企业战略定位的理论与方法不外乎以下三种思维模式，即内外匹配式、由外而内式和由内而外式。三种思维模式对企业战略定位理论的发展一直发挥着重要作用，只不过在不同的阶段有着不同的影响程度而已。

从企业战略定位理论的发展过程来看，企业战略定位的思维基点一直是在"内外匹配—外部环境—内部条件"的框架内转换，呈现出一种连续的、循环的演变趋势，如图6-1所示。

从图6-1可以看出，企业战略定位的思维基点随着企业经营环境的变化以及企业战略理论的发展而不断变化，这在一定程度上反映了企业在战略定位过程中对自身内部条件以及外部环境因素的认知水平的变化。特别是当企业战略定位理论与方法不能有效解释和解决企业经营过程中的实际问题时，企业战略定位理论往往就尝试从另外一个角度探求答案。需要说明的是，企业战略定位思维基点的转移只是表明了某一思维模式在某一时期占有一定程度的主导地位，并不表明其他战略定位思维模式就不存在。事实上，三种战略定位思维模式一直是同时存在、互相影响、共同发展的。

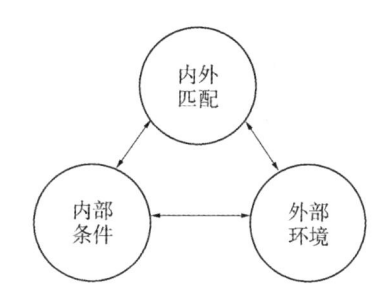

图6-1 企业战略定位思维基点动态演变示意图

战略定位与战略

在发表于《哈佛商业评论》上的《什么是战略》的文章中，波特把战略分为三个层次：第一是定位（战略就是创造一种独特、有利的定位，涉及各种不同的运营活动）；第二是取舍（战略就是在竞争中做出取舍，其实质就是选择不做哪些事情）；第三是配称（在企业的各项运营活动之间建立一种配称）。

所以这个层次上的定位，就是竞争空间的选择，以及如何在一个竞争空间中通过优化价值链产生竞争优势。如波特在《什么是战略》中选择的西南航空公司，其定位主要是选择美国短线航空市场，取舍就是确定一种基本战略（低成本或者差异化），在基本战略的指导下对有关的运行流程、活动确定做什么、不做什么，以支持基本战略，如西南航空公司选择低成

本战略,所以去掉了送餐、送票、订票代理等项目。"配称"就是对各项活动之间的配合不断优化,持续改进,从而发挥协同效应,起到1+1>2的作用,产生对手无法模仿的持续竞争优势。

波特是当今全球第一战略权威,被誉为"竞争战略之父",是现代最伟大的商业思想家之一。波特毕业于普林斯顿大学,后获哈佛大学商业经济学博士学位,并获得斯德哥尔摩经济学院等7所著名大学的荣誉博士学位。2000年12月,迈克尔·波特获得哈佛大学最高荣誉"大学教授"资格,成为哈佛大学商学院第四位得到这份"镇校之宝"殊荣的教授。如果说彼得·德鲁克是管理学思想的智慧型天才,那么,迈克尔·波特可能就是最具影响力的思想家。在2002年5月埃森哲公司对当代最顶尖的50位管理学者的排名中,迈克尔·波特位居第一。作为最受推崇的商学大师之一,波特教授撰写过16部书及100多篇文章。他提出的"竞争五力模型""三种竞争战略"在全球被广为接受和实践,其竞争战略思想是哈佛商学院的必修的科目课之一。波特教授的书籍风靡全球,被翻译成中文并在中国国内大量发行的主要著作有《竞争优势》《竞争战略》《竞争论》《国家竞争优势》《日本还有竞争力吗》等。

波特教授不仅担任杜邦、宝洁、壳牌、台湾积体电路制造股份有限公司等著名跨国公司的顾问,也在政府和国际组织的政策制定中扮演着重要角色。1983年,他曾应邀出任美国里根总统的产业竞争委员会主席一职,帮助引发了1980年美国乃至世界的有关竞争力初始工作,带动了当时美国经济的复苏。自1998年开始,波特还担任世界经济论坛《全球竞争力报告》项目的主席一职。

波特毕生获得过无数奖项,他因对工业组织的研究而荣获哈佛大学的"大卫·威尔兹经济学奖";波特在《哈佛管理评论》上的论述,已经五度获得"麦肯锡奖";1990年,他的著作《国家竞争优势》一书被美国《商业周刊》选为年度最佳商业书籍;1991年,美国市场协会给波特颁发"市场战略奖";1993年,管理学院推选波特为杰出商业战略教育家;1997年,美国国家经济学人协会将"亚当·斯密奖"授予波特,以表彰他在经济领域所取得的卓越成就。此外,波特还获得"格雷厄姆·都德奖""查尔斯·库利奇·巴凌奖"等众多杰出奖项。

从企业战略管理的过程来看，企业战略定位处于制定企业战略这一环节的最前端，因此，一个好的战略定位是企业战略管理成功的开端，可以说，它是企业战略管理的基础和前提。

1. 企业战略定位是企业战略管理的方向和目标

明确企业的战略定位将有利于企业战略管理，同时，企业的战略定位还为企业管理者在企业决策过程中提供一个目标，使企业不至于在纷乱的市场中迷失自己。因此，企业需要理性地表达自己的发展方向和经营宗旨，即企业战略定位。如果企业在发展过程中放弃了自己的定位，那么企业的战略管理就会漫无目的，最终会使企业无所适从，一事无成。制定明确、符合企业实际情况的战略定位是保证企业可持续发展的需要。

2. 在动态的竞争环境中，企业战略定位是保持和增强企业竞争优势的要求

在动态竞争环境中，企业处于一个周期渐短的经济环境中，这要求企业强化战略定位，扎实企业战略管理的基础。目前，我国企业的竞争手段还十分低下，战略趋同严重，最常见的就是价格战和产品同化，这种策略不但压缩了行业利润，降低了企业产品创新能力，更可怕的是将行业的"蛋糕"越做越小，使得处于企业价值链中的所有企业受到伤害，恶化了企业的生存环境。在这种情况下，企业应当根据企业的核心能力和市场变化进行战略定位，推行差异化战略，避开战略趋同和恶性竞争，使自己在市场中能有独立的发展思路，减少短期环境变化对企业战略的影响，进而保持和提高企业的竞争优势。

3. 企业战略定位是企业发展的指南针

目前，经济环境的变化使我国许多企业面临着二次创业的问题。企业的二次创业要求企业重新审视自我，明确自己的战略定位，这是现阶段我国许多企业战略管理的重点。企业只有找准了方向，才能让企业最大限度地集中资源，高效利用资源，从重点突破，有所为有所不为，使企业在发展中不断突破。

企业战略定位的相关理论

企业战略定位理论学派

1. 两大学派

对企业战略的研究是从 20 世纪中期在欧美国家开始的。以 1977 年在美国匹兹堡大学的一次学术会议为标志,战略管理正式成为一门独立的学科。在企业战略理论发展的过程,由于研究的角度不同,产生了两个不同的学派:外部环境学派和内部资源学派。

(1) 外部环境学派(又称产业组织学派)

外部环境学派兴起于 20 世纪六七十年代,该学派的代表人物毫无疑问应该是哈佛大学教授迈克尔·波特,他的著作《竞争战略》和《竞争优势》成为企业制定战略的宝典,也是现代市场营销学的理论基础之一。

外部环境学派的基本观点如下:企业的外部环境(特别是行业和竞争环境)决定着企业能否赢得高额利润;企业的资源和能力优势不具有长久稳定性,其他企业通过模仿或购买,同样可以获得;外部环境是企业成功地制定战略的决定性因素;企业的内部资源和能力须服从于外部环境中存在的机会和威胁而进行调整。

根据上述基本观点,战略管理的首要任务是寻找并进入有吸引力的行业。迈克尔·波特提出的五力模型就是完成这一任务的分析工具。企业战略管理的另一个重要任务是如何在已经选择的行业中合理地定位。波特和他的同事们进而提出三种基本的战略定位模型:成本领先战略、差异化战略及目标集聚化战略。

(2) 内部资源学派

内部资源学派兴起于 20 世纪 80 年代以后,"核心能力"理论是这一学派的代表。内部资源学派的基本观点是:每个组织都是独特资源和能力的结合体。这种独特的资源和能力的集合是成功地制定战略的基础和出发点,也是利润的源泉;这种独特的资源和能力是伴随着组织的发展过程而积累

起来的，其他的组织难以通过模仿、购买之类的手段而获得，除非重复其发展过程——这也是不可能的；并不是公司所有的资源和能力都有潜力成为持续竞争优势的基础，只有当资源和能力是珍贵的、稀有的、不完全可模仿的和不可替代的，这种潜力才能变成现实；当公司的资源和能力能增加公司的外部环境机会或减少威胁时，这种资源（包括能力）才是有价值的。

从内部资源学派的基本观点出发。我们可得出如下结论：第一，对于外部环境中所存在的诸多机会，公司只应精心选择少数几个能够充分发挥其资源和能力优势的机会。第二，如果公司能够预见到未来较长时间会出现的机会，那么，公司现在要做的是学习积累和培养相关的资源和能力。第三，虽然公司也要重视克服自身的弱点，但更重要的是公司应该更专注于培养、强化以及发挥自身的优势能力。也就是说，公司应该做自己最擅长的业务，而把自己不擅长的业务让给更擅长的人去做。

2. 两大学派的比较分析

比较上述两大学派的基本观点，它们的根本分歧在于战略的基本着眼点和出发点不同。

外部环境学派以环境分析为着眼点，认为公司应在外部环境限制的框架内制定自己的战略，而且认为战略的根本任务是"定位"。

内部资源学派以企业自身拥有的独特资源和能力作为制定战略的出发点，认为战略的根本任务之一是界定企业已拥有的资源和能力，充分开发和培养新的有关未来外部环境机会的资源和能力。战略所要回答的问题是：现在我们能做什么，将来我们应该能做什么，以及我做什么会做得最出色。

企业战略定位的不同层次

企业战略定位是具有层次性的，由高到包含总体战略定位，经营战略定位和营销战略定位，其中营销战略定位可分为市场战略定位和产品战略定位。最高层次的定位是确定企业未来的发展方向，确定企业所要从事的行业；第二层次的定位是要确定企业在其所进入的某一行业或细分行业中占据什么样的位置以有效与对手展开竞争；最低层次的定位则是与对手在争夺同种产品市场份额的短兵相接中利用产品与品牌传播手段在消费者心

灵中占据某一特殊位置。其中，最高层次的定位将最终决定较低层次的定位。然而，当较低层次的定位发展到一定程度时，其也将会影响较高层次的定位，如图6-2所示。

总体战略定位是企业基于长远发展的需要，在综合分析外部环境和机遇与内部资源能力的基础上确定企业的经营重心，规划企业的总体行动，追求企业的总体效果。它所确定的目标和发展方向是一种原则性和总体性的规定，是对企业未来的总体谋划。当内外环境发生重大变化时，企业会在慎重思考的基础上对总体战略定位进行调整，如改变服务对象，或者从原来的行业转变到新的行业，以及转变企业原来的资源投向，形成新的经营模式。

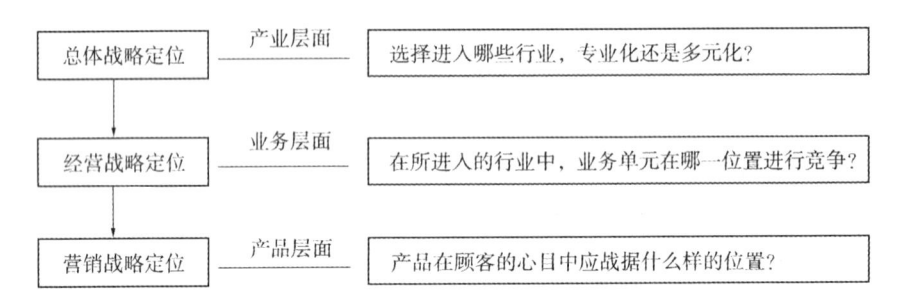

```
总体战略定位 ──产业层面── 选择进入哪些行业，专业化还是多元化？
     ↓
经营战略定位 ──业务层面── 在所进入的行业中，业务单元在哪一位置进行竞争？
     ↓
营销战略定位 ──产品层面── 产品在顾客的心目中应战据什么样的位置？
```

图6-2　企业战略定位的层次

企业经营战略定位是指企业的某一战略业务单元（SBU）在其所进入的行业或细分行业内确立其市场地位和发展态势，主要解决如何在市场上与竞争对手展开竞争，资源如何分配等问题。

菲利普·科特勒认为营销战略定位就是对公司的产品进行设计，从而使其能在目标顾客心目中占有一个独特的、有价值的位置的行动。营销战略定位是在目标市场消费者的心目中为企业的产品寻找一个独一无二的位置，以实现企业的销售目标。营销战略往往是其战略的核心内容。对营销战略定位就是以理性、科学的管理来把握需求差异巨大而且多变的市场，在激烈的竞争中保持持久的竞争优势。在静态条件下，企业通过成本领先、产品差异化等手段建立的竞争优势可以保持相对较长的时间；而在动态不确定环境下，任何竞争优势都是短暂的，因为对手可以模仿、学习获得同样的能力；或者干脆试图改变规则来"破坏"平衡。因此动态条件下的竞

争模式是通过获取短暂优势来建立持久优势的。动态的市场环境要求企业对市场必须"高瞻远瞩",在进行营销战略定位时要关注每一个环节。

企业战略定位流程

根据企业战略定位的流程图,如图6-3所示,可以清楚地看到战略定位处于制定企业战略这一环节的最前端,企业战略定位的制定包括诊断,战略定位及战略的形成,执行和评估几个环节。

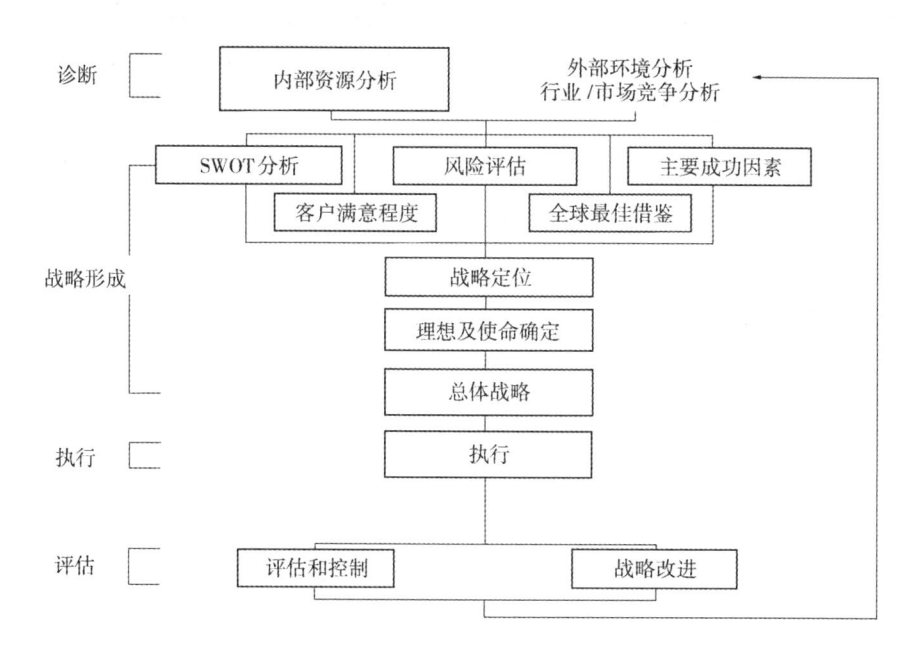

```
诊断      内部资源分析        外部环境分析
                              行业/市场竞争分析

          SWOT分析    风险评估    主要成功因素
                  客户满意程度   全球最佳借鉴

战略形成           战略定位
                理想及使命确定
                   总体战略

执行               执行

评估        评估和控制      战略改进
```

图6-3　企业战略定位流程图

1. 诊断

诊断是对企业所处的外部环境和所拥有的内部资源做一个完整地分析,进而发现外部环境所能提供给企业的发展机会以及可能面临的威胁和企业自身所拥有的优势和劣势。诊断是战略定位形成的关键步骤。

(1) 内部资源分析

对企业内部资源的分析,包括对企业现有的经营状况,如企业的业绩、产品开发和营销、财务、人员、技术、管理能力以及各种资源等的分析,其目的是要明确企业的优势及劣势。为企业在未来的发展中如何扬长避短指明了战略方向。内部资源的主要分析方法有:内部因素评价矩阵和柔性

分析。

外部环境分析是指详细分析影响企业生存和发展的各种外界因素。它包括宏观环境、产业环境和微观环境。宏观环境一般指国家的政治、法律、经济、社会文化、科学技术等因素。主要分析这些宏观因素对企业经营的影响和企业长远目标的影响。产业环境是指企业所从事的产业中对企业的经营有重要影响作用的各种因素，如产业结构、产业发展趋势、市场竞争格局、市场供求状况、产业政策等。主要目的在于考察企业的市场定位等，从而为确定企业经营的方向和思想、提出经营目标打下基础。微观环境是指和企业关系密切、影响直接的外界环境因素，如竞争者、消费者、替代者、供给者、潜在进入者、互补者等，主要分析企业直接面临的竞争环境。外部环境的主要分析方法有：PEST分析、波特五力模型、外部因素评价矩阵和竞争态势矩阵（CPM矩阵）。

2. 战略及战略定位的形成

经过对企业所处的外部环境和拥有的内部资源的分析，便可以根据分析结果决定企业应该采取的战略定位和战略。

3. 执行

在战略定位和战略的指导下，企业制定和执行相应的经营战略定位和经营战略，营销战略定位和营销战略及其所包含的市场战略定位和市场战略，产品战略定位和产品战略。所有这些战略定位及战略都以企业总体战略定位和战略为中心，系统地、有效地渗透到企业经营的各个方面。在执行的过程中要避免受到其他利益的诱惑而导致的战略定位和战略偏离，保持战略定位不折不扣地实施。

4. 评估

即在执行的过程中不断评估当前制定并且执行的战略定位是否符合企业长远的发展。不断分析企业外部环境发生的变化和内部资源优劣势的更替，对战略定位做出适当的、慎重的调整，不断优化企业战略定位，使之更适合企业的发展。但是在这个过程中，应避免经常性地对战略定位进行大范围的变更。企业应该以科学的方法分析企业发展的战略定位，找到适合自己发展的道路，不能盲目跟随别人来改变本企业的战略定位。这样盲目改变战略定位在短期内无法评估其长期效应，很可能造成企业经营的

混乱。

企业使命是企业经营者确定的企业生产经营的总方向、总目标、总特征和总的指导思想。简单地理解，企业使命应该包含以下的含义。

（1）企业的使命实际上就是企业存在的原因或者理由

也就是说，是企业生存的目的定位。不论这种原因或者理由是"提供某种产品或者服务"，还是"满足某种需要"或者"承担某个不可或缺的责任"，如果一个企业找不到合理的原因或者存在的原因连自己都不明确，或者连自己都不能有效说服，企业的经营问题就大了，也许可以说这个企业"已经没有存在的必要了"。就像人一样，经常问问自己"我为什么活着"的道理一样，企业的经营者们更应该了然于胸。

（2）企业使命是企业生产经营的哲学定位，也就是经营观念

企业确定的使命为企业确立了一个经营的基本指导思想、原则、方向、经营哲学等，它不是企业具体的战略目标，或者是抽象的存在，不一定表述为文字，但影响经营者的决策和思维。这中间包含了企业经营的哲学定位、价值观凸现以及企业的形象定位：我们经营的指导思想是什么，我们如何认识我们的事业，我们如何看待和评价市场、顾客、员工、伙伴和对手，等等。

（3）企业使命是企业生产经营的形象定位

它反映了企业试图为自己树立的形象，诸如"我们是一个愿意承担责任的企业""我们是一个健康成长的企业""我们是一个在技术上卓有成就的企业"，等等，在明确的形象定位指导下，企业的经营活动就会始终向公众昭示这一点，而不会"朝三暮四"。

营销战略定位

营销战略定位是指企业在全面地了解、分析目标消费者、供应商的需求信息以及竞争者在目标市场上的位置后，确定自己的产品在市场上的位置及如何接近顾客的营销活动。营销战略定位的对象是消费者的需求。由

于需求是一种心理活动，因此，在西方有人称营销定位是针对消费者的"抓心策略"。营销战略定位依据需求的层次性，通常分为市场战略定位和产品战略定位。

营销战略定位模式

1. 统一战略定位模式

统一定位模式是不对市场进行细分，而把整个公众都当作目标市场来推进营销的一种定位方式。这种模式的显著特点是它的经济性。因为它对所有市场都采用统一的营销宣传策略，从而节约了大量的市场调研费用、管理费用和营销费用。但它与当前的个性化时代相背离。社会发展到今天，人们已经追求富于个性化的生活，在这种情况下，企业只有以多品种、小批量、少库存、快反应求得产品、质量和作业方式的改进，充分反映并满足用户需求。另外，强烈的竞争会使企业利润减少。

2. 集中战略定位模式

集中定位模式是针对某一特定的细分市场开发生产特定产品，制定特定营销方案的一种市场定位方式。这种定位模式具有两个优势：首先，减少了竞争力。企业新开拓或新进入一个细分化的市场，回避了大量的竞争对手，又因企业资源的相对集中，使本企业具有了强大的竞争力。此后可以凭借高利润来增强企业实力，从而发展企业又进入新的市场。其次，可节省资源。采用集中定位模式，市场较为单一，因此产品种类少，不同产品之间差异小，这不仅可以节省开发费、生产费，而且可以节省设备投入费。在营销上因市场集中，也可以减少营销费用，降低营销资源浪费。但此模式市场开辟风险大。当企业确定了某一细分市场作为企业的定位市场时，就要系统地开发这一市场。该市场可能从未启动过，企业新建或进入该市场能否成功，能否获益是个未知数。如果企业启动成功，该企业可以独自进入，趁竞争者尚未闻风而至时，大获其利。一旦启动失败，企业很可能陷入万劫之地。此外，市场维系风险大。企业定位市场已经完全启动，但这个市场能否维系是具有风险的。因为集中定位的市场一般都是较窄的市场空当，容易变更。如果企业刚进入该市场就风云突变，企业尚未获利便须改变产品方向，损失肯定是惨重的。

3. 差异战略定位模式

差异定位模式是企业针对两个和两个以上的细分市场，分别设计不同的产品和营销方案来占领市场的定位模式。它具有两大优势：一是增加销售总额。一个企业经营多个产品，每个产品在各自的细分市场占据着一定的份额，将这些份额总和，就可以构成可观的销售规模。二是可化解经营风险。市场在不断变化，风险时刻与企业相伴。采用差异定位模式，在许多细分市场进行营销操作，一旦某一细分市场出现问题，其他市场可以为之解危，企业损失尚可弥补。但这种模式增加了经营成本。产品改进成本、产品开发成本、营销成本、存货成本均要增加；同时，由于小市场具有不稳定性，而且市场深度往往不够，因此，市场脆弱。

营销战略定位策略

1. 树立领导者地位

一般讲，最先进入人脑的品牌，有很多优势。平均而言，比第二的品牌在市场占有率方面要多一倍。而第二的品牌比第三的又会多一倍。而且这种关系在没有重大原因的条件下很不容易变。消费者会买他们最先认识的商品，并在下次继续买同一品牌。商店会首先向领导者品牌进货。IBM公司比最著名的制造复印机的企诺的科技、人力及财力等资源方面要雄厚得多。但IBM公司生产复印机与企诺比，只是小巫见大巫。

获得领导者地位的主要问题是能率先进入的心智。而保持这一位置的有效办法是不断加强最初的观念。如可口可乐的典型广告"只有可口可乐，才是真正的可乐"。在这种宣传下，其他同类商品只是"模仿"真正的可乐，而可口可乐是衡量其他的标准。

要保持"领导者"的位置，必须下"全部赌注"。任何"领导者"都不要产生这样的错觉，即我已在某类产品中占了领导者位置，我一定能在其他领域取得这样的地位。这实际上是风马牛不相及的事情，上面所谈到的IBM在其他领域的失败就是一个例子。

如果领导者推出新产品，不应使新产品影响已有产品的领导地位，否则很可能产生"赔了夫人又折兵"的结果。新产品位置的确立要从头开始。

2. 跟进者的定位

一个市场已有"领导者"，就使后来（也许它的产品比领导者更早研

制，仅因为它进入消费者心智晚了一步，比如广告宣传的错误或晚了）的企业处在"跟进者"地位。跟进者的产品一般被认为（在消费者心目中）是模仿，即使这种产品也许"更好"。

所以跟进者如想在市场上站住脚，一般应重新寻找位置。只要某一个位置不是纯主观臆造，那么也可能获得成功。

金龟车是个典型例子。当所有汽车制造厂都在追求把小汽车设计得更长、更低、更好看的时候，金龟车显得又小又丑陋。若用传统方法推销，就会尽量缩小缺点去夸大优点。如把照片拍得更漂亮；去宣传金龟车特有的质量优点或其他。但金龟车却做了一个非常著名、非常成功的广告："想想还是小的好"（Think Small）。这一标题产生了两方面的作用，一是对所谓"要想更好则应更大"的看法表示不以为然；二是说明了金龟车的位置。在金龟车之前已有很多小型车，但金龟车却跃居"领导者"的位置。只要谈到小型车，人们首先想到的是金龟车。

3. 创建定位秩序

在市场经济发达的地区或国家，市场上每种产品都有成百上千，要去寻找一个"虚"位空隙是很不容易的。在比较稳定的市场上这种空隙是很少的，在发展中的市场上这种空隙的机会则会多一些。一个企业要在市场上站住脚，在很多情况下必须要把竞争者们已在人们心理上占据的位置重新定位，创造一个新秩序。

要想创造一个新秩序，必须先把旧的秩序搬出去才有可能。旧的秩序或观念一旦被推翻，建立一个新秩序或新观念就比较容易了。新观念或新秩序的建立是个冲突过程，冲突本身可能使一个企业一夜成名。

市场战略定位

市场战略定位概念

市场战略定位是指企业根据竞争者现有产品在市场上所处的位置，针对顾客对该类产品某些特征或属性的重视程度，为本企业产品塑造与众不

同的、给人印象鲜明的形象，并将这种形象生动地传递给顾客，从而使该产品在市场上确定适当的位置。

市场战略定位可分为对现有产品的再定位和对潜在产品的预定位。对现有产品的再定位可能导致产品名称、价格和包装的改变，但是这些外表变化的目的是为了保证产品在潜在消费者的心目中留下值得购买的形象。对潜在产品的预定位，要求营销者必须从零开始，使产品特色确实符合所选择的目标市场。公司在进行市场定位时，一方面要了解竞争对手的产品具有何种特色，另一方面要研究消费者对该产品的各种属性的重视程度，然后根据这两方面进行分析，再选定本公司产品的特色和独特形象。

市场战略定位步骤

市场战略定位的关键是企业要设法在自己的产品上找出比竞争者更具有竞争优势的特性。竞争优势一般有两种基本类型：一是价格竞争优势，就是在同样的条件下比竞争者定出更低的价格。这就要求企业采取一切努力来降低单位成本。二是偏好竞争优势，即能提供确定的特色来满足顾客的特定偏好。这就要求企业采取一切努力在产品特色上下功夫。因此，企业市场定位的全过程可以通过以下三大步骤来完成。

1. 分析目标市场的现状，确认本企业潜在的竞争优势

这一步骤的中心任务是要回答以下三个问题：一是竞争对手产品定位如何？二是目标市场上顾客欲望满足程度如何以及确实还需要什么？三是针对竞争者的市场定位和潜在顾客的真正需要的利益要求企业应该及能够做什么？要回答这三个问题，企业市场营销人员必须通过一切调研手段，系统地设计、搜索、分析并报告有关上述问题的资料和研究结果。通过回答上述三个问题，企业可以从中把握和确定自己的潜在竞争优势在哪里。

2. 准确选择竞争优势，对目标市场初步定位

竞争优势表明企业能够胜过竞争对手的能力。这种能力既可以是现有的，也可以是潜在的。选择竞争优势实际上就是一个企业与竞争者各方面实力相比较的过程。比较的指标应是一个完整的体系，只有这样，才能准确地选择相对竞争优势。通常的方法是分析、比较企业与竞争者在经营管理、技术开发、采购、生产、市场营销、财务和产品7个方面究竟哪些是强项，哪些是弱项。借此选出最适合本企业的优势项目，以初步确定企业在

目标市场上所处的位置。

3. 显示独特的竞争优势和重新定位

这一步骤的主要任务是企业要通过一系列的宣传促销活动，将其独特的竞争优势准确传播给潜在顾客，并在顾客心目中留下深刻印象。为此，企业首先应使目标顾客了解、知道、熟悉、认同、喜欢和偏爱本企业的市场定位，在顾客心目中建立与该定位相一致的形象。其次，企业通过各种努力强化目标顾客形象，保持目标顾客的了解，稳定目标顾客的态度和加深目标顾客的感情来巩固与市场相一致的形象。最后，企业应注意目标顾客对其市场定位理解出现的偏差或由于企业市场定位宣传上的失误而造成的目标顾客模糊、混乱和误会，及时纠正与市场定位不一致的形象。企业的产品在市场上定位即使很恰当，但在下列情况下，还应考虑重新定位：竞争者推出的新产品定位于本企业产品附近，侵占了本企业产品的部分市场，使本企业产品的市场占有率下降；消费者的需求或偏好发生了变化，使本企业产品销售量骤减。

重新定位是指企业为已在某市场销售的产品重新确定某种形象，以改变消费者原有的认识，争取有利的市场地位的活动。如某日化厂生产婴儿洗发剂，以强调该洗发剂不刺激眼睛来吸引有婴儿的家庭。但随着出生率的下降，销售量减少。为了增加销售，该企业将产品重新定位，强调使用该洗发剂能使头发松软有光泽，以吸引更多、更广泛的购买者。重新定位对于企业适应市场环境、调整市场营销战略是必不可少的，可以视为企业的战略转移。

市场战略定位策略

1. 避强定位策略

避强定位策略是指企业力图避免与实力最强的或较强的其他企业直接发生竞争，而将自己的产品定位于另一市场区域内，使自己的产品在某些特征或属性方面与最强或较强的对手有比较显著的区别。

2. 迎头定位策略

迎头定位策略是指企业根据自身的实力，为占据较佳的市场位置，不惜与市场上占支配地位的、实力最强或较强的竞争对手发生正面竞争，而使自己的产品进入与对手相同的市场位置。

3. 创新定位策略

创新定位策略是指寻找新的尚未被占领但有潜在市场需求的位置，填补市场上的空缺，生产市场上没有的、具备某种特色的产品。如日本的索尼公司的索尼随身听等一批新产品正是填补了市场上迷你电子产品的空缺，并进行不断的创新，使得索尼公司即使在二战时期也能迅速地发展，一跃而成为世界级的跨国公司。采用这种定位方式时，公司应明确创新定位所需的产品在技术上、经济上是否可行，有无足够的市场容量，能否为公司带来合理而持续的赢利。

4. 重新定位策略

重新定位策略是指公司在选定了市场定位目标后，如定位不准确或虽然开始定位得当，但市场情况发生变化时，如遇到竞争者定位与本公司接近，侵占了本公司部分市场，或由于某种原因消费者或用户的偏好发生变化，转移到竞争者方面时，就应考虑重新定位。重新定位是以退为进的策略，目的是为了实施更有效的定位。

产品战略定位

产品定位概念及内涵

产品战略定位是指公司为建立一种适合消费者心目中特定地位的产品，所采取进行的产品策略企划及营销组合之活动。产品战略定位需要解决的问题有：满足谁的需要，他们有些什么需要，我们提供的是否满足需要，需要与提供的独特结合点如何选择，这些需要如何有效实现，产品战略定位是营销战略定位中的最基本的形式。一般来说，产品定位包括：质量定位、功能定位、体积定位、色彩定位和价格定位。

1. 质量定位

质量是产品的主要衡量标准，质量的好坏直接影响到企业的产品在市场上的竞争力。因此企业在研发、生产产品时，应该根据市场需求的实际状况确定产品的质量水平。

一般的观点认为，产品质量越高越好，质量越高，价值就越高，但事实上，这种观点并不一定是正确的。一方面，质量的衡量标准是很难量化的，即使通过某些质量标准，如ISO质量系列的认证，说明你的产品质量比其他企业高，但在市场上，尤其消费者的认同并不一定与这些标准相符合，消费者对质量的认识往往有其个人的因素；另一方面，市场上并不一定都需要高质量的产品，在许多区域市场，尤其是发展中国家市场，消费者往往更青睐于质量在一定档次上，但价格更便宜的产品。

因此，企业在进行产品定位上应该能够正确认识质量的位置。消费者对于市场上产品质量的要求是怎样、消费者对质量的认识水平、市场上同类产品的质量标准等应该成为企业质量定位的重要考核因素。

2. 功能定位

市场竞争中，企业在比较同类产品的优劣时，往往提及性能价格比（性价比），性价比往往能够左右消费者做出购买决策。同时，性能也是考核产品的一个重要指标。从某种意义上说，性能指的是产品的功能。功能是产品的核心价值，功能定位直接影响产品最终使用价值。

影响企业产品的功能定位因素是多方面的，有企业自身实力因素，有市场需求因素，有地域市场因素，有消费者因素，等等。在进行功能定位过程中，企业要综合考虑这些因素，并且能够明确哪些因素是决定性因素。

功能定位一般分为单一功能定位和多功能定位。定位于单一功能，则造价低，成本少，但不能适应消费者多方面的需要；定位于多功能，则成本会相应地提高，然而能够满足顾客很多方面需要。同时，我们也能看到，不同的行业对于产品功能定位有着天壤之别，如房地产与服装的功能定位。房地产功能定位往往着重于绿色、人性化、科技化多方面等，而服装的功能定位往往比较单一。当然，产品功能定位策略除了根据企业自身的发展需要，还得切合市场的需求。

3. 体积定位

产品种类丰富以后，产品的体积大小问题也是企业在产品定位时考虑的热门问题。在这方面，电器设备、通信产品和计算机产品尤其明显，消费者越来越青睐质量相当，但体积更小的产品。正是在这种消费需求的影响下，超薄笔记本式计算机、掌中电脑、商务通、微型手机、超小型家用

电器等被推向市场。体积定位更多地表现为企业参与竞争的一种营销手段。

4. 色彩定位

从黑白电视，到彩色电视，到纯平彩电，再到背投、等离子，等等，反映出消费者对于产品色彩要求的日益重视。在产品处于同一水平线时，如果企业能够率先对产品色彩进行重新定位，同样能够在市场上树立鲜明的产品形象，给消费者留下深刻的印象。对产品色彩多样化的追求反映了消费者更注重需求的个性化。时尚产品采用色彩定位往往会取得很好的营销效果。与体积定位一样，色彩定位更多地表现为企业参与竞争的一种营销手段。

5. 价格定位

价格定位是产品定位中最令企业难以捉摸的。一方面，价格是企业获取利润的重要指标，价格最终会直接影响企业的赢利水平；另一方面，价格也是消费者衡量产品的一个主要因素，对价格的敏感度将直接决定消费者的最终消费方向。还有，企业对价格的把握也很难全面，很容易陷入价格陷阱。现代企业的价格定位是与产品定位紧密相连的，价格定位主要有3种。

（1）高价定位

实行产品高价定位策略，产品的优势必须明显，行业领导者的产品、高端产品等都可以采用高价定位策略，而日常消费品不宜采用高价定位策略，否则很容易影响产品的销售。

采用高价定位策略应该考虑价格的幅度、企业成本、产品的差异、产品的性质以及产品可替代性等因素。如果不考虑这些因素的影响，盲目采用高价定位策略，失败是不可避免的。

（2）低价定位

在保证商品质量、企业一定的获利能力的前提下，采取薄利多销的低价定位策略容易进入市场，而且在市场竞争中的优势也会比较明显。采用低价定位而取得成功的企业很多，美国零售巨头沃尔玛就是最典型的例子，在同类产品中，沃尔玛的售价是最低的，这是吸引众多消费者的最有力的武器。在我国，格兰仕同样也是采用低价定位策略进入家用电器市场并获得成功的。

（3）中价定位

介于高价和低价之间的定价策略称为中价定位。在目前市场全行业都流行减价和折扣等价格或者高价定位策略时，企业采用中价定位，也可以在市场中独树一帜，吸引消费者的注意。企业管理者应该明确：企业的价格定位并不是一成不变的，在不同的营销环境下，在产品的生命周期的不同阶段上，在企业发展的不同历史阶段，价格定位可以相机而灵活变化。

产品战略定位方法

一般而言，产品战略定位采用五步法：目标市场定位（Who），产品需求定位（What），企业产品测试定位（If），产品差异化价值点定位（Which），营销组合定位（How）。这个方法给我们进行产品定位分析提供了一个有效的实施模型。

1. 目标市场定位

目标市场定位是一个市场细分与目标市场选择的过程，即明白为谁服务（Who）。在市场分化的今天，任何一家公司和任何一种产品的目标顾客都不可能是所有的人，对于选择目标顾客的过程，需要确定细分市场的标准对整体市场进行细分，对细分后的市场进行评估，最终确定所选择的目标市场。

2. 产品需求定位

产品需求定位，是了解需求的过程，即满足谁的什么需要（What）。产品定位过程是细分目标市场并进行子市场选择的过程。这里的细分目标市场是对选择后的目标市场进行细分，选择一个或几个目标子市场的过程。对目标市场的需求确定，不是根据产品的类别进行，也不是根据消费者的表面特性来进行，而是根据顾客的需求价值来确定。顾客在购买产品时，总是为了获取某种产品的价值。产品价值组合是由产品功能组合实现的，不同的顾客对产品有着不同的价值诉求，这就要求提供与诉求点相同的产品。在这一环节，需要对需求进行调研，这些需求的获得可以指导新产品开发或产品改进。

3. 产品测试定位

企业产品测试定位是对企业进行产品创意或产品测试。即确定企业提供何种产品或提供的产品是否满足需求（If），该环节主要是进行企业自身

产品的设计或改进。通过使用符号或者实体形式来展示产品（未开发和已开发）的特性，考察消费者对产品概念的理解、偏好、接受。这一环节测试研究需要从心理层面到行为层面来深入探究。以获得消费者对某一产品概念的整体接受情况。

4. 差异化价值点定位

差异化价值点定位即需要解决目标需要、企业提供产品以及竞争各方的特点的结合问题，同时，要考虑提炼的这些独特点如何与其他营销属性综合（Which）。在上述研究的基础上，结合基于消费者的竞争研究，进行营销属性的定位，一般的产品独特销售价值定位方法（USP）包括从产品独特价值特色定位、从产品解决问题特色定位、从产品使用场合时机定位、从消费者类型定位、从竞争品牌对比定位、从产品类别的游离定位、综合定位等。在此基础上，需要进行相应的差异化品牌形象定位与推广。

5. 营销组合定位

营销组合定位即如何满足需要（How），它是进行营销组合定位的过程。在确定满足目标顾客的需求与企业提供的产品之后，需要设计一个营销组合方案并实施这个方案，使定位到位。这不仅仅是品牌推广的过程，也是产品价格、渠道策略和沟通策略有机组合的过程。正如菲利普·科特勒所言，解决定位问题，能帮助企业解决营销组合问题。营销组合——产品、价格、渠道、促销——是定位战略战术运用的结果。在产品差异化很难实现时，必须通过营销差异化来定位。

企业战略定位误区

肤浅地理解战略定位

定位这个概念被广泛地接受和使用，但是如果我们试着做一个抽样调查，面向企业的管理和营销人员、营销咨询服务行业和广告行业的从业人员，调查他们对于定位的理解，相信会得到五花八门的答案。看起来，即使是专业人士，很多人不过仅仅是接受和记住了定位这个词汇，并把这个

词在一些特定的情境中加以使用而已，很少人真正将定位作为一种工具、一种方法加以并予以实践。如果"定位"的确有效，我们起码需要理解概念，掌握方法，并以理论指导实践，而非把"定位"挂在嘴边，仅仅把它当作一个时髦的词汇包装自己的语言。

混淆三个层次的战略定位

企业战略定位可以分为企业战略总体、经营战略、营销战略三个层次，如图6-4所示。困惑和混淆往往产生于：这三个层次的"定位"的含义实际上并不相同，但是却都被广泛传播和接受。当我们能够从不同的层次审视"定位"，就能够明确在何种层次使用"定位"，就能够避免概念的混乱。

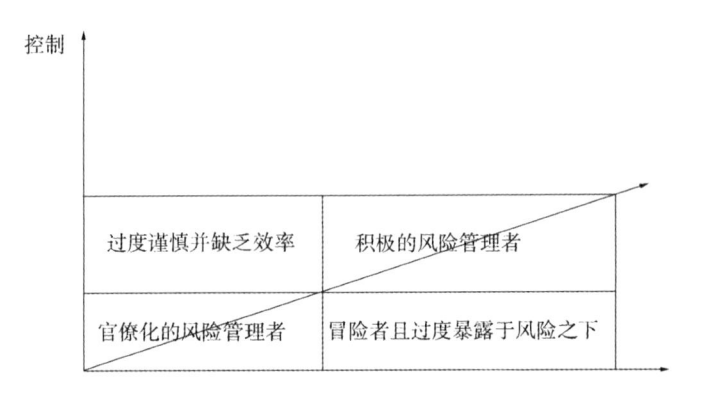

图 6-4 战略定位的层次

值得一提的是，这三个层次的"定位"之间并不是矛盾的关系，恰恰相反，三者的统一能够建立强大的竞争优势。

例如，Volvo专注于生产安全的轿车，这既是企业战略"定位"，也是产品的营销"定位"，在消费者心目中，Volvo所占据的位置就是"安全"。最理想的状态就是三个层次的"定位"彼此统一，西南航空、宜家家居、哈雷摩托车等就是战略、业务和营销相统一的最好的范例。战略定位是企业经营的核心和方向，从而决定了产品和服务研发的方向，进而通过传播在目标消费者心目中建立自身独特的位置。

战略定位与品牌

客户经常需要广告公司为某一个品牌提供"定位"的建议服务。笃信定位理论的客户说我们需要对这个洗发水产品进行品牌"定位"，但是实际

上他并不知道广告公司将会提交什么样的一份文件。而广告公司从生意角度出发虽然愿意为客户提供这项服务，但是由于缺乏理论根据和行业标准，客户实际上无从鉴别广告公司提交的建议的品质，双方也就无法对建议本身进行深入地讨论和修订。

应该通过明确的定义以改变这种莫衷一是的情况，否则它将严重影响到日常工作的开展和市场成效的获得。

品牌进行定位来自定位和品牌这两种理论的调和。它最接近于定位的经典论述，也就是前文中定位在理论和实践中的三个层次中的营销战略定位。品牌是消费者关于特定组织、产品和服务以及它们的区别物的全部认知。而定位则是在消费者心目中占据一席之地的过程。所以，我们可以把品牌看作结果，把定位看作手段。

为某品牌进行定位，就是通过传播手段重构消费者认知，即建立位置或者调整当前位置的过程。当这个过程结束，消费者脑海中要么是初步建立了关于某种符号的认知，要么是对于某种符号的认知发生了根本的变化。

如果定位是一种手段，那么从品牌管理的全局来看，定位自身的位置在哪儿呢？我们知道，品牌管理的核心手段是建立与受众交流的"符号体系"——也就是对前文所说的区别物和传播进行管理，进而对受众的认知进行管理。在这方面，比较完整系统的方法论有大卫·艾克的品牌识别系统。在这套系统中，品牌管理作为一个过程，可以分为4个步骤：建立品牌识别—品牌定位—传播—跟踪和校验传播活动的效果并不断改进。在这4个步骤中，品牌定位的主要任务是把品牌识别内容和价值取向主动地与目标受众进行交流。可以用人来比喻品牌以直观地理解。品牌识别就是一个人怎么看自己，而品牌定位就是这个人怎么说自己，而品牌认知就是别人怎么看这个人。

很简单，品牌管理的实质就是通过各种手段使别人对你的看法和你对自己的看法统一起来，而品牌定位则是在纷纭复杂、过度传播的竞争环境中让别人记住你的方法。

案例分析

奇瑞汽车公司作为中国地方汽车企业，曾经成功推出奇瑞"旗云""东方之子"等性价比较高的轿车，并且凭借自主品牌的优势与合理的价格优

势向国外出口轿车产品，已经在全国形成相当的知名度。微型客车曾在20世纪90年代初持续高速增长，但是自90年代中期以来，各大城市纷纷取消"面的"，限制微客，微型客车至今仍然被大城市列在"另册"，受到歧视。同时，由于各大城市在安全环保方面要求不断提高，成本的抬升使微型车的价格优势越来越小，因此主要微客厂家已经把主要精力转向轿车生产，微客产量的增幅迅速下降，从2001年到2003年，微客的产量的年增长幅度分别为20.41%、33.00%、5.84%。在这种情况下，奇瑞汽车公司经过认真的市场调查，精心选择微型轿车打入市场。它的新产品不同于一般的微型客车，是微型客车的尺寸，轿车的配置。QQ微型轿车在2003年5月推出，6月就获得良好的市场反应，到2003年12月，已经售出2.8万多台，同时获得多个奖项。

2003年4月初，奇瑞公司开始对QQ的上市做预热。在这个阶段，通过软性宣传，传播奇瑞公司的新产品信息，引发媒体对奇瑞QQ的关注。由于这款车的强烈个性特征和最优的性价比，媒体自发掀起第一轮的炒作，吸引了消费者的广泛关注。2003年4月中下旬，蜚声海内外的上海国际车展开幕，也是通过媒体，告知奇瑞QQ将亮相于上海国际车展，与消费者见面，引起消费者的更进一步的关注。就在消费者争相去上海车展关注奇瑞QQ的时候，奇瑞QQ以未做好生产准备的原因没有在车展上亮相，只是以宣传资料的形式与媒体和消费者见面，极大地激发了媒体与公众的好奇心，引发媒体第二轮的颇有想象力的炒作。在这个阶段，厂家提供大量精美的图片资料给媒体供炒作，引导消费者对奇瑞QQ的关注度走向高潮；2003年5月，上市预热阶段，就在消费者和媒体对奇瑞QQ充满了好奇时，公司适时推出奇瑞QQ的网络价格竞猜，在更进一步引发消费者对产品关注的同时，让消费者给出自己心目中理想的奇瑞QQ的价格预期。网上的竞猜活动，有20多万人参与。当时普遍认为QQ的价格应该在6万~9万元之间。2003年5月底，上市预热阶段，媒体、奇瑞QQ的价格揭晓了——4.98万元，比消费者期望的价格更吸引人。这个价格与同等规格的微型客车差不多，但是从外观到内饰都是与国际同步的轿车配置。此时媒体和消费者沸腾了，媒体开始了第三轮自发的奇瑞QQ现象讨论，消费者中也产生了奇瑞QQ热，此时人们的心情就是尽快购买。这时奇瑞公司宣布：QQ是该公司

独立开发的一款微型轿车，因此，消费者在购车时不必多支付技术转让费用。这为 QQ 树立了很好的技术形象，为消费者吃了一颗定心丸。

2003 年 6 月初，上市阶段，消费者对奇瑞 QQ 的购买欲望已经具备，媒体对奇瑞 QQ 的关注已经形成，奇瑞 QQ 自身的产能也已具备，开始在全国同时供货，消费者势如潮涌。此阶段，一边是大批量供货，一边借助平面媒体，大面积刊出定位诉求广告，将奇瑞 QQ 年轻时尚的产品诉求植根于消费者的脑海。除了平面广告，同时邀请了专业的汽车杂志进行实车试驾，对奇瑞 QQ 的品质进行更深入的真实报道，在具备了强知名度后进一步加深消费者的认知度，促进消费者理性购买 2003 年 6 月中下旬，上市阶段，奇瑞 QQ 在全国近 20 个城市同时开展上市期的宣传活动，邀请各地媒体，对奇瑞 QQ 进行全面深入的报道，保持对奇瑞 QQ 现象持续不断的传播；2003 年 7 月、8 月、9 月，奇瑞 QQ 开始了热卖阶段，这阶段重点是持续不断刊登全方位的产品诉求广告，同时针对奇瑞 QQ 的目标用户年轻时尚的个性特点，结合互联网的特性，连同新浪网，推出"奇瑞 QQ"网络 FLASH 设计大赛，吸引目标消费者参与；2003 年 10 月，这时奇瑞 QQ 已经热卖了 3 个多月，在全国各地都有相对的市场保有量，这时，厂家针对已经购车的消费者开展了"奇瑞 QQ 冬季暖心服务大行动"，为已经购车的用户全方位服务，以不断提高消费者对奇瑞 QQ 产品的认知度，以及奇瑞品牌的忠诚度；2003 年 11 月下旬，厂家更进一步地针对奇瑞 QQ 消费者时尚个性的心理特征，组织开展了"QQ 秀个性装饰大赛"。由于"奇瑞 QQ"始终倡导"具有亲和力的个性"的生活理念，因此在当今社会的年轻一代中深获共鸣。从这次车贴设计大赛中不难看出，"奇瑞 QQ"已逐渐成为年轻一代时尚生活理念新的代言者。

轿车已越来越多地进入大众家庭，但由于地区经济发展的不平衡及人们收入水平的差距，对汽车的需求走向了进一步的细分。由于微型车的品牌形象在汽车市场一向是低端的代名词，因此如何把握消费者的心态，突出微型轿车年轻时尚的特征与轿车的高档配置，在众多的消费群体中进行细分，才能更有效地锁住目标客户，以全新的营销方式和优良的性能价格比吸引客户。令人惊喜的外观、内饰、配置和价格是奇瑞公司占领微型轿车这个细分市场成功的关键。

奇瑞QQ的目标客户是收入并不高但有知识有品位的年轻人，同时也兼顾有一定事业基础、心态年轻、追求时尚的中年人。一般大学毕业两三年的白领都是奇瑞QQ潜在的客户。人均月收入2000元即可轻松拥有这款轿车。许多时尚男女都因为QQ的靓丽、高配置和优性价比就把这个可爱的小精灵领回家了，从此与QQ成了快乐的伙伴。奇瑞公司有关负责人介绍说，为了吸引年轻人，奇瑞QQ除了轿车应有的配置以外，还装载了独有的"I-say"数码听系统，成为"会说话的QQ"，堪称目前小型车时尚配置之最。据介绍，"I-say"数码听是奇瑞公司为用户专门开发的一款车载数码装备，集文本朗读、MP3播放、U盘存储多种时尚数码功能于一身，让QQ与计算机和互联网紧密相连，完全迎合了离开网络就像鱼儿离开水的年轻一代的需求。奇瑞QQ的目标客户群体对新生事物感兴趣，富于想象力、崇尚个性，思维活跃，追求时尚。虽然由于资金的原因他们崇尚实际，对品牌的忠诚度较低，但是对汽车的性价比、外观和配置十分关注，是容易互相影响的消费群体；从整体的需求来看，他们对微型轿车的使用范围要求较多。奇瑞把QQ定位与"年轻人的第一辆车"，从使用性能和价格比上满足他们通过驾驶QQ所实现的工作、娱乐、休闲、社交的需求。奇瑞公司根据对QQ的营销理念推出符合目标消费群体特征的品牌策略：在产品名称方面：QQ在网络语言中有"我找到你"之意，"QQ"突破了传统品牌名称非洋即古的窠臼，充满时代感的张力与亲和力，同时简洁明快，朗朗上口，富有冲击力；在品牌个性方面："QQ"被赋予了"时尚、价值、自我"的品牌个性，将消费群体的心理情感注入品牌内涵。其次是引人注目的品牌语言：富有判断性的广告标语"年轻人的第一辆车"，及"秀我本色"等流行时尚语言配合创意的广告形象，将追求自我、张扬个性的目标消费群体的心理感受描绘得淋漓尽致，与目标消费群体产生情感共鸣。"QQ"作为一个崭新的品牌，在进行完市场细分与品牌定位后，投入了立体化的整合传播，以大型互动活动为主线，具体的活动包括QQ价格网络竞猜，QQ秀个性装饰大赛，QQ网络FlASH大赛，等等，为"QQ"2003年的营销传播大造声势。相关信息的立体传播：选择目标群体关注的报刊媒体、电视、网络、户外、杂志、活动等，将QQ的品牌形象、品牌诉求等信息迅速传达给目标消费群体和广大受众；各种活动"点""面"结合：从新闻发布会和

传媒的评选活动，形成全国市场的互动，并为市场形成良好的营销氛围。在所有的营销传播活动中，特别是网络大赛、动画和内装饰大赛，都让目标消费群体参与进来，在体验之中将品牌潜移默化地融入消费群体的内心，与消费者产生情感共鸣，起到良好的营销效果。"QQ"作为奇瑞诸多品牌战略中的一环，抓住了微型轿车这个细分市场的目标用户。但关键在于要用更好的产品质量去支撑品牌，在营销推广中注意客户的真实反映，及时反馈并主动解决会更加突出品牌的公信力。

2010年，奇瑞QQ成功创造了"四车交叉飞跃"吉尼斯世界纪录，这是继2009年成功挑战'汽车漂移前后入位最窄距离'之后的世界纪录，第二次成功挑战吉尼斯。奇瑞QQ经得住特技表演中摸爬滚打的高难度考验，充分说明了QQ作为中国小车的世界品质。

最近，奇瑞汽车2022年确保150万，挑战200万的销量目标，成为汽车圈的热门话题。作为国产汽车品牌曾经的销量冠军，奇瑞汽车这几年的王者回归，似乎已经没有太多争议。虽然2021年的总销量，奇瑞汽车离第一还有些距离，但是奇瑞汽车的增长速度，还有奇瑞及各个子品牌车型厚实强大的潜力，让消费者对奇瑞汽车后续的发展信心满满。

第七章

中小型企业风险及控制

我国的民营企业应树立正确的营销观念,从而有效地指导企业的经营管理活动。正确的市场营销观念认为:实现企业各项目标的关键,在于确定目标市场的需求,并且比竞争者更有效地满足目标市场的需求。

民营企业与市场营销风险

民营企业市场营销的特点

中国的民营经济诞生于改革开放初期,当国有企业还处于计划经济的影子中时,民营企业已经在更接近市场的情况下成长与发展。它往往比国有企业更了解市场,更能满足市场需求。从当时商品极端缺乏、商家占主导地位的卖方市场,到现在商品供大于求、消费者占主导地位的买方市场,民营企业可以说是中国市场营销发展的见证。随着市场环境的变化,民营企业对市场营销的认识越来越深入,市场营销观念也在不断发生着变化。中国加入世贸组织,国外跨国公司大举进入中国,对中国的民营企业来说既是机遇又是挑战;如果能把握住机遇,学习应用国外先进的管理思维和营销理念,就有可能更好地生存发展,否则,也许只能被历史所淘汰。

纵观40年来中国民营企业的发展历程,营销部门在企业中的地位日益升高。

20世纪80年代,我国的经济发展状况不是很好,社会物品供应靠计划划拨的模式刚刚解除,市场商机遍地都是,只要能生产出急需产品,企业就能快速发展。这种社会条件为民营企业发展提供了很好的外部发展环境。很多民营企业的成功往往是靠民营企业家敏锐的市场判断和高超的市场运作,抓住了一个好的产品或项目。从某种意义上说,这种成功带有一定的投机色彩,可以称之为中国改革开放为民营企业家提供的"红利"。在这种成功模式中,营销管理的作用几近于无。

这一阶段民营企业指导思想可以概括为满足市场需要,专业化经营。市场需求是企业存在和发展的前提条件,是企业的生命所在,企业必须提供市场最需要的产品与服务,才能在市场中生存下来,才能赢得自身的发展。

在这一时期的战略目标就是根据战略指导思想,找准市场切入点,迅速向市场推出新产品,并依靠自己的产品积累到第一笔财富,为以后的发

展创造条件。如正泰集团在创业初期发现当时柳市的低压电气产品市场发展紊乱，假冒伪劣产品到处泛滥，为此南存辉在1988年就果断地选择了这一产品市场，并选择了以质量求发展的战略之路，快速赢得了市场。

有了战略指导思想与战略目标，民营企业的战略重点就变得非常明显了：充分考虑到自身资源紧缺、市场开拓等问题，集中力量将企业提供的产品与服务快速推向市场，迅速提高市场占有率。这一时期民营企业的战略策略就是找准产品与服务的市场切入点，通过加大广告投入力度、提高产品质量、发展新的营销渠道等方式来实现既定的战略目标。

到了90年代，供大于求，消费者成为市场主导，营销部门在民营企业唱起了主角。当时，随着中国经济的进一步开放搞活，从事商品生产的企业变得更多，消费者对于商品也不再是盲目地购买，而是变得有所选择了，企业间的竞争开始变得激烈了。企业所处的市场环境已经发生了明显的变化。一些民企纷纷转换思路，或通过一些"专家顾问"的点拨，或是根据自己长期于商界学习顿悟的结果，民企通过某一方面的营销策划，在各自的领域迅速脱颖而出，完成自己的快速发展，形成一定的规模。民企的营销特色主要体现在以下几个方面。

1. 广告

1）通过成为央视标王，推动企业快速扩张

步步高、爱多等企业是这方面的典型代表。因为在消费者的消费观念还不成熟的市场，由于消费认知的不成熟，市场对于通过强势广告（尤其是央视）宣传的产品，认可度非常高。产品的知名度也就意味着产品的美誉度。知名度和美誉度的重合，带来的自然是消费者的忠诚度。何况其他媒体对标王的报道，对企业的宣传又起到了推波助澜的作用，让企业广告的免费搭乘效应愈加明显。

2）广告轰炸

通过在电视台的广告轰炸，配合其他平面媒体的协同（如报纸、路牌、灯箱等）让国人在短时间内记住该产品。记住导致购买，从而在短时间内迅速畅销。脑白金应该是其中的经典。

2. 渠道

利用国内廉价的人力资源，依靠人海战术，走低端路线，或农村包围

城市，或从三四级城市向大城市渗透。

3. 价格战

这其实是中国民营企业最惯用的招数了，利用高超的成本控制，抢占市场空间，获取知名度，短时间内市场份额大幅上升。国美、奥克斯都是这方面的代表。2000年以前的空调是存在暴利的，随着市场的发展，奥克斯率先打破行业坚冰，发表降价宣言，并以此赚足了市场和媒体的眼球，知名度快速上升，市场占有率也直线扩大，经过几年的奋战，市场占有率从2000年的第七位上升到2007年的第三位。

进入21世纪后，民营企业市场营销的最新发展就是国际化带来的跨国营销。

从总体上看，中国企业"跨国营销"已初见成效。在改革开放初期，民营企业主要是为国有外贸公司提供货源，是传统的生产类企业。当民营企业有了一定的发展之后，涉及的生产领域扩大了，出口货源品种丰富了，但在当时的外贸管理体制下，私营企业没有进出口经营权，一些私营企业只能通过国有外贸公司出口，也有一些私营企业采用变通办法，利用戴上"红帽子"获取进入国际市场的"通行证"。随着经济改革的发展，自1999年初国家颁布了对私营企业外贸自营进出口权的规定时刻起，政策的放开，进一步激发了民营企业开拓国际市场的积极性，从此，中国民营企业在开拓国际市场方面进入了一个快速发展的阶段。获得进出口权短短几年，民营企业出口总额已超过集体企业，并继续保持着高速增长的势头。同时民营企业到境外投资建厂、设立企业、境外融资、工程承包等方面也都有了很大的发展。另外，一大批民营或民间资本参股的大型企业先后走出国门、实现跨国经营，为其他企业提供了很好的榜样。

民营企业的市场风险与营销误区

所谓的市场风险是指市场主体从事经济活动面临的盈利或亏损的可能性和不确定性。包括以下几个方面。

1. 市场需求量

产品市场容量决定了市场的商业总价值。很多企业在编制计划时，常常会根据调查的数据进行主观推理，结果可能会高估市场需求量，由此进行大规模投资，产出的产品可能会超出市场需求，造成企业利润低于预期，

甚至是亏损。

2. 市场接受时间

一个全新产品，打开市场需要一定的时间和过程，如果企业缺乏雄厚的资金投入广告宣传中去培育市场，打开市场的时间就会很长，造成企业资金周转困难，甚至是创业失败，成为后来者前进中的铺路石。

3. 市场战略

民营企业进行拓展时，一项好的产品固然重要，但好的市场定位更为重要，只有准确把握市场需求，做好市场战略规划，在价格定位、用户选择、上市时机和市场区域划分几个方面完美结合，才能成功。

毫无疑问，中国民营企业目前正面临关键时刻，许多民营企业经营困难、举步维艰，根本原因之一是企业在错误的营销观念指导下，陷入错误的营销操作套路难以自拔。

错误观念一：生产是为了满足顾客需要。民营企业必须正确理解目标市场的需要和需求之间的区别。需要指人的基本要求，例如，一个人的需要是食物，需要在有购买力作后盾时才会变成需求。当前，物质产品已经十分丰富，具有同种功能的产品有无数品牌、样式等，顾客有很大的选择空间，在这种情况下，企业在满足顾客的需要的基础上，还必须了解顾客的潜在需求，按照顾客需求设计生产商品。

错误观念二：市场营销是营销部门的事情。许多民营企业把市场营销单纯理解为销售，即把生产出来的产品通过合适的价格，有效的广告促销把产品卖出去，如果销售不利，责任全部推给销售部门和推销员的工作不力，这是一种错误的营销观念。现代市场营销是一个复杂的过程，企业在确定目标市场需求后，必须为满足需求进行产品设计、生产制造和销售。最终使顾客得到满意的产品。营销不单单是销售部门的事，而是整个企业的事情，营销过程起源于产品生产之前，继续于产品生产之中，存在于产品生产之后。

错误观念三：顾客购买是一种理性行为。不少民营企业通常认为顾客的购买行为是高度理性化的，购买之前要详细了解信息，购买时要通过感觉、直觉对商品进行判断、比较，然后做出购买决定。然而事实上购买行为不仅受理性控制，还受感情左右，而且感性的作用往往还很大。我们每

个人都有这种经验，购买某件产品完全是一种冲动购买，没有任何理由。

错误观念四：营销的对象是细分市场。在当今社会，个人独立意识越来越强，人的个性化需求越来越强烈。顾客希望产品能够体现自己的个性，这就使得仅仅将目标市场细分化已不能满足消费者的个性化需求，以计算机为中心的信息技术可以帮助企业建立强大的数据库，或通过网络营销，满足消费者的个性化定制。目前绝大部分国内民营企业因为技术和实力问题还无法做到这一点。

错误观念五："没有最好，只有更好"。在市场经济中，由于消费者的需求和收入是不同的，因此，他们对同一种产品有不同的质量要求，企业的产品质量只要与市场的需求相吻合就可以了，没有必要盲目追求超过目标市场需求的质量，否则会增加不必要的成本，影响竞争力。

民营企业应该建立正确的市场营销观念

与上述误区对应，我国的民营企业应树立正确的营销观念，从而有效地指导企业的经营管理活动。正确的市场营销观念认为：实现企业各项目标的关键，在于确定目标市场的需求，并且比竞争者更有效地满足目标市场的需求。具体来讲，正确的市场营销观念包括4个方面。

1. 满足消费者需求是企业经营活动的出发点

2. 营销活动处于企业经营活动的全过程

要满足顾客需要并实现企业的营销目标，就必须综合运用各种营销手段，使企业的营销活动形成一个有机的整体，市场调研、产品设计生产、财务分析、分销与物流、广告促销等，这一切活动都贯穿于企业经营活动的全过程，形成一个完整的体系，以便发挥营销的整体效果。

3. 谋求长远利益和公司的长久发展

企业应有远见，努力提升消费者对自己产品的品牌忠诚度，谋求长远的战略利益。

4. 树立社会营销观念

企业提供产品和服务，不仅要满足消费者的市场需求，而且要符合消费者的长远利益和社会的长远发展。这是我国民营企业当前最为缺乏的，有些民营企业的经营往往是一种投机行为，把自己的盈利建立在社会损失的基础上。

民营企业的市场风险控制

21世纪市场的最大特征之一就是不确定性大大提高,民营企业为了有效防范、控制市场风险,训练一支高效率的营销人员队伍是解决问题的关键之一。对于营销人员管理问题,企业家需要注意:控制过程比控制结果更为重要;该说的要说到,说到的要做到,做到的要见到,也就是说营销管理必须制度化,要不折不扣地执行制度化的内容并把已经发生的营销行为记录下来;预防性的事前管理重于问题性的事后管理。除此之外,民营企业家需要注重营销策略管理,包括纵向发展策略和横向发展策略。因此,在防范市场风险时,民营企业需要在两方面特别注意:优秀市场营销经理的培养或选择,具体市场营销策略的运用。

优秀市场营销经理须具备的素质

1. 优秀的市场营销经理应能够做到:

(1)扫描营销环境

包括宏观环境和微观环境,并寻找环境中的机会与威胁。

(2)搜集市场信息,预测市场需求,分析目标顾客群的购买行为

(3)制定营销战略,设计开发企业产品

(4)制定营销决策,充分利用4P原则进行整合营销

(5)领导管理一个强大的营销队伍

2. 优秀市场营销经理需要扮好以下角色:

(1)舵手的角色

在激烈的市场竞争中,市场环境千变万化,极为复杂,如果市场营销经理没有战略的眼光和超强的预见性,对周围的市场环境和竞争对手缺乏敏锐的洞察力,在工作中肯定思路不清,方向不明,缺乏创新,要么跟着别人走,要么走一步说一步,这样就很容易被竞争对手打败。

(2)医生的角色

优秀的市场营销经理要能够像医生诊断病人一样,能随时发现自己所

领导的团队肌体上已出现的问题或可能出现的问题，并及时采取有效措施予以化解，使团队持续健康地运转。比如对区域市场串货、坏账损失、业务员积极性差、客户忠诚度低等问题能够及时发现，并采取有效措施及时处理，杜绝再次发生。

(3) 教师的角色

市场营销经理无论在市场营销理论还是实践经验上，都必须有很高的造诣，他必须无私地把自己的知识经验传授给下属，与同事们一起提高，接受并鼓励下属在某些方面超过自己，以充分发挥团队中每个成员的潜能和才干。优秀的营销经理要具有高超的沟通水平和培训水平，能够有效地向下属灌输知识和信息，快速提高下属的能力和水平。

(4) 朋友的角色

优秀的市场营销经理不但要有较高的威信和较强的感召力，更应有较强的亲和力，让下属愿意与你同甘共苦，愿意向你倾诉心中的酸甜苦辣。为此，一名优秀的市场营销经理必须是下属的好朋友，在开拓市场过程中既能带领大家冲锋陷阵，吃苦在前，享受在后，又能深入下属中间与他们促膝谈心，真诚地了解他们的思想动态、意见和建议等，尽其所能帮助他们。

3. 以下几类市场营销经理是民营企业不应该选择的：

(1) 仅靠个人判断做出重要的营销决策

(2) 仅追求短期营销成果，注重行事快捷，而忽视行动是否与企业市场战略方向一致

(3) 市场营销策略很难有效地执行到位，即使执行到位也很难长久坚持下去

(4) 制定公司战略决策时，过分注重富有创意，而缺乏长远考虑、长期战略

(5) 缺少与其他同事的充分沟通，不看市场只看报表

(6) 除了价格战，拿不出其他有效的竞争策略

(7) 对于市场营销决策要么没有进行认真分析，要么在分析时片面强调消费者的所想所需或口头承诺，而很少或根本没有分析营利性。营销经理不了解、也无意了解生产成本和职权范围外的其他成本，因而对市场营

销计划的投资回报率心中无数。

（8）对整体市场营销计划及其组成部分，没有明确具体的量化目标，在执行过程中也没有评估目标实现情况的衡量体系。

民营企业的市场策略

目前，经济形势正在发生重要变化，它具有三点主要特性：第一，企业越来越注重将价值从有形资产转移到无形资产上，更加重视对品牌的管理。第二，价值从提供产品的企业，转移到能够提供高度个性化产品或问题解决方案的企业。第三，企业可以方便地通过数据管理来降低成本。

民营企业的市场营销正是处在这样一个高度竞争、瞬息万变的环境之中，新型经济的发展要求市场营销手段必须满足市场发展的需要。目前，很多民营企业还处于传统的营销思路当中，认为只要保持低价，利用大规模的广告宣传，动用大量的直销人员，就可使企业长葆青春；但事实上，这已经远远不够了。为了有效对市场风险加以防范、控制，民营企业在具体市场运作方面需要特别关注以下几个方面。

1. 营销团队的打造

一切市场活动的基础是要有适应市场变化要求的高素质营销人才，我国民营企业能否长期生存发展，取决于是否拥有一批这类精英型的市场人才。这类人才通常具备以下特点：第一，较高的文化素养；第二，有创新精神和进取心；第三，科技通才与营销专才的完美结合；第四，很强的知识应用能力。

一些民营企业为了节省成本，拼命降低营销人员费用，提高劳动强度，严重损害了员工的工作积极性和创造性，从而严重阻碍了公司的发展。对于民营企业而言，应适当将营销成本与业绩挂钩，但不可过度，因为有些营销活动是成本型的，特别是在开拓新客户或新市场的前期。

对于那些进行混合经营的大型民营企业，经营不同种类的产品，每一种产品下又有不同品牌，在这种情况下，企业可根据本企业的产品种类、品牌的分类采用以下组织模式：市场调研经理、销售经理、新产品开发经理、客服经理、大区经理、区域经理、销售代表，同时还要考虑地域性组织与产品型组织的交叉组合。

2. 多元化开发市场

随着我国买方市场的出现，企业间的竞争也步入愈演愈烈的"战国时代"。对于在诸多方面处于弱势的民营企业来说，与其在现有市场中面对强大竞争压力，采用低价位策略苦苦支撑，不如将视野投向新的市场，满足竞争者尚未意识到的市场需求。民营企业要关注收集市场信息，分析宏观市场环境（包括人口、经济、政治、法律、科学技术、社会文化及自然地理等）、微观市场环境（包括供应商、顾客、竞争者、企业内部员工以及社会公众和关键管理人员），从中捕捉市场机会，获得新的发展。

市场机会源于人们未被满足或未被充分满足的需求。人们的需求每天都有新变化，这就意味着每天都有新市场的孕育，而这些市场或者市场机会并没有被我们发现。处在弱势地位的民营企业如果想要得到很好的发展，必须及时发现并牢牢把握这些市场机会（市场机会常常稍纵即逝，所谓机不可失、时不再来）。当一个婴儿来到这个世界上时，首先会有最基本的需求，比如衣、食、住、行等，都可以孕育新的市场，可能包括幼儿服装、婴儿专用食品、婴儿车、婴儿行走辅助器、尿不湿、婴儿玩具等等市场。婴儿当然离不开母亲，与之相关的也是这个市场的一部分，比如婴儿护理、幼儿教育等。

分析民营企业市场营销环境和机会有两种方法。

一是分析机会的成功概率和业务的吸引力，在众多影响市场机会的因素中，有两个因素最为明显和重要，即产业或者业务的吸引力与投资成功的概率。

产业或者业务的吸引力主要指标有：行业平均利润；市场容量；竞争程度；技术壁垒；进入障碍；退出障碍；其他因素。

因此，产业或者业务吸引力是一个综合指标。在具体使用这个指标的时候，由于行业环境不同，指标的各个构成因素对于整个吸引力的权重也是视经验而定。成功的概率在某种程度上是客观的，概率的大小通常借助某个模型来进行估计。这个概率是一个静态的概率，是在考虑了有限的未来不确定时间的基础上计算出来的。因此它的准确度有赖于以后的营销环境与预期的符合程度。所以，对市场机会的判断过程不是一次完成的，而是一个动态连续的过程。机会的相关性也提醒了民营企业：某个市场机会

是针对相应的营销环境而存在的，换一个环境可能就会不存在。

二是 SWOT 分析方法，通过分析企业的优劣势以及考查企业自身的资源和能力状况，确定企业在市场中的地位，寻找出适合企业发展的机会。SWOT 方法是企业在制定战略时评估企业地位的一种重要的工具，但民营企业完全可以借用其分析方法来评估市场营销环境和市场机会。SWOT 分别是指企业的优势（Strength）、劣势（Weakness）、机会（Opportunities）、威胁（Threats）。优势和劣势是指比较优势和比较劣势，因此通常用来分析民营企业的内部营销环境。机会和威胁主要是对宏观的营销环境进行分析，发掘市场机会同时并注意到经营的不利因素。

消费者的多层次性及其需求的多样化给民营企业提供了很多市场机会，主要包括：

1）高科技市场

高科技市场是我国发展前景极为广阔的市场，有着巨大的潜在市场需求，且涉及许多个行业，大有拓展价值。华为等著名企业，都是在拓展这一市场领域获得成功的。

2）农村市场

尽管 2021 年末常住人口城镇化率达到 64.72%，我国还约有近 40% 的人口生活在农村，总数达 5 亿之多，这是一个巨大的未完全开发的市场。

3）旅游市场

黄金周将我国的旅游发展推向高潮，随着人们收入的提高，生活质量的提升，旅游市场的发展前景十分看好。

4）老年市场

据政府有关部门宣布，我国已提前进入老年化社会，目前全国 60 岁以上的老年人占为 2.67 亿人，随着时间的推移，我国老年人将进一步增多。大量老年人的存在必然带来老年市场的发展，特别是老年食品、保健品及老人护理等潜在的需求量极大，是民营企业可以拓展的一个新群体市场。

5）文化市场

我国是一个历史悠久的文明古国，文化市场有极大的开发价值，世界著名的好莱坞影城、迪斯尼乐园等都是可以学习的范例。上海国际艺术节按市场营销方法进行操作，结果生意空前，收入大增。

3. 市场营销策略组合

（1）产品方面

1）整体产品概念

长期以来，人们对产品概念的理解往往局限在质量、式样、性能等物质形态上。但从现代营销观念考察产品的内涵，它包含一系列有形的物质属性和诸多无形的心理属性。消费者购买一种产品，追求的不仅是产品本身，还是某种需求和欲望的满足。因此，凡与产品有关的、能够满足顾客需要的一切东西，都属产品的范畴。这就是市场营销中的"整体产品概念"。我国许多优质产品滞销的根本症结，恰恰出在形式产品、附加产品的环节上。

2）产品组合战略

在一个现代企业里，往往同时进行着多种产品的生产，这种情况的出现就必然使企业遇到多种产品的组合问题。产品组合是一个企业所经营的全部产品项目、产品线的结构方式或组合方式。产品线是许多产品项目的集合，这些产品项目之所以组成一条产品线，是因为这些产品项目具有功能相似、用户相同、分销渠道同一、消费上相连带等特点。产品线的项目不宜太多太繁，否则会造成产品项目之间的自相冲突。因此，产品项目之间应保持一定的差异，差异程度以能引起消费者的注意为限。

3）产品生命周期

河南安彩集团几年前还是全球最大的显示器制造商，有着良好的经营业绩，但公司未仔细研究技术和市场发展趋势，没有适时推出新产品，从而导致后来步履维艰。产品生命周期的最重要贡献，是在于警示我们：再辉煌的产品也有被淘汰的一天。市场上竞争对手随时会引入新的突破，顾客随时可能被新产品夺走。现今日新月异的科技进展，加速了新产品的研究和涌现，间接加快了旧产品的衰退期。民营企业必须以满足顾客需求为己任，保持敏锐的市场触觉，了解各方面的改变和动态，高瞻远瞩，巩固及保持有利的优势，才能在瞬息万变的战场上作持久之战。

4）新产品开发

新产品上市决策是指在决定推出新产品之前，民营企业需要做出四个基本决策（3W1H），即：何时（when）、何人（who）、何地（where）、如

何（how）。从广义上来说，产品上市是指渠道研究—媒介促销研究—满意度研究—忠诚度研究—完全品牌研究这一完整的产品上市过程。新产品上市是一项很复杂的工作，它牵涉的部门很多，包括产品开发部、市场部、销售部、财务部、生产部等。有关的人员多，要做的工作也是千头万绪，如何做好新品上市工作成为许多企业的老大难问题。企业只有通过详细的市场调研才能获得市场的第一手资料，并针对新产品上市的每一个过程制定详细的细分决策（价格、渠道、促销组合等策略），才可能使新产品具有独特的市场竞争力。

（2）品牌方面

品牌是消费者选择产品是最容易感知的一个因素，也是消费者的首选判别因素，民营企业应该建立自己的品牌优势，培养重点顾客群体。

1）品牌战略管理规划的步骤

第一步：规划以核心价值为中心的品牌识别系统，并以品牌识别统帅企业的营销传播活动。

第二步：优选品牌化战略与品牌架构。

第三步：进行理性的品牌延伸扩张，充分利用品牌资源获取更大的利润。一般来说，高端品牌可以向低端产品延伸，而不能把低端品牌向高端产品延伸。

第四步：科学地管理各项品牌资产，累积丰厚的品牌资产。

特别提醒：

——品牌不是单一的某个方面的概念，而是一个整合的概念，是所有因素的总和。因此品牌管理应是全方位的管理，要做整合性规划。

——品牌管理不是短期工程，需要持之以恒、长久统一地进行。知名度可以很快打出，但要获得长盛不衰的美誉度，形成坚定不移的品牌忠诚，则必须打持久战。

——科学严谨的管理工作是基础，一旦放松，企业品牌就会走下坡路。

2）民营企业在品牌定位过程中要避免出现以下几种失误

一是不充分定位。购买者对品牌只有一个模糊的概念，并没有真正意识到品牌的独特之处。这是定位本身不清或沟通不佳的结果。

二是过分定位。企业或产品的营销表现，使购买者对品牌形象的认识

过于狭窄。如中国的丝绸，在西方顾客心目中是一种上流社会消费的高价商品，但由于国内企业争相出口，不断压价，使其在国外市场上成为一种便宜货，许多人反而不买了。

三是混淆定位。由于品牌特征过多，或品牌的定位改变太过频繁，顾客会对品牌形象感到困惑。

四是可疑定位。即购买者难以相信广告中对产品特征、价格或制造商的宣传。

重庆奥妮可以让我们对品牌管理的重要性有更充分的认识。"植物一派，重庆奥妮""青丝秀发，缘系百年""黑头发，中国货"这些曾是国人的骄傲，可是这一个鲜明的定位却不能持久进行下去。奥妮皂角、首乌等的植物形象刚刚被接受，百年润发就以其他形象露面了。"不燥不腻，爽洁自然"可以说又重树了奥妮皂角的纯天然植物形象，可惜因财务问题被迫停止宣传。"长城永不倒，国货当自强"是国货精神的经典表现，可是近年来，不论是西洋小提琴演绎的百年润发，还是印度风情的西亚斯，都与国货形象无缘，甚至多数人以为奥妮没有了，大家根本无法将奥妮与这些异国风情联系起来。细品奥妮的每个定位都很精彩，只可惜没能坚持到底。一个不断提出劣质广告但定位却始终一致的品牌，要比一个时常有好广告但定位颠三倒四、错乱不已的品牌，成功概率大。如果消费者无法得到持久统一的品牌信息，就不能真正辨识品牌。

3）我国的许多民营企业已经开始注重品牌管理了，但是很多时候收效不大。问题源于品牌管理中的一些错误观念。

✕品牌必须经过长时间培育才可以形成。

√如果管理和策划很成功，品牌也是可以在短期内形成的。

✕品牌只是对定向的某些目标客户而言。

√"群众的眼睛是雪亮的"，只要产品优秀，管理得当，品牌是可以被广泛接受的。

✕只有广告可以塑造品牌。

√广告只是塑造品牌的手段之一而已，很多促销手段、宣传方法都有助于品牌的塑造。

✕品牌是对产品而言的。

√实际上品牌是对更大的概念而言，它既可以指产品或服务品牌，又可以指公司品牌。

×塑造品牌需要大手笔和大预算。

√品牌真正需要的是精心策划和管理，很多品牌的大规模投入都以失败告终，可见，投资并不是成功品牌管理的必要条件。

（3）价格方面

许多民营企业不会很好地处理定价问题。它们共同的问题是：定价过分以成本为导向，不能依据市场变化及时加以修改；定价同营销组合的其他部分相脱离，不将定价看作是市场定位战略的内在因素；对不同的产品品目、细分市场和购买环境，价格差别不够多样化。

事实上，价格并不只表现在零售价、出厂价等数字上，而是一个完整的体系。一个合理的定价策略不仅要有利于促进销售、获取利润，也要考虑消费者、中间商、零售商的接受程度。许多企业因为定价的错误，导致整体营销的失败。制定高价还是低价，除了要与产品定位以及其他市场营销组合相配合外，还要根据产品本身的特性而定。低价的市场风险是消费者可能认为其产品质量低于价高的竞争者产品，此外，低价能买到市场占有率但买不到顾客忠诚度；高价不是凭空而定的，其基础是：或者能为并不出奇的产品寻找一个好的卖点，所谓"一招鲜吃遍天"，或者如金利来领带那样有花样、款式和手工方面都领先的坚实后盾，这样才不至于"昙花一现"，而能保持长久的生命力；对某些奢侈品来说，到了一定阶段，价格就成了制约人们购买的主要因素，为了使其迅速得到推广，降价是企业必然要采用的一种策略；当产品的差别化不大或者替代品众多，且需求价格弹性较大时，价格会成为销售中最敏感的因素。

定价策略会大大影响顾客和企业本身，民营企业需要在追求短期获利能力和长期获利能力的定价策略之间权衡。同时，必须清楚地了解本企业的营销目标，以便使定价目标与企业的战略相一致。明确了企业的定价目标，才能选择适合自己企业产品的定价策略，通常可选择的定价策略有：市场渗透定价策略、市场撇脂定价策略和中间定价策略。

价格战是市场竞争进入一定阶段后，企业之间重新划分市场份额，优势企业不断扩张，最终确立强势地位最直接、最有效的手段。一般来说，

只有价格需求弹性较大的产品才可以打价格战（但不是一定要打价格战）。一个企业要采取价格战策略，除了成本领先外，还要注意以下几个基本方面。

1) 产品质量达到业内较高水平，并得到目标顾客认同

这样降价就不会使顾客对产品产生质次价低的印象，动摇顾客心中的企业品牌形象。企业如果没有这方面牢固的基础，就只会吸引那些贪图便宜、重价不重质的低端顾客，最终得不偿失。

2) 价格战必须以新产品上市作为先导和后续手段

利用降价引人注目的时机推出新产品或高档产品，既可以降低推出新产品的广告费用，也可以通过新产品吸引更多的非价格导向的顾客，冲淡价格低、档次低的思维定式，还可以减少因降价而产生的利润损失。这样不但会树立企业"不断创新"的品牌形象，还会给人一种企业让利消费者的印象。没有新产品的推出，价格战就失去了灵魂，难以产生持久的效果。

3) 发动价格战的企业要有一定的生产规模

一般认为生产能力达到整个市场容量的10%是一个临界点，达到这一点后，企业的大幅降价行为就足以对整个市场产生震撼性的影响。同时，这一规模也是企业形成规模经济的起点。

4) 成长期发动价格战比较容易收到积极效果，而产品处于成熟期时进行价格战则容易产生消极影响。

5) 产品要具备一定的品牌号召力

否则很难引起消费者的注意，也很难影响顾客的消费决策。

广东格兰仕企业（集团）公司原是1979年成立的一家羽绒制品生产企业，1992年开始转产微波炉，经过短短10年时间的发展，目前已成长为我国乃至全球最大的微波炉生产企业，具有年产1500万台微波炉的生产能力。

从2000年10月开始，格兰仕宣布其黑金刚系列等市场最畅销的主力型高档微波炉即日全面降价，连高效热风对流型等世界上最高档的微波炉产品也一步到位降到千元以内。这是格兰仕在三个月内的第二次降价，降幅达到30%~50%，并且宣称今后所有的高档微波炉价格都不会再超过1000元。此次微波炉降价有其合理性：首先，微波炉不像彩电那样是城镇居民的必需品，而是属于高档消费品，其用途并不广泛，相对较高的价格，居

民的消费欲望并不强烈。其次，降低价格有利于扩大销量、增加收益。此外，还可确保格兰仕在微波炉行业中的垄断地位，限制竞争对手和潜在进入者。

采用价格战还需要注意：价格促销频度过高是"兵"家大忌。如果某个品牌常常靠价格来促销的话，消费者会认为它是便宜的品牌，通常只等价格促销时上门购买。同时价格促销不一定能赢得理智且成熟的顾客，即使是能促进一时的销售，产生一些泡沫效应，但这泡沫终有一天会破灭。

(4) 渠道方面

分销渠道能缩短销售时间，加快资金周转，同时，也使企业从具体的销售业务中解脱出来，全身心投入生产和技术开发，有利于企业节约销售费用。特别是对刚开始发展的民营企业，这一点尤为重要。但是多一层渠道就多分享一部分利润，也会增加对终端控制的难度，所以，要在尽可能接触到终端消费者的情况下，用相对较短的渠道。影响渠道选择的因素很多，只有适合自己的才是最好的，不可盲目学习模仿其他企业。

在同一分销渠道和不同分销渠道之间，会经常出现不同程度的合作与竞争。企业必须充分认识到这些情况，才能对渠道进行有效管理。不要害怕渠道成员之间的竞争，适当的竞争可以促进销售，增加经销商的压力。当然，过度竞争会损害企业的整体利益，此时需要企业进行适当调节。

企业在通过合同促使中间商努力扩大销量的同时，还要不断给中间商以鼓励，因为中间商（特别是经销商）往往是独立的，在很多情况下，中间商往往偏向顾客一边，认为自己是顾客的采购者和忠实代表。而且，多数中间商也不是只经销一家企业的产品，他们总是把出售的商品搭配成组，向顾客出售，而很少注意单项产品。中间商不太注意有关产品改进、包装、装潢以及宣传推广等方面资料的收集，有时还有意将这些信息对生产者保密。生产者应根据中间商的这些特点，采取必要的鼓励措施。

1) 向中间商提供物美价廉、适销对路的产品

这是鼓励中间商的一个很重要的措施，也是从根本上为中间商创造良好的销售条件。为此，生产者需根据市场以及中间商的要求，经常、合理地调整生产计划，改进生产技术，提高产品质量，降低生产成本。

2) 合理分配利润

企业要充分运用定价策略和技巧，根据进货数量、信誉、管理等方面对各类中间商进行考察，视不同情况分别给予不同的折扣。同时，企业的定价应当考虑中间商的利益，根据市场需求和中间商的销货情况，随时调整价格政策。

3）开展促销活动

生产者利用广告宣传推广产品，一般很受中间商欢迎，广告费用可由生产者负担，亦可要求中间商合理分担。生产者还应经常派人前往一些主要的中间商，协助安排陈列，举办产品展览和操作表演，训练推销人员，或根据中间商的推销业绩给予相应的奖励。

4）资金支持

中间商（特别是经销商）一般期望生产企业给予他们资金支持。这可以使他们放手进货，积极推销产品。一般可采取售后付款或先付部分货款待产品售出后再全部付清的方式，以解决中间商资金不足的困难。

5）帮助中间商提升管理

协助中间商搞好经营管理，提高营销效果。可以优化企业与中间商的关系，使企业与中间商结成长期的伙伴关系。

宝洁公司之所以在中国大陆取得较好成绩，制胜的利器是助销。其基本理念就是帮客户赚钱实现双赢，具体表现为：一切销售管理工作以经销商为中心，一切下级分销网络拓展、终端铺货和货架陈列等工作必须借助经销商的力量，一般城市选择一家经销商作为独家总经销，由厂方派驻一位销售代表，负责全面开发和管理该区域市场，其核心职责是帮助经销商管理下属销售队伍。

6）提供情报

市场情报是市场营销活动的重要依据。企业应将所获得的市场信息及时传递给中间商，使他们心中有数。为此民营企业有必要定期或不定期地邀请其进行座谈，共同研究市场动向，制定扩大销售的措施；企业还可将自己的生产状况和生产计划告诉中间商，为中间商合理安排销售提供依据。

在鼓励中间商的同时还要以一定的标准检查评估其表现，包括销售指标完成情况、平均存货水平、向顾客交货的速度、对损失和损坏商品的处理等。在这些指标中，比较重要的是销售额。民营企业应设立专门部门来

解决这个问题。要坚决淘汰那些不思进取、贪图享乐的经销商，对其他经销商则应根据个人与市场情况提出阶段性整改目标，达不到要求的也要根据实际情况采取措施。

为了适应多变的市场需求，民营企业应根据自身要求以及中间商的表现，进行必要的调整，主要包括三种形式。

第一，增减分销渠道对象。这是指在某一分销渠道模式中增减个别中间商，而不是增减这种渠道模式。在做这种决策前，重要的是做好经济效益分析。

第二，增减某一种分销渠道。

第三，调整整个分销渠道。例如，把使用独立零售商销售本企业产品改为自办零售店出售，这可能是调整分销渠道决策中最难的一种，必须由企业最高领导人做出决策，因为这不仅要改变企业已经习惯的分销渠道，而且要调整企业已经习惯的市场营销组合，并制定相应的政策。例如，"格力"以不足同行1%的人力资源投入，维系了市场份额第一的分销网络，并且无不良应收账款。相反，上下通吃往往是错误的行动，创维曾经在广东全省为了直接控制零售终端，开了300多家专卖店，现在全关门了。

第八章

中小型企业转型战略

对企业来说,其战略转型能否成功,能够取得多大的成功,主要取决于以下几个因素:一是进入新行业之前是否对本企业作了正确评估;二是新进入行业与现有行业之间有多大的相关度;三是现有主业能够为新进入行业提供多大的财务支持。

企业转型的目的与意义

企业环境的演变与企业成长

一个企业要不要转型，首先要看清楚商业环境或经济环境的变化是什么性质。如果企业外部商务环境的变化仅仅是周期性的，那么企业基因并不需要改变，唯一要做的就是进行企业改良，缩减成本、主业回归，度过经济周期的低谷。反过来说，企业外部商务环境发生的变化是结构性的，那就意味着企业需要进行基因优化，或者说是战略转型。

目前，导致中国企业面临结构性变化主要有四个原因：

第一，中国加入 WTO 之后，全球化的进程不断加快，计算机网络在全球的快速蔓延，其中最显著特征便是供应链的发展，从处于供应链高端的欧美发达国家一直延伸到处于供应链低端的中国与印度之类的发展中国家，同时全球经济一体化发展趋势造成全球资源重新分配。

第二，由于 20 世纪 90 年代的全球性大幅度信贷扩张和风险资金的供应，以及国家宏观调控政策，过度投资成为全球经济包括中国在内的特征。

第三，由于有效需求不足，投资过度，世界市场演变成为买方市场，这导致消费者与直接面对终端消费者的零售商在供应链中的地位不断加强。

第四，中国市场经济的发展和整个游戏规则都发生改变，市场环境与国家接轨及跨国公司对中国市场新一轮进入，中国一些市场的发展减缓和产业结构的巨大变化，产业生命周期的演变发生改变。

互联互通时代下的企业发展变化

互联网的发展对市场、消费者及企业都产生了巨大影响。

1. 从实体市场到虚拟市场

传统的市场主要表现为实体市场。在实体市场上，顾客可以通过各种感觉器官，通过看、听、闻、触摸等手段对产品形成一个直觉印象，甚至通过试验来确定产品的适用性，从而决定是否购买。而在虚拟市场上，顾客无法通过自己的感官系统了解和判断产品。互联网市场的这种虚拟性限

定了它不可能独立于现实市场而存在，它并不是市场的全部，而只是市场的一部分。虚拟市场这种新型的市场形态，除了对经营者没有货物积压和资金占用，对顾客具有足够大的吸引力以外，它还有许多传统市场形态所不具备的特点，如交易的直接化；市场的多样化、个性化；交易范围的全球化，等等。

2. 消费者直接参与生产和商业流通循环

在传统的营销模式中，消费者所选择的产品和服务是企业已经设计制造出来的，产品和服务通过各种销售渠道，最终到达顾客的手中。在这种模式下，消费者是企业产品的被动接受者，他们无法表达自己的意愿和要求，而且由于技术、资金各方面条件的限制，企业也无法满足顾客个性化的需求。因此，从理论上来看，这种流通模式无论如何总会存在一定的盲目性。而在网络环境下，生产者和消费者在互联网的基础上直接构成商品流通循环，其结果使得商业机构的职能作用逐步淡化，消费者直接参与企业营销的过程，市场的不确定性因此减少，生产者更容易掌握市场对产品的实际需求。

3. 消费模式的改变

网络环境下给了消费者更多的消费机会选择，大范围选择和理性化购买是网络环境下消费者购买行为模式变化最明显的特征。由于网络和电子商务系统巨大的信息处理能力，为消费者在挑选商品时提供了空前规模的选择余地。在这种情况下，企业只有生产优质并适合于消费者需求的产品才能赢得消费者的青睐，企业由此才能获得收益和利润。

4. 扩大企业竞争范围

网络环境下扩大了企业的竞争领域，从常规的广告、促销、产品设计与包装，扩大到无形的虚拟市场，虚拟产品制造和虚拟服务制造。这一点是企业延长产品线和扩大经营领域最为有效和节约的尝试。

面对外部商务环境发生的结构性变化，和互联网给企业经营带来的巨大变化，企业需要考虑实施战略转型。

战略转型决定企业成败

1. 中国企业实施战略转型的必要性

在过去的20余年中，中国企业的经营环境对中国企业是比较有利的。

中国企业的经营，基本是在一种经济稳定的大环境下进行，以开发国内市场为目标，发展趋势多呈直线型。

当代中国的企业往往依靠三个战略方法获得成功：其一，充分利用中国的低成本优势，尤其是人力资本上的低成本，并且能够把这种优势变成规模的优势，尤其是在绩效方面能够得到明显体现，如格兰仕就是采用了绩效成本领先优势战略。其二，利用对中国本土环境熟悉的优势取得成功，最典型的就是国产手机厂商，中国手机从零发展到市场份额曾一度超过30%。其三，尽量利用国家的行业政策给予它的有利条件，当然不可否认其中存在一些不合理的违反商业精神的潜规则。中国的成功企业一般都是利用这三种战略的其中之一或者战略组合其中之二。

在全球化的背景之下，中国企业赖以发展的条件发生根本性的改变。竞争不仅来自中国，也来自全球很多不同国家的企业。可以想见，随着市场开放程度的不断加深，中国企业将面临越来越激烈的竞争。与此同时，随着全球化的深入，中国企业也正面对着一个扁平的世界，与全球市场的融合是一种大势所趋。企业需要放眼全球市场去考虑自己的战略和发展，因此是否实行战略转型及如何实现战略转型将是很多企业即将面临的重大课题。

2. 中国企业实施战略转型要注意的问题

一般说来，企业实施战略转型，是一个长期的任务，不可能在一夜之间得以完成。当然，时间的长短并不是衡量企业战略转型成功与否的关键因素。对企业来说，其战略转型能否成功，能够取得多大的成功，主要取决于以下几个因素：一是进入新行业之前是否对本企业作了正确评估；二是新进入行业与现有行业之间有多大的相关度；三是现有主业能够为新进入行业提供多大的财务支持。

（1）对内外资源环境的正确审视

企业在进行战略转型之前，首先，必然深入分析其所面临的外部市场环境：市场环境是否发生了重大变化，行业平均利润率及行业内主要竞争对手的利润率走势如何，企业在现有的领域是否无法深入发展。其次，企业必须对内部的资源能力要素进行有效评价。企业的资源优势及劣势是什么，企业的核心竞争力是什么，企业所面临的机会和威胁是什么。

（2）向相关业务领域进行转型

企业要进行业务转型，进入新的领域，必须具有与新进入行业相匹配的资源：资金、人力、管理、技术或营销渠道等，新行业资源要求与现有资源有一个比较大的共享空间，使本企业在现有行业取得成功的某些关键因素能够方便、快捷而且有效地复制到新进入的行业之中，从而使企业在新进入的行业中，一开始就能站在一个比较高的起点之上。

（3）充足的财力支持

企业战略转型能够成功的一个关键因素就是企业的现有主业能否为企业的战略转型提供足够的财力支持，特别是现金流支持。对于许多战略转型企业的成功和失败案例的研究发现，是否拥有充足的现金流是企业能够成功战略转型的关键因素之一。许多战略转型企业成功的背后，都有现有主业的大量而又非常稳定的财力，特别是现金流的支持。

企业转型遵循的原则

中国企业转型的误区

1. 认为企业转型是万能钥匙

许多企业之所以选择转型，是因为期望许多关键性的"瓶颈"问题能在转型中迎刃而解。其实，企业转型是把双刃剑，无论哪个企业转型都带有相当大的风险。有的企业在转型中走入下坡路，甚至走上不归路。我们应该针对企业的实际，抓住转型的契机，从企业的业务、服务、网络、技术、组织和人力资源等各个方面找出存在的不足和需要改进的薄弱环节，全面实施精确管理，有效推动企业转型，寻求新的业务增长点和支柱，使企业长期立于竞争的不败之地。

2. 企业缺乏对远景的足够重视

深入分析案例往往会发现，导致大部分企业转型失败的根本原因在于这些企业缺乏对远景的足够重视。国内企业在没有谨慎选择目标的情况下，盲目进入表面看来风光、利润丰厚的行业，大多数企业在尚未进入赢利阶

段前，就已经被市场所淘汰。可预见的远景能指引、聚合及激发大部分企业员工的行动力。无远景的策略选择，将使企业家尽管充满激情和动力，却带领员工在错误的道路上越跑越远。

3. 企业缺乏对转型过程中面临问题的充分准备

许多企业转型之初，并没有建立起充分的危机意识，不仅"高估了自己推动组织变革的力量"，同时又"低估驱使员工离开舒适安逸环境的困难度"，导致日益恶化的"体质"与员工焦虑感交杂，强化了对变革行动的排斥感。员工的态度与行为毫无变化，雄心勃勃的目标不得不大打折扣，计划最终被放弃，企业所面临的只是比以前更糟的窘境。特别是在事事顺利之时，企业管理人员有理由对实施转型犹豫不决，虽然他们知道不采取行动将导致企业慢慢衰退，甚至最终使大厦倾覆，但同时也有足够理由惧怕转型可能产生的不确定结果。

4. 企业战略和执行没有融会贯通

在企业转型过程中，战略和执行必须做到相互依托，不可分割。战略包括市场洞察、战略方向、创新重点和业务规划，而执行则是战略得以顺利实施的保证，它涉及人员、正式组织、关键任务以及气氛和文化等多项因素。目标明确、远景清晰的企业在转型之前，一定会在制定战略的同时去考虑战略的可执行性。如果战略和执行没有融会贯通，企业在转型之后将会面临灭顶之灾。

企业转型遵循的原则

转型是一个"破旧"人与"创新"的博弈过程，矛盾、风险都会随之而来，在转型中，需把握好以下几个原则。

1. 高层的强力推动

转型总是由高层发起的，尤其在企业转型的剧变过程中，无时无刻不需要有强势的高层管理介入，把清晰的转型目标作为机构的首要任务向下传达；高层执行官和转型领导团队要进行定期的决策讨论，坚定地贯彻转型意图，做到言出必行。

2. 注重沟通

转型需要各个层次的员工支持，转型观念深入人心，转型才可能成功。转型是对业务的重新定义，只有在员工的操作、思维和行为方式上发生了

根本性的变化，转型才算完成。因此，必须在机构内提高转型计划的透明度，促进频繁的反馈和快捷的信息传达。

3. 精心策划的项目框架

项目框架需要将管理和目标跟踪与日常管理区分开来，突出重点和方向，把基本的转型目标置于首要地位。执行者要合理地解决转型需要与日常管理需要的冲突，使资源的分配达到最佳状态，防止生产线管理把资源和管理引向其他的方面，而使转型的需要无法得到满足。

4. 跨职能的整合

通过跨职能的整合，加强团队之间的联系，避免各个部门各自为政的局面。

5. 评价体系

需要有对转型项目执行情况的清晰评估标准，并及时调整资源的分配或修正计划。

6. 详尽的方法和可行的方案

作为一个由上而下的执行过程，转型计划需要制订详尽的业务模式、工作方案，使员工能够适应这种转变，而不至于无所适从。

7. 强大的项目工作组

企业转型是一个复杂的过程，需要有强大的跨部门专门小组对转型工作负责，把转型动机转化为可行方案，对具体的执行情况进行跟踪、评估和分析，并进行修正。

企业转型时机的选择

危机转型

1. 何谓危机转型

任何一个想要生存发展的企业都必须寻求转型。刚刚组建的小企业为迅速扩大规模、抢占市场和增加赢利而转型；高速增长的企业为更快的增长、更高的赢利而转型；行业内的领导企业为保持现有竞争格局、拉大同

竞争对手的差距、对于新进入者的挑战或预先积聚下一轮竞争的力量而转型；走下坡路的企业为延缓衰落，再现辉煌而转型；濒临死亡的企业则为继续生存而转型。

这种濒临死亡的企业在危机状态下的转型也称危机转型。当企业因为战略滞后的累积效应导致经营业绩下降，或因为企业管理不善，或因为财务岌岌可危，企业已经存在有形的可感觉到的危机，甚至是直接面对严重危机。这时企业必须通过战略转型摆脱危机，重建竞争优势。

管理学者斯蒂文·芬克时危机生命周期的划分方式，提出企业危机生命周期理论。危机生命周期理论是指危机因子从出现到处理结束的过程中，有不同的生命特征。企业危机生命周期理论的主要内涵是指危机在不同的阶段，有不同的生命特征，其一般有五个阶段：危机酝酿期、危机爆发期、危机扩散期、危机处理期、危机处理期和后遗症期。

危机酝酿期：一般来说企业危机都是从渐变、量变，最后才形成质变，而量变是危机的成型与爆发，并且危机是由多个因素动态发展的结果，因此潜藏危机因素的发展与扩散是危机管理的重要阶段。

危机爆发期：突破危急的预警防线，企业危机便进入爆发期，并会威胁到企业的生存和发展，如果不能立即处理，危机将进一步上升，其杀伤范围与强度会变得更为严重。

危机扩散期：企业危机发生后，会对其他领域产生连带影响，有时会冲击其他领域，而造成不同程度的危机。

危机处理期：该阶段进入生命周期的关键阶段。后续发展完全取决于危机管理决策者的专业能力。通过建立危机预警机制，将其消灭于萌芽之中是最佳的危机处理途径。

后遗症期：企业危机经过紧急处理后，可能得到解决，但无效的处理，可能使企业危机的残余因素经过发酵，使危机重新进入新一轮酝酿期。

2. 危机的类型

企业危机发生的主要原因可分为以下几点：

（1）产品危机

产品或服务有质量或性能的问题及缺陷，导致危机发生。如苏丹红事件、光明牛奶事件等。

(2）市场危机

由于市场环境发生变化、竞争对手营销能力加强或者企业自身的营销能力下降导致危机发生。如2003年乐华电子公司冒进的渠道变革，造成此后半年乐华彩电销售收入大幅锐减，并引发债务等系列危机，最终被TCL兼并。

（3）管理危机

由于投资、购并、体制、债务、供应或人事行政等管理方面的原因导致危机发生。1999年，太阳神集团的营业额高达13亿元，市场份额最高时达63%。当年，太阳神接连上马了包括房地产、石油、边贸、酒店业、化妆品、电脑等在内的20多个项目，在全国各地进行大规模的收购和投资活动，短短两年太阳神转移到这些项目中的资金高达3.4亿元，但不幸的是，这些投资大部分收益甚微，太阳神因其投资失误带来的危机导致其从此日暮西山。

（4）媒体危机

因媒体曝光使企业美誉度遭受严重考验，从而发生危机。如很多年以前的三株、2005年的雀巢奶粉事件。

（5）自然灾害或社会因素等突发事件导致的不可抗力危机

因自然灾害、战争、恐怖活动、宏观政策调整或外交风云导致危机的发生。如2003年SARS危机和2004年禽流感危机以及2020年新冠病毒全球大流行至今，使众多企业销售额与利润都大幅下降。

3. 企业如何应对危机转型

不可否认的是，一个企业在其经营过程中几乎必然要遭遇各种程度的危机。企业危机发生后，企业处在风口浪尖上，如履薄冰。因为在这个非常时期，任何一点小小的闪失都可能引发大的问题。如生产上任何一起细微的质量事故，平时可能微不足道，在此时都有可能会被无限放大，造成无法挽回的重大损失。因此，企业危机事件发生，要进行快速处理，但是更重要的是企业能够以危机为转机，成为转型跃升的临界点。

如1994年，著名厂商英特尔（Intel）公司发生芯片事件。这是由一个数学教授引起的，这位教授向外界透露了英特尔芯片的一个问题：他在研究一些复杂的数学运算时，机器出现了除法错误。英特尔对此的解释是，

这是由于芯片的设计上有一个小错误，使计算机在90亿次除法运算中会出现一次浮点错误，一般人其实是不可能遇到这种小错误并受损的。不过美国各大媒体开始大规模报道此事，一个月之后，IBM宣布停止将装有奔腾芯片的计算机出厂。英特尔很快就明白了当时的现实：这件事不再是一个处理器的浮点缺陷问题，而是整个业界与消费者对英特尔的信心。英特尔马上改变策略，不再解释这错误有多小，果断决定：花费近5亿美元免费为所有用户更换所有问题芯片。这样，英特尔将风波平息，顺利化解危机。

卓越的英特尔公司通过这个事件明白自己不仅是芯片制造商，还是在维持一个全球性品牌。同时，计算机行业内已出现重大变化，从以前IBM软硬件通吃的纵向一体化，从专为公司服务的大型机转为个人服务的个人电脑，从此开始了个人电脑消费革命。英特尔以此为契机，从危机找到战略转型点，化危机为商机，及时进行战略转型，至今又占据了10多年的垄断地位。

突发的危机事件只不过是导火索而已，其深层原因就是企业不合适的商业模式。一般来说，企业的经营危机往往是来源于财务质量、经营质量和治理效能三个关键因素。经营质量和治理效能决定经营危机的演化趋势。财务质量恶化只是危机发生的表象，经营质量和治理效能则是影响危机恶化与否的深层原因。

企业存在危机是必然的，特别是在中国目前的市场环境下，我们的企业必须要对这一点有清醒的认识。因为市场、顾客、竞争对手等诸多外部因素始终在不断变化，如何识别危机并能采取有效措施去避免危机，甚至将其转化为企业转型的动力才是一个企业长久发展的根本保障，实现这一点需要企业具有较高的管理水平，反映到企业运作上就是企业能够审时度势地采取策略、缜密地研究市场，充分发挥企业内外各种资源的作用，形成超强的转型力，在竞争中不断发展壮大。总而言之，转型力强弱是企业能否渡过危机的根本。

成长型企业转型

1. 何谓成长型企业

成长型企业是指在较长的时期内（如3年以上），具有持续挖掘未利用资源能力，不同程度地呈现整体扩张态势，未来发展预期良好的企业。成

长型中小企业评估计量方法采用"二维判断"法来评估企业的成长性。所谓二维判断法，就是从两方面同时考察企业的变动状况。一是从空间上考察企业的变动状况，即综合考察企业在本行业（或全部产业）时点状态下所处的地位；二是从时间上考察企业的变动状况，即综合考察一段时期内企业连续发展的速度和质量。

2. 成长型企业的五个阶段

根据美国的奎因和卡梅隆的研究，成长型企业发展的普遍规律可分为以下五个阶段。

（1）创业阶段

在创业阶段的初期有个非常明显的特点，就是更多地依靠创业者的个人创造性和英雄主义。由于此时的重点是强调研发，重视市场，最重要的是怎么把新产品迅速销售出去，因此不需要太复杂的管理，创业者本人完全控制整个企业就可以完成管理任务。

经过1~3年的发展，可能进入一个危险期，企业会出现剧烈震荡，振荡的原因是因为随着员工数量的日益增加，更需要一个职业化的管理阶层来进行科学的指导和控制。

（2）集体化阶段

所谓集体化，是指企业通过受过专门训练的职业经理人去管理各个部门，建立一个管理团队去指导员工工作，引导员工执行决策层的决定。企业在这个阶段发展到一定程度，又会出现一次震荡，主要原因是员工需要获得自主权，而中、基层管理人员则希望增加自主权。由于指导工作和员工的具体实践使管理人员的工作经验日益丰富并且管理水平不断提升，企业规模扩大、管理层次增加，则会刺激员工对自主权的渴求，从而导致企业发展出现新的鸿沟，此时就需要授权，并建立一个更为规范的管理体系，那么企业就能进入发展的第三个阶段，即规范化阶段。

（3）规范化阶段

作为第三个阶段的规范化阶段，重点就是授权，通过授权使企业跨越了第二个发展鸿沟。这时大多数企业高速成长，产品由过去的利基市场，转向更为广泛的主流市场。随着员工人数迅速膨胀，部门快速分拆，销售地域和网络越来越分散，此时需要更多的授权。但授权过多就会导致自作

主张，出现本位主义，控制过多就会出现不协调、合作困难的现象，因此协调是跨越第三个发展阶段鸿沟的主要手段。

（4）精细化阶段

跨越第三个鸿沟后，马上进入了企业发展的第四阶段，即精细化阶段，企业需要通过更规范、更全面的管理体系和管理流程，或者说是更多、更先进的管理信息系统来支撑。但官僚主义的出现又会引发新的危机，管理层次过多，决策周期拉长，人员冗余，因此企业在面对新的鸿沟时，需要加强合作，这时要更多采用项目管理的手段，建立很多团队，通过按产品、地域设立适宜的部门和团队来增强市场竞争的快速应变能力。

（5）合作阶段

这一阶段，企业的规模迅速壮大，甚至已经进入国际市场，成为一个全球性的公司了。但发展若干年后又会遇到新的麻烦，就是企业变得越来越大，反应也越来越迟缓，此时企业需要组织扁平化，需要恢复活力，因此要有小公司思维，通过适当拆分和多元化运作，并努力恢复创业阶段的创新意识和激情。

一个成长型企业一定会经历发展的若干阶段，每个阶段一般是1~3年，甚至更长。我们看到中国很多企业在发展过程中由于没有跨越某个阶段的鸿沟，掉了下去，因此而失败。

3. 成长型企业如何转型

企业战略总的来说有三种选择：一是成长领先战略，依赖于规模经济、专有技术和优惠的原材料等因素，以与竞争对手相比尽可能低的成本提供产品和服务，从而获得较高的利润和较大的市场份额。二是差异化战略，依赖于基础产品、销售交货体系、营销渠道等一系列因素，为顾客提供附加价值，以其一种或多种特质在产品内独树一帜，从而不断获得高溢价的市场收获。三是目标集聚战略，这种战略着眼于产业内的一个狭小空间，并在这个空间中选择产业内的一种或一组细分市场，量体裁衣为其服务而不是为其他细分市场服务。

总的来说，转型中的成长型企业要遵循以下原则。

（1）扩张要适度

一方面，扩张要留有余地；另一方面，遇到障碍要及时转向。企业小

的时候，发展需要抓机遇，在关键时刻，需要有以小博大的勇气，实现跳跃式发展。企业大了，要量力而行。扩张失败了，还有机会收缩自保。当今，中国经济越来越表现出周期性波动的特点，相应地，国家财政和货币政策也存在松和紧的循环。具体行业的波动可能更加频繁和剧烈。在经济周期和行业周期的波峰时段扩张，风险巨大。

（2）培育核心竞争力

缺乏核心竞争力的企业规模再大也是虚弱的。核心竞争力越强大，成长越有力；规模越大，核心竞争力越得到加强。

（3）正确评估竞争对手

在本行业扩张，就要抢竞争对手的市场份额；跨行业竞争，就要挑战新行业的所有对手。对手的反应措施通常会超乎想象的激烈，让扩张计划落空，反而陷入过度竞争的陷阱。

（4）充分考虑可能遇到的风险

往往获利越大的投资，风险越大。许多事之所以会发生，一是由于没有被人关注，二是因为有侥幸心理而没有做准备或准备不充分。稳定是企业价值的基础，但系统生存却终究要依靠成长和发展。而成长和发展却又会带来企业崩溃的风险，只有控制风险在一定的范围内，才能使企业免于崩溃而稳定。

（5）不断创新

企业要能够从瞬息万变的竞争中，敏锐地识别出有价值的创新机会。创新能够给处于成长之中的相对劣势的企业一个翻身的机会，只要企业能够准确及时地把握住这样的机会，就能够有机会战胜实力强于自己的竞争对手。

强势企业转型

1. 强势企业转型的原因

（1）在战略思路上缺乏整体观和层次观

企业战略是对企业整体的经营，而很多强势企业仍然停留在局部经营的阶段，很容易犯短视症的毛病。并且由于行业技术的进步或宏观产业结构的调整，很多企业虽能正常运作，但却潜伏危机。在这种情况下，强势企业只有进行战略转型，才有可能走出困境。

(2) 忽视培养发现危机的能力

在企业实际运作中，强势企业往往偏重于培养发掘商业机会的能力，却忽视发现危机的能力。事实上，对战略转型时机的把握能力，与企业发现危机的能力是紧密相关的。企业不仅要勇于发掘机会，而且还要善于发现危机，二者相辅相成，缺一不可。当强势企业面临外部的重大事件触发危机，陷入危险的境地之时，此时的战略转型具有较大的破坏性，企业将付出较大的代价。

(3) 转型时财力支持不足

很多强势企业，在实施战略转型时，并不是行业选择错误，而恰恰是由于企业不能提供稳定的现金流或者说没有足够的财力支持才导致的失败。很多企业在主营业务没有得到足够发展甚至还需要大量投资的情况下，就贸然进入新的行业，结果两个行业都需要大量投资，有限的资金严重满足不了企业的发展，资金运用分散，根本不能在物质、形态上形成有效的竞争优势，一方面主营业务发挥不足，竞争能力减弱；另一方面新进入行业资金投入严重缺乏，免疫能力严重不足。结果是两个行业都得不到发展，甚至于主副业都被废掉。

2. 强势企业如何转型

(1) 取得差异化的竞争优势

强势企业想要在转型中能保持或快速将其核心竞争力转化为市场竞争优势的关键，往往就在于取得差异化的竞争优势。产品价格及成本的降低总体上是比差异化更加困难，因为哪怕对产品进行局部创新，也能引起顾客的兴趣，尽管这种创新并不能真正形成企业的竞争优势，但其实施可能性事实上要比降低成本要大得多。因此，企业要形成真正的核心竞争力，就必须培养自己的差异化竞争优势，而不是比较竞争优势。

(2) 技术创新

同时，成功的公司应致力于将技术创新、改进和发明与行业洞察力相结合，用真正有价值的创新去推动生产力的发展。创新能够改变人们思考问题的方式和方法，而转型则要求不断变化。企业家们必须在制定战略和价值观时就注意强调创新，并致力于使业务模式与市场和客户需求相配合，面对不断改变的市场来调整自己，向着一流的业务模型和流程进行转型。

这是企业保持长盛不衰的诀窍。

除了技术创新外，强势企业保持成功还要进行市场创新、文化创新、制度创新等。如果企业过于自信，迎接他们的将是企业竞争的失败，强势地位的陨落。

（3）遵循围绕核心能力进行转型的原则

从产业转型的角度看，国内强势企业也应该遵循围绕核心能力进行转型的原则。核心能力是一个企业的内在的，不易被竞争对手所模仿的具有企业特性的能力。战略转型只有建立在自己核心能力的基础上，尤其是强势企业在实施战略转型的时候，首先要找到自己主业成功的核心优势，并在新进入的行业内，不断复制主营行业成功的经验和能力，才最有可能成功。否则，企业在新进入的行业中，从头开始，白手起家，成功的几率就非常低。

企业业务转型的路径

企业多角化经营

1. 多角化经营的概念

多角化经营，又被称为多元化经营或多样化经营，是企业为了获得最大的经济效益和长期稳定经营，开发有发展潜力的产品，或通过吸收、合并其他行业的企业，以充实系列产品结构，或者丰富产品组合结构的一种经营模式。企业多角化经营战略是由著名的"产品-市场战略"大师安索夫于20世纪50年代提出的，是企业发展到一定阶段后为寻求长远发展而采取的一种成长或扩张行为。

最早研究多角化主题的是美国学者安索夫。他于1957年在《哈佛商业评论》上发表的《多角化战略》一文中强调多角化是"用新的产品去开发新的市场"。由他首次提出的多角化经营主要是针对企业经营的产品种类数量而言。但是这种以产品种类多少来定义企业的多角化是不准确的，因为高度相关的多种产品经营与高度不相关的、跨产业的多种产品经营，即使

企业最终产品种类的数量相同,但表现出的多角化的程度是不一样的,显然后者的多角化程度更高,对企业经营的影响更大。

彭罗斯在其出版的《企业成长理论》中定义多角化是企业在基本保留原有产品生产线的情况下,扩展其生产活动,开展若干新产品(包括中间产品)的生产。并且这些新产品与原有产品在生产和营销中有很大的不同。他认为多角化包括最终产品的增加、垂直一体化的增加以及企业运作的基本领域数量的增加。他的定义弥补了安索夫多角化定义中的不足,更接近企业多角化经营的实质。但其不足之处在于,他将企业经营的一体化与多角化混为一谈,认为一体化是企业多角化的一种形式。

鲁梅尔特指出,多角化战略是通过结合有限的多角化的实力、技能或目标,与原来活动相关联的新的活动方式表现出来的战略。多角化的实质是拓展进入新的领域,强调培植新的竞争优势和现有领域的壮大。

2. 多角化经营的利弊分析

多角化经营对企业的正面效益主要表现在以下三个方面。

(1) 多角化经营可以充分利用企业内部优势

在多角化经营战略下,企业可以充分利用企业的技术、市场等资源优势,合理进行资源配置,提高资源的利用效率。多角化经营可实现的另一个内部化优势是企业内部资本市场的建立。在实施多角化经营战略时,企业可以通过企业内部的资金的调度在一定程度上解决上述资金不足的问题,从而获得比单一经营企业更多的投资和获利机会。

(2) 多角化经营可以有效地规避企业经营风险

在市场经济条件下,市场机制对资源的配置起基础性作用,在它们的共同作用下,企业经营既面临发展的机遇,又遇到风险的威胁。同时,随着现代科学技术的飞速发展和需求的多样化趋势,产品的寿命周期大大缩短,使市场需求的波动性更加剧烈,企业的经营风险越来越大。面对这些风险,企业选择了多角化经营战略,将资源分散到不同产品或行业经营中,能避免经营范围单一造成企业过于依赖某一市场,可以防范因经营领域单一而可能导致的企业彻底失败的风险,以保证经营的适应性、安全性、稳定性。

(3) 多角化经营可以产生协同效应

协同效应是指企业将两个（或两个以上）的业务单位的某些共同职能活动有机地结合在一起，使用较少的投入资源完成同样的，甚至更多的业务量，而且取得较好的协调和沟通，即产生范围经济效应，发挥大于它们简单加总的效果，即"1+2>3"。从短期来看，多角化扩展，例如，收购、兼并，首先可以取得财务上的收益，以雄厚的资本实力，从事跨行业的多角投资活动，以获取高额利润。从长期来看，多角化经营的企业首先可以获得一定程度上的经营协同效应，如销售协同效应，企业的各个业务部门可以共享仓库、广告、促销和企业商誉，利用现有销售渠道、营销技能、顾客基础和品牌声誉，充分发挥销售协同作用。

多角化经营的负面影响体现在以下几个方面。

（1）跨行业投资风险

跨行业投资风险包括跨行业市场开发风险和跨行业技术开发风险。

1）跨行业市场开发风险

采用多角化经营，企业跨行业投资进入的是一个陌生的领域，开展原来并不擅长的业务，必须通过营销、广告等手段开拓新的市场，而新市场的开发具有很大的不确定性，从而给企业跨行业投资带来较大的市场开发风险，同时使得企业的外部交易成本大量增加。

2）跨行业技术开发风险

企业跨行业投资涉足新行业，要想在激烈的市场竞争中有一席之地，就必须进行技术创新。由于采用多角化经营，企业进入的不同的行业，产品的不相关性导致对技术的要求也是不相关的，这就加大了新技术开发的难度，增加了技术开发成本和风险。

（2）跨行业补贴风险

实行多角化经营，企业在不同行业上的投资效益不同，盈亏状况不同。这固然可以起到均衡收益、分散风险的作用，但同时也产生了跨行业补贴的弊端。一般来说，单一化经营企业产生净资产为负值的现象后，生存的可能性较小，通常会破产或被其他企业并购。但如果上述企业不是作为一个独立的企业，而是作为多角化经营企业中的一个部门存在时，则仍能继续生存的可能性便大大增加，因为多角化经营企业会利用其他行业上的赢利对亏损行业进行补贴。而这种补贴通常会降低企业的整体实力，给企业

带来跨行业补贴风险。

（3）资源分散风险

多角化经营往往会给企业造成总体上规模不小，但在每一个领域内又达不到规模经济。产生既存在资源不足，又存在资源浪费的状况。由于多角化经营，企业资源分散不利于集中力量发展企业的主导产业，影响了主导产业的技术创新，削弱了原有优势产业的竞争力，从而会降低优势产业在市场竞争中的地位，不利于企业的长远发展。

（4）经营管理风险

多角化经营的企业要面对多种产业和多个市场，将形成一个复杂的管理体系，这大大增加了企业经营管理上的难度，特别是给企业经营决策将带来更大的困难和风险。正如彼得·德鲁克所说，一个企业的多角化经营范围越广，协调活动和可能造成的决策延误就越多。

3. 企业如何运用多角化经营战略

企业要进行多角化经营，要进行多角化经营战略的选择，选择适合于本企业内外环境条件的企业战略，在实际应用中，应充分把握好多角化经营战略的"度"，具体体现在以下几个方面。

（1）客观选择经营范围

选择好适合市场需求的经营范围，这是企业进行多角化经营的前提和基础。在经营范围选择中，企业应该对多角化经营所涉及的各个产品和经营方位的市场前景、消费者群等进行深入的调研和谨慎地规划，客观评价竞争对手的客观条件以及本企业的实际情况，做出切实的对比研究，制定出几套应付不同情况变化的预选方案以供抉择，以便使企业能遇变即变。

（2）充分发挥自身优势

每个企业都有自己的优势，都有自己区别于其他企业不同的特色，在企业进行多角化经营战略选择与决策时，要特别注意充分地发挥自己在核心业务上的特异优势，即要把其最坚实的基础建立在自己企业核心业务实力的基础上，从而在企业成长中保持和巩固企业自身的竞争优势，这是决定企业多角经营战略取胜的具有决定意义的内因。

（3）制定明确的战略目标

企业在进行多角化经营战略的选择时，常会因缺乏明确的目标而易犯

"盲目多角化"的错误。战略是为目标服务的,没有目标的战略是毫无意义的。企业所追求的最终目标,是企业选择多角化经营最重要的原则。企业在进入多角化经营时,应明确进入目标行业的最高和最低目标,最高目标可根据不同企业的具体情况制定,而最低目标则应该是企业可以承受目标行业经营的最大限度的损失,且对现有行业经营的影响最小。企业在选择战略时应根据外部环境及内部自身的情况,选择适合自身发展的战略并恰当地运用好战略,从而更好地促进企业的发展。

企业业务流程重组

1. 业务流程重组的概念

业务流程重组(Business Process Reengineering,BPR)的定义是由美国的 Michael Hammer 和 James Champy 于 1993 年在 *Reengineering The Corporation* 一文中提出的。业务流程重组是"对企业的业务流程进行根本性的思考和彻底的再设计",其目的是"在成本、质量、服务和速度等方面取得显著的改善",使得企业能最大限度地适应以"顾客、竞争、变化"为特征的现代企业经营环境。

BPR 的管理思想是:第一,面向顾客,强调客户需求;第二,面向企业业务流程;第三,追求企业性能的突破性提高。BPR 的核心是流程,侧重点是重组,强调彻底性、根本性、戏剧性。

BPM 的内涵

流程管理是指在组织战略的指引下,以先进的信息技术为手段,为实现客户需求,以规范化的设计端到端的卓越业务流程为中心,以持续地提高组织业务绩效为目的的系统化的管理模式。其核心是流程。侧重点是流程建设(管理),强调规范化、持续性和系统化,本质是构造卓越的业务流程(组织的所有活动都是无缝衔接,没有任何不增值的活动)。

ERP 的内涵

ERP 是集信息技术与先进的管理思想于一身的现代企业运行模式,是企业在信息时代生存、发展的基石。可从管理思想、软件产品、管理系统三个层次理解它的含义:

第一,ERP 的实质是面向供应链(Supply Chain)的管理思想。

第二,是以 ERP 管理思想为灵魂的软件产品。

第三，是在信息技术的支撑下，整合企业管理理念、业务流程、基础数据、人力物力、计算机硬件和软件的一体化的集成管理。

BPR、BPM 与 ERP 都是面向流程的管理思想。BPM 是 BPR 的更高阶段，具有更丰富、更现实的内涵，BPM 是 ERP 实施的基石，二者相辅相成、互相促进。

2. 业务流程重组的实施原则

（1）坚持以流程为中心

业务流程重组同亚当·斯密的"分工"理论反其道而行之，提出"合工"的思想，其要点就在于凭借信息技术、以企业业务流程重组为突破口，进而带动组织、人员、企业的重组。因此在实施过程中，企业不应将精力全部集中在狭小的任务上，而应是彻底突破企业内组织部门间的界限，打破传统的思考方式，围绕工作过程组织开展工作，争取将原分散在各个功能部门的作业整合成单一流程。

（2）坚持以顾客为导向

当今的市场竞争决定了企业必须充分满足顾客的需求，坚持以顾客为导向。因此，企业必须建立能够快速了解顾客需求、获得顾客反馈的组织结构，使流程中每一环节的员工都能够获取最新的资料，了解自身工作对顾客、对整个流程的贡献。一方面，要减少管理的层次，促使组织结构扁平化，减少信息传递的距离和时延，加快对顾客意见的反馈速度；另一方面，促进信息的横向交流，信息传递不再需要沿着"金字塔"上下流动，而是应该按照流程的需要在部门之间横向地平行传递。打破传统的树状机构，以网状的多向互联的新型的组织结构取而代之，通过数据共享、电子化直接传递，减少不必要的重复的监督、检查和核对等工作。

（3）坚持以人为本的团队式管理

在以流程为中心的企业里，团队是指动态结合在一起的，具有多种技能，并能完成多项任务的一组人。它通常是以生产作业流程为基础组织起来的，在打破企业内部传统的功能部门、等级界限的基础上进行，面向的不再是单一职能，而是综合性任务。让人们从"要我做"变为"我要做"，这是企业业务流程重组的最高境界，也是坚持团队式管理的精髓所在。

（4）坚持合理地利用信息技术

信息技术的巨大飞跃是业务流程重组的物质基础和促进条件。由于数据库通信、网络技术的巨大成就，人们可以快速、方便、实时地共享信息，了解以往埋藏在企业各个文件柜中的数据，从而在物质上保证了能够打破劳动分工，进行业务流程重组，创造更高的生产效率。重组活动要重视信息技术的力量，利用最新的信息技术来重塑具有竞争优势的新的业务流程。但值得注意的是，信息技术仅仅是基础，它本身并不能保证重组活动的成功。人的创造性思维，分工的重组才是重组活动成功的保证。

3. 业务流程重组的方法

BPR作为一种管理思想已经提出十几年了，各国的企业管理者为其可能产生的巨大效益而纷纷进行实践，但由于尚未形成一个规范的方法论。就实施BPR的整个过程而言，国内学者提出了三阶段九步骤，美国BPR专家J. Teng在对众多企业和咨询公司方法、案例总结的基础上，给出的七步法全面地描述了BPR的实施阶段。总的来说，实施BPR要经过下列步骤。

(1) 目标设计

本阶段任务是由高层管理层确认BPR的必要性，进行职责划分。明确BPR要达成的战略目标（如降低成本、提高客户满意度、提高产品质量或服务水平），成立项目领导小组，制定详细的项目规划。

(2) 流程诊断

本阶段任务为确认需重组的流程及优先次序，确认采用何种手段。由于企业业务流程众多，加上时间、人力、财力的有限性决定了企业不可能对所有流程进行重组，必须有重点地选取需要重组的流程，即关键流程。

关键流程可从3个方面考虑。第一，绩效的低下性：流程运行效率很低，直接影响其他流程正常运行。第二，位置的重要性：某流程对企业来说很重要，就要很好地对这个流程进行检查研究。第三，落实的可行性：流程改进之后，应该较容易落实，很快给企业带来效益。确定关键流程的技术方法有两种：

1) 流程绩效表现与重要性矩阵，如图8-1所示。

区域1重要度最高，绩效又最低，该流程一定要改造。

区域2绩效高，重要度也高，需要保持目前状态。

区域3绩效很高，重要度很低，也不是太重要。

区域 4 重要度低，绩效也低，可以不管。

2）流程对顾客的重要性与实施成本矩阵，如图 8-2 所示。

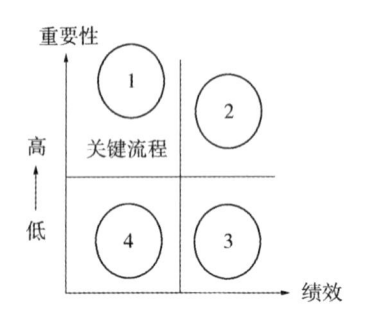

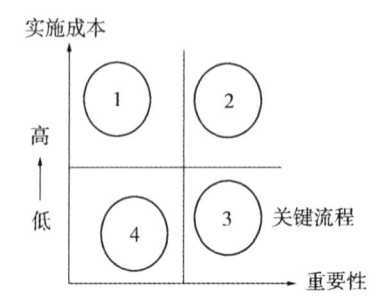

图 8-1 绩效—重要性关系　　图 8-2 实施成本重要性关系

区域 1 实施成本高，对顾客重要性低，不必关注。
区域 2 实施成本高，对顾客重要性高，暂时不必实施。
区域 3 实施成本低，对顾客重要性高，是关键流程。
区域 4 实施成本低，对顾客重要性低，暂时不必关注。

（3）流程再设计

本阶段任务为分析目前的关键流程，根据要达成的战略目标设计出新流程的概念模型、制定出新流程下的组织结构、需要采用的 IT 技术手段。

新流程的设计方法可以采用从"白纸"开始，假定现有的流程都是有问题的，低效率的，因而在设计新流程时完全基于目标，不考虑现有流程。但由于这种方法忽略了人的因素，在具体实施中往往遇到诸多困难，在实践中往往采取渐进的方式，即将新流程的设计分为三个步骤：理解、简化、自动化。

理解是指流程设计部门对关键流程的每一个活动取得一致性的看法，对于流程的假设进行分类，然后描述当前流程。简化是指在理解当前流程的基础上，对比目标，找出当前流程中重复的活动、遗漏的活动、浪费的活动、过于官僚化的活动、瓶颈活动进行重新整理，消除不必要的流程，组合冗长、低效率的流程。自动化是指将简化的流程通过利用合适的 IT 手段，建立相应的组织机构进行固化及自动化。

（4）流程实施

将设计好的新流程落实到企业的日常经营管理中，实施过程中要充分注意到人的因素，与员工就新的方案进行沟通；制订并实施变更管理计划；制订阶段性实施计划并实施；制订新业务流程和系统的培训计划并对员工进行培训。

（5）流程绩效评价

流程重组后的效果如何，必须进行评价，而评价应该以流程重组的目标为依据。通常可以从顾客满意度、管理提升、提高产品质量、降低成本、提供新产品、新服务的能力、业务流程的信息特性进行考虑。

（6）流程维护

为保证重组后的流程能够持续改善且长期运行，需要从两个方面进行保障：

1）建立长期有效的组织保障

具体来说，要建立流程管理机构，明确责权范围；制定各流程内部的运转规则与各流程之间的关系规则，逐步做到用流程管理图取代传统企业中组织机构图。

2）加强企业文化与人才建设

企业必须建立其与流程管理相适应的企业文化，加强团队精神建设，培养员工的主人翁意识。同时由于流程运作对员工提出了更高的要求，因此企业必须注重内部人才的建设，培养出适应于流程管理的复合型人才。

企业业务转型外包

1. 转型外包与传统外包的区别

市场环境不确定性的增加使得传统外包模式已不适应市场竞争的要求。业务转型外包，将外包行为上升到企业战略高度，通过与客户建立一种长期的战略合作关系，让客户均衡企业的整个运作系统，以激发、协助企业快速地调整业务活动以适应外部环境，获得经营收益。

业务转型外包是一种复杂的外包模式，使用它可以获得战略性价值。业务转型外包使组织极大地改善了业务流程。从这个意义上来说，业务转型外包是一种"变革式"外包，它通过外部力量的参与，帮助企业改变其核心业务的运作方式，以获得快速持久的、一步到位的企业业绩。业务转型外包的出现为企业提供了实现快速变革的途径。业务转型外包有一个经过深思熟虑的战略方向，需要企业中各个独立的部分相互合作和关注。它

一般包括组织结构的变革、业务流程、组织实用工具和技术的变革。

转型外包作为与外包相似的一个新概念，与传统外包具有一定区别，如表8-1所示。

表8-1 转型外包与传统外包的区别

转型外包	传统外包
战略性	战术性
业务导向	运作导向
关注价值创造	关注成本降低
管理不确定性	施加控制
跟随战略目标变化的业务流程	基本不变的业务流程
基于在新的互联经济中创造合伙网络	基于外部IT专家获得比非专家企业客户更高的业绩
业务转变和成本再造是企业持续地创造价值	从业务中剥离出非核心职能一次性释放资本
目标是业务转变	目标是剔除非核心职能

2. 转型外包的四个关键要素

为企业搭建适应性平台是一项非常重要的任务，需要实质性技巧。通过外包实现向适应性企业的转型，需要考察企业的四个关键要素。

（1）商业杠杆

商业杠杆能够帮助企业管理变化引起的成本和风险，同时防止对资产负债表或损益表产生严重的负面影响。商业杠杆一般包括以下几个方面的影响：①通过传统外包发挥现有资产的杠杆作用。②通过付现款或基于合同的交易将固定成本变成可变成本。③平滑投资曲线，从而竭尽全力加强前期投资。④关注近期回报，使自筹资金投资回报像滚雪球一样越滚越大。此外，还涉及更多商业创新回报、支付和融资结构。商业杠杆为整个转型投资释放产生更多资金，同时有助于增强企业的灵活性。

（2）技术开发

通过技术开发可以帮助企业创建一个动态改装业务能力的平台，这样创造性的体系结构使企业善于借用他人的资源、技术以及软硬件而不是花

力气重新建造，这有助于企业对变动的外界环境作出意识反应。实行"外包"的企业以信息网络为依托，选用不同公司的资源，与这些具有不同优势的企业组成靠电子手段联系的经营实体。企业成员之间的信息传递、业务往来和并行分布作业模式部门主要由信息网络提供技术支持。

（3）业务转型

改变企业运作的传统方式，超越传统企业流程再造方式，向建立企业网络和商业网站转变。同时应保证这种适应性结构与清晰明确的企业战略相一致。因而企业需要做以下几个方面的准备：企业业务与互联网的整合、创新；树立协作观念。

（4）运作效率

建立健全高效的流程体系来确保对客户服务的时效性，为迎接未来挑战提供平稳运作平台和可控环境。

3. 企业转型外包的实施思路

（1）判断企业是否需要实施业务转型外包

在现今不断变化的市场中，企业承担着比以往任何时期都要频繁的改变业务模式的重任。大部分企业都会每年对产生企业价值的业务领域进行评估，"去除"不再产生价值的业务，而重点发展增加价值的业务。由于很多企业在新的业务领域中不具备获得成功的所有技能和竞争能力，因而，为了取得在市场中的领导地位，可以考虑运用"企业业务转型外包"的形式。但是，这种形式是否符合企业的情况，最重要的是企业以及执行层是否明确变革的目的，而且愿意支持变革，并接受变革中遇到的重重困难。

（2）业务转型外包四个关键阶段

1）规划交易

业务转型外包并非一个非常规的解决方案。它视公司面临的具体情况而做出调整。执行者首先要具备企业家的态度，然后开始执行下面的活动：

①寻找战略同盟

有效的交易中，执行者给商业伙伴以适当的优先权，让他们在卖之前先倾听，获得之前先给予。理想的商业伙伴具有整体的技能，包括强大的战略、实施能力和运作能力，还必须是行业中的专家。具有紧密网络同盟的公司，还能够将直接承包人纳入体系中来。不过，公司可以让合作伙伴

来管理这个集群中的其他供应商，并对结果负责。

②利用商业伙伴的品牌效应

转型外包背后的良好信誉可以管理经营风险，还可以增加市场可信度，帮助公司增强讨价还价的能力以实现转型。

③建立与企业成果相匹配的激励

大多数外包合同包括奖励和罚款，依赖于事先商定的服务水平。另外，BTO关注于企业层的成果，如市场份额和投资收益率（ROE），创造双赢的局面，这样公司和其商业伙伴能够彼此受益。

④程序要有灵活性

为了使程序具有足够的灵活性以适应商业环境，公司需要放弃一些在传统外包交易中很平常的微观层面上的检查和均衡。例如，大多数BTO项目一般需要经过仔细的伙伴筛选过程，但并非花费很长时间，正式的合同协商在外包中是很平常的。

2）过渡管理

草拟和签订完交易合同之后，公司需要将人员和流程过渡给商业伙伴（或已经建立的合资公司），使BTO项目不脱离正确轨道的关键是有效地执行过渡。如果过渡伴随有服务中断、时间延迟、顾客抱怨和操作问题，那么损失将不可弥补。

①清晰的领导安排和控制

公司已经决定了合作伙伴管理的具体流程，公司的雇员需要听从这些安排。清晰的控制能够使合作伙伴愿意对日程的一部分负责。一个执行者对这种可视的权利和控制的评价是："公司不会获得一个真正的转型，除非外包商控制了流程。他们具备快速实施新的操作惯例的权利是必须的，否则，公司就不能再释放投资于未来的资金。"

②顺畅的沟通

在这方面做得最好的公司会花大量的时间与人们交流。他们和大型团体交流，和部门交流。新的经理还会单独和每个将受影响的个体交流。一些公司使用伙伴系统来联系过渡的员工和具有经验的同行。对这个流程的管理有助于将最初的抵触转化为工作的动力和热情。

3）转型关键流程

转型意味着将落后的职能或流程变成世界一流的运作。它通常使现存的日常操作在严格的规则下进行，以确保双方的可靠和成本有效，同时将资源重新配置到新的更高回报的地方。

①设立清晰透明的期望

转型不仅导致将要流动的员工的变化，还导致现在的服务不得不依赖于伙伴组织的业务经理的变动。如果执行者期望这个项目能够在一个较长的期限内获得服务上的改进，就应该确保他们的经理了解新的规则如何在短期内影响服务。

②共同努力

转型流程最前线的工作极具挑战性。有经验的执行者支持基于团队的方法，这种方法使得公司和业务伙伴职员间的区别在调查中很快地模糊了，从而有利于发现和解开价值。

③不断改进业绩

公司周期性地检视外界标杆以确保公司中总是知道什么是"好的"（Great）。当公司达到它的目标时，奖金的发放要兼顾全体，然后再重新设立下一轮的标杆。

4) 培养新的能力

公司要与业务伙伴联合起来探索从重新配置的流程、技术和人员中创造价值的新方法。

①创造氛围

执行者必须帮助操作经理们，让他们了解未来的远景，获得实施的驱动力。

②利用业务伙伴的伙伴

公司需要广泛地解决方案而不是把员工简单撮合在一起。业务伙伴应该具备培育供应商和应用产品解决公司问题的知识网络。

③需求持续变革

可持续价值是一个连续的流程，这个流程要求持续地更新。在所有研究的转型案例中，执行者要求他们的业务伙伴通过对他们的关系提出关于行业发展趋势和新方法的挑衅建议来激起变革。

5) 经营关系

一个信任的开放的关系是促使执行者与商业伙伴分享控制权的关键。但是，多数企业，即便是采用"协作性外包"的企业都很难与合作伙伴建立稳固而充分的信赖关系，因而导致不同程度的失败。由于企业业务的转型关系重大，任何微小差错都会导致严重的损失。因此，为了获得BTO要求的灵活而又强烈的向导作用，公司要学会利用四个杠杆经营好与合作伙伴的关系，企业的执行层必须从四个方面强调对合作关系的管理：合同谈判（正式的承诺、关于期望结果的沟通）、跟踪绩效结果、策略管理（正式的计划、汇报关系、解决问题的程序）、团队个人之间的关系（非正式的沟通体系、团队个人之间的默契）。

数字时代与柯达危机

伊士曼柯达公司（Eastman Kodak Company）简称柯达公司，是世界上最大的影像产品及相关服务的生产和供应商，总部位于美国纽约州罗切斯特市，是一家在纽约证券交易所挂牌的上市公司，业务遍布150多个国家和地区，全球员工约8万人。伊士曼柯达公司在影像拍摄、分享、输出和显示领域一直处于世界领先地位，100多年来帮助无数的人们留住美好回忆、交流重要信息以及享受娱乐时光。

柯达早在1976年就开发出了数字相机技术，并将数字影像技术用于航天领域；1991年柯达就有了130万像素的数字相机。但是到2000年，柯达的数字产品只卖到30亿美元，仅占其总收入的22%，2002年柯达的产品数字化率也只有25%左右，而竞争对手富士已达到60%。这与100年前伊士曼果断抛弃玻璃干板，转向胶片技术的速度，形成莫大反差。2000—2003年柯达各部门销售利润报告，尽管柯达各部门从2000—2003年的销售业绩只是微小波动，但销售利润下降却十分明显，尤其是影像部门呈现出急剧下降的趋势。具体表现在：柯达传统影像部门的销售利润从2000年的143亿美元，锐减至2003年的41.8亿美元，跌幅达到46%。在拍照从"胶卷时代"进入"数字时代"之后，昔日影像王国的辉煌也似乎随着胶卷的失宠，而不复存在。

柯达危机的产生有各方面的原因：首先，柯达长期依赖相对落后的传统胶片部门，而对于数字科技给予传统影像部门的冲击，反应迟钝。其次，管理层作风偏于保守，满足于传统胶片产品的市场份额和垄断地位，缺乏

对市场的前瞻性分析，没有及时调整公司经营战略重心和部门结构，决策犹豫不决，错失良机。

1. 投资方向单一，船大难掉头

由于对于现有技术带来的现实利润和新技术带来的未来利润之间的过渡和切换时机把握不当，造成柯达大量资金用于传统胶片工厂生产线和冲印店设备的低水平简单重复投资，挤占了对数字技术和市场的投资，增大了退出/更新成本，使公司陷于"知错难改"，"船大难掉头"的窘境。据统计，截至2002年年底，柯达彩印店在中国的数量为8000多家，是肯德基的10倍，麦当劳的18倍，这些店铺在不能提供足够利润的情况下，正在成为柯达战略转型的包袱。

2. 决策层迷恋既有优势

过去柯达的管理层都是传统行业出身，例如，现任运营系统副总裁Charles Barrentine是学化学的，数字影像系统美国区总经理Cohen是学土木工程的，等等。在现任的49名高层管理人员中有7名出身化学，而只有3位出自电子专业。特别是在市场应用和保持领先地位方面，传统产业领导忽视了替代技术的持续开发，从而失掉了新产品市场应有的领导份额。

从传统胶片与数字影像产品市场占有率的比较可以看出，柯达对传统胶片技术和产品的眷恋，以及对数字技术和数字影响产品的冲击反应迟钝，这在很大程度上决定了柯达陷入成长危机的必然。

3. 短视的战略联盟

从市场竞争角度看，柯达经营战略中技术竞争与合作的关系，被短期市场行为所左右，竞争者与合作者的战略定位和战略角色模糊。

技术市场竞争激烈，电子技术领先周期缩短，进入细分市场领域的增加，国际级竞争对手增加，在数字相机、可拍照手机、数字冲印、数字打印机领域中遭遇如富士、索尼、惠普、佳能、爱普生等大公司的激烈竞争。虽然柯达也与对手建立了大量战略联盟，但是就核心技术而言形成的战略联盟却寥寥无几，大部分是服务项目的联盟。国之利器，岂能让与他人。管理层其实应该清醒地认识到：柯达过去当老大靠的就是胶片，与别人合作也是靠这个金刚钻儿，人家还会沾你的光。而现在的数字时代，没有核心技术，企业的经营就会随时处于危险的状态，过去的一切都会在瞬间贬

值。合作永远不是一厢情愿的事。

战略转型

针对上述问题和资本市场的反映，柯达于2003年9月26日宣布实施一项重大的战略性转变：放弃传统的胶卷业务，重新向新兴的数字产品转移。

第一，"以变应变"，增加在非影像业务领域的投资。

第二，不再向传统胶卷业务进行任何重大的长期投资。

第三，公司重组，将原来的胶片影像部门、医学影像部门、商业影像部门重组为商业影像、商业冲印、医疗影像、数字及胶片影像系统、显像及零部件五大数字科技部门。

第四，向消费者推出系列型号的数字相机和喷墨打印机，与富士、惠普、施乐、佳能和爱普生等在数字业务领域展开正面较量。

第五，坚持其胶卷特许经营业务，积极开展私有品牌胶卷经营业务，如胶卷将可以以非柯达品牌的商标在国外出售。

第六，通过跨行业联盟形成消费者足不出户全面解决方案，即如下的产业链，包括：数字相机（柯达或非柯达品牌）—联邦快递派送—连锁冲印店输出；彩信（摄影）手机—网络传输—连锁冲印店输出—联邦快递派送—客户。

第七，在中国市场，传统业务与数字业务两者兼顾，建设一个柯达全球生产中心，主要业务为组装核心型号的数字相机，同时开始零部件的本地化生产工作和数字冲印；柯达传统的民用影像业务部门继续扩大中西部和二级城市的市场占有率，实现由"影像"到"影像+零售服务"的战略转型。

第八，实现"双T"（全面解决方案和全面满意度）和"双E"（延伸和扩张）的战略规划，加强终端输出。

继转型战略出台后，在同年召开的纽约西部投资人大会上，柯达CFO布鲁斯特宣布了柯达新战略的要点，其中包括：第一，整顿传统业务管理以扩大现金收入；第二，加速发展公司已有数字图像产品和服务；第三，严格聚焦的收购行为填补已有业务的不足，并加速进入紧密关联的图像市场；第四，在诸如电子显示和喷墨打印领域发掘长期增长机会。

在转型后的一年中，柯达展开了一系列活动：并购Algotec系统公司、

SCITEX 数字印刷公司，与 VERIZON WIRELESS 建立战略合作关系，完成 NEXPRESS 和 HEIDELBERG 公司的并购，从美国国家半导体购买图像传感器业务，购买 OREX 公司，卖掉 AUNTMlNNIE.COM 业务，购买 CREO 公司等。

2004 年 1 月，柯达宣布裁员其现有 20% 的员工，即当时 7 万名员工在生产和行政部门的 1.2 万到 1.5 万人。柯达发言人说："这是柯达面对现实——从传统的影像业务到数字业务转型中，必须要做的事。"同时，在管理层安排上，柯达紧锣密鼓进行了人员更换。2005 年 1 月，柯达任命了新的 CTO：william Lloyd，这位在惠普工作了 31 年的技术专家，被外界冠为"数字 CTO"的称号。而柯达董事会也期待他能"延续他在发展数字产品和组织管理方面的传奇"。柯达希望这一新的战略转型将导致业务更为多元化，并预期这个新战略将会让公司每年以 5%~6% 的速度增长。

柯达胶卷是世界上最成功的胶卷品牌之一，但由于数码影像产品对传统胶片影像市场"创造性的破坏"，柯达公司不得不进行被动的业务转型。近期的巨额亏损暗示着柯达还有很多工作要做——全面整合企业在品牌、渠道和技术方面的资源和优势是柯达转型的关键所在。

2013 年 8 月 21 日，美国破产法官艾伦·格罗珀（Allan Gropper）批准了柯达脱离破产的方案，这家曾经的科技巨头在历经一年半的破产保护后终于逐渐走出困境。脱离破产后，柯达规模将大幅缩小。柯达在高调运营 130 多年后申请破产，并宣布将停止生产其数码相机、胶卷（少数仍处于生产状态）和数码相框。

第九章
中小型企业的资本运营

资本市场的发展和完善,将有利于解决企业过度负债、减少冗员、减轻"企业办社会"的负担,以及明晰产权和建立现代企业的治理结构等;从经济发展的角度看,资本从所有者手中流入企业必须通过资本市场,才能形成一种有效的契约关系,从而约束企业的生产和经营活动,提高企业经营的效率。

资本运营的组织环境

资本是市场经济配置资源的基本要素，具有特殊的运行机制和实现方式。因此，资本运营需要具备相应的条件。

首先考虑的基本条件：第一，资本运营要畅通的渠道。要通过深化体制改革，打破地区壁垒和行业限制，使资本能够在不同地区、行业和企业间自由流动，形成平均利润率，实现社会资源的合理配置，为资本运营提供体制条件。第二，资本运营需要人格化代表来维护。要通过深化企业改革，从资本占有、运营和分配几个层次明晰产权关系，界定清楚出资人与运营者的责任和权利，塑造国有资本的人格化代表，为资本运营提供微观基础。第三，资本运营需要社会化和现代化的市场体系。要大力发展要素市场，尤其是资本市场和货币市场，为资本形成和积累，为资产重组提供市场环境。另外，资本需要高素质的专家来运营。要通过培养企业家的资本运营意识和能力，提高运营水平。第四，资本运营必然带来规模经济和有机构成的提高，政府应当从完善市场规则、引导产业结构调整和建立社会保障制度入手；规范资本运营，保证经济的有序运行。

其次要重视资本运营成本与风险分析，考虑资本运营带来的市场交易成本、内部组织费用、筹资费用、磨合成本等成本费用是否大于其带来的经济效益。

另外还需研究企业是否具备对经营风险、管理风险、财务风险、信息风险、反收购风险、经济体制风险、股市风险、国际经济形势风险等资本运营风险进行防范和化解的能力，并提出相应的对策。

一、组织环境的定义

企业资本运营的组织环境是指企业资本运营活动进行规划、组织、控制和管理的一些专业部门，而不是指企业内部进行资本运营活动的机构。企业资本运营活动需要有一定的机构进行组织与管理，同时这些机构又应是企业资本运营活动的媒介，它们一方面要适应企业资本运营的规模和水

平，一方面又要对这种活动进行调节和引导。对企业来说，由于这些组织和管理机构是外部不可控环境，企业只能尽力适应这些机构的组织与管理。

企业资本运营的组织机构和管理机构是有区别的。组织机构是对企业的资本运营活动进行组织、协调和监督的机构。这些机构一般也是企业化的，与企业没有领导与被领导的关系，如各种企业性质的金融机构（中央银行除外）即属于组织机构，它没有行政管理的职能。管理机构则不同，它通常采取政令法规等形式对企业的资本运营活动进行行政性的管理，一般都是政府的行政管理部门。

二、主要的组织机构

（一）政策性银行

政策性银行一般是指由政府设立，以贯彻国家产业政策、区域发展为目的，不以盈利为目标的金融机构。

在经济发展过程中，常常存在一些商业银行从盈利角度不愿融资的领域，或者是其资金实力难以达到的领域。这些领域通常是那些对国民经济发展、社会稳定具有重要意义，投资规模大、周期长、资金回收慢的项目，如农业开发项目、重要基础设施建设项目等。为了扶持这些项目，政府往往实行各种激励措施。各国通常采用的办法是成立政策性银行，专门对这些项目融资。

政策性金融机构同样要对贷款进行严格审查，贷款要还本付息、周转使用等。但还有其独特的特征：一是政策性银行有自己特定的融资途径，财政拨款、发行政策性金融债券是其主要的资金来源，不面向公众吸收存款。二是政策性银行的资本金多由政府财政拨付。三是政策性银行经营时主要考虑国家的整体利益、社会效益，不以赢利为目标，一旦出现亏损，一般由财政弥补。但政策性银行也必须考虑盈亏，力争保本微利。四是政策性银行有自己特定的服务领域，不与商业银行竞争。其名称往往与自己特定的服务的领域相适应，如进出口银行，一般是服务于进出口领域的。五是政策性银行一般不普遍设立分支机构，其业务一般由商业银行代理。

1994年，中国组建了三家政策性银行，即国家开发银行、中国进出口银行和中国农业发展银行。

1. 国家开发银行

国家开发银行于 1994 年 3 月 17 日正式成立。其总部设在北京。经批准可在国内外设置必要的办事机构。国家开发银行的注册资本金为 500 亿元人民币，从国家财政逐年划拨的经营性建设基金和经营性基金回收金（含原"拨改贷"）中安排。2007 年底国家开发银行总资产达 2.8 万亿元。

目前国家开发银行的资金来源主要靠向金融机构发行政策性金融债券来解决。其资金运用领域主要包括：制约经济发展的"瓶颈"项目；直接增强综合国力的支柱产业的重大项目；高新技术在经济领域应用的重大项目；跨地区的重大政策性项目等。投资项目确定后，国家开发银行负责进行项目资金配置和贷款条件的评审。国家开发银行的资金运用分为两部分：一是软贷款，即将属于资本金的资金以长期优惠贷款的方式，按投资项目配置需要，贷给国家控股企业和中央企业集团，由它们对项目进行参股、控股。二是硬贷款，即国家开发银行将发行政策性金融债券筹集的资金直接贷给投资项目，到期向项目单位收回资金。

2. 中国进出口银行

中国进出口银行于 1994 年 7 月 1 日成立，总部设在北京。它不设立营业性分支机构，但根据业务需要和发展情况，可在一些业务比较集中的大城市设立办事处或代办处，负责调查、统计、监督代理业务等事宜。中国进出口银行的注册资金为 50 亿元人民币，由国家财政全额拨给。2007 年 10 月，该行总资产达 3379 亿人民币。

中国进出口银行的主要资金来源是发行政策性金融债券，也从国际金融市场筹措资金。其业务范围主要是为机电产品和成套设备等资本性货物出口提供出口信贷（包括卖方信贷和买方信贷）；办理与机电产品出口有关的各种贷款、混合贷款和转贷款，以及出口信用保险和担保业务。

3. 中国农业发展银行

中国农业发展银行于 1994 年 11 月 18 日正式成立，总部设在北京。注册资本金为 200 亿元。到 2006 年底，该行总资产达 9326 亿元。

中国农业发展银行的主要资金来源是中国人民银行的再贷款，同时该行也发行少量的政策性金融债券。其业务范围主要是办理粮食、棉花、油料、猪肉、食糖等主要农副产品的国家转向储备和收购贷款，办理扶贫贷款和农业综合产品开发贷款，以及国家确立的小型农、林、牧、水基本建设和技术改造贷款。中国农业发展银行在机构设置上有别于其他两家政策性银行，在全国设有分支机构。

(二) 商业银行

根据《商业银行法》的规定，中国商业银行可以经营下列业务：吸收公众存款，发放贷款；办理国内外结算、票据贴现、发行金融债券；代理发行、兑付、承销政府债券，买卖政府债券；从事同业拆借；买卖、代理买卖外汇；提供信用证及担保；代理收付款及代理保险业务等。

按照分业经营和分业管理的要求，中国商业银行的业务仅限于银行业务，不得从事政府债券以外的证券业务和非银行金融业务。到 2005 年末中国商业银行总资产为 200 283.7 亿元，商业银行为中国资金融通和经济发展做出了很大贡献。商业银行又可细分为以下种类。

1. 国有独资商业银行

国有独资商业银行包括中国工商银行、中国农业银行、中国银行、中国建设银行。这 4 家银行是 1979 年以后陆续恢复、分设的。原有的分工是中国农业银行以开办农村信贷业务为主；中国工商银行主要承担城市工商业务；中国建设银行主要承担中长期投资信贷业务；中国银行主要经营外汇业务。随着金融改革的不断深化，几家银行的传统分工开始逐步打破。比如，中国建设银行到 1996 年底，短期流动资金贷款占其全部贷款余额的比重已接近 40%。从此各行的业务交叉进一步扩大，传统分工更为淡化。

国有独资商业银行是金融体系的主体。它们的市场份额呈下降趋势，四家银行各项人民币存款和贷款占全部银行存款、贷款的比重已由 1985 年的 90% 分别下降到 1995 年末的 8.8% 和 78.5%。近几年来除中国农业银行外，国有独资商业银行业务逐步向大中城市集中，主要业务面向国有型企业和大型建设项目。

2. 股份制商业银行

随着金融体制改革的不断深化，中国陆续组建和成立了一批股份制商业银行。1987 年 4 月，创建于 1908 年的交通银行得以重组，成为一家股份制的商业银行。随后，又成立了深圳发展银行、中信实业银行、中国光大银行、华夏银行、中国投资银行、招商银行、广东发展银行、福建兴业银

行、上海浦东发展银行、海南发展银行、中国民生银行等。

这些商业银行股本结构不完全相同，像交通银行、上海浦东发展银行的资本金中，财政入股占相当比例；其他商业银行主要吸收企业法人入股；也有个别银行如深圳发展银行属上市公司，有一些个人股份。从总体上看，股份制商业银行股本以企业法人和财政入股为主。这些银行按照商业银行机制运作，服务比较灵活，业务发展很快。到2007年底，股份制商业银行资产总额为72 494.0亿元，实现利润也大幅度增长。

3. 城市合作银行

城市合作银行虽然冠以"合作"两字，但实际也属于股份制商业银行，适用于《商业银行法》。它是在对城市信用社清产核资的基础上，通过吸收地方财政、企业入股建成的。1995年国务院决定，在城市信用社基础上组建城市合作银行。其服务领域是，依照商业银行经营原则为地方经济发展服务。截至1996年底，全国共有18家城市合作银行挂牌营业，总资产达2142亿元，存款1252亿元，贷款780亿元。

（三）保险公司

以经营保险业务为主的经济组织就是保险公司。保险公司具有其他金融机构不可替代的作用。除了对某个单位有分散风险、减少损失的职能外，保险公司在宏观上还有四大功能：一是承担国家财政后备范围以外的损失补偿；二是聚集资金，支持国民经济发展；三是增强对人类生命财产的安全保障；四是为社会再生产的各个环节提供经济保障，防止因某个环节的突然断裂而破坏整个社会经济的平稳运行。

保险公司的运作是以科学分析和专业知识为基础的一项综合性经营活动。它强调按照社会客观经济规律，合理而有效地组织经营。保险公司的经营原则是大数法则和概率论所确定的原则，保险公司的保户越多，承保范围越大，风险就分散，也才能够在既扩大保险保障的范围，提高保险的社会效益的同时，又积聚更多的保险基金，为经济补偿建立雄厚的基础，保证保险公司自身经营的稳定。

当前中国保险公司的业务险种达400余种，按保障范围划分，保险主要分为财产保险、责任保险、保证保险和人身保险四大类。

保险公司的资金运用有特殊的规定，要求其资金运用必须稳健，遵循

安全原则,并保证资产的保值增值。从国外情况看,保险公司是资本市场的重要参与者,也是最有实力的机构投资者,特别是寿险资金具有长期资金性质,更便于投资于资本市场。但由于中国证券市场正处于逐步发展过程中,保险公司内控机制不健全,保险监管又跟不上,因此目前保险公司的资金运用,被严格限制于银行存款、买卖政府债券和金融债券,保险公司的资金不得设立证券经营机构和向企业投资。

目前,中国人民银行总行和省级分行都设有保险管理机构,这些管理机构,根据国家有关法律法规赋予的权力,对保险公司及其分支机构的设立、变更、业务经营以及主要负责人任职资格等多项内容,予以监督和审查。

(四) 信托投资公司

信托投资公司主要是受人之托,代人理财。当一个人拥有一笔资产,但限于自身的时间、精力和知识等种种原因而无法有效地实现资产增值时,他可以选择他所信赖的人或专业机构代为经营。现代信托已成为一种以理财为核心、信用为基础,委托为方式的财产管理制度,信托与代理的区别在于,前者需要以财产所有权由信托人转移给受托人为条件,而后者则不需要。信托投资公司是一种以受托人的身份,代人理财的金融机构,大多数的信托投资公司是以经营资金和财产委托,代理资产保管、金融租赁、经济咨询、证券发行及投资为主要业务。作为金融体系中的重要组成部分,金融信托业在拓宽金融渠道,完善信用体系,促进经济发展等方面发挥着重要的作用,因此,它与银行信贷、保险一并被视为现代金融业的三大支柱。

信托投资公司经营的资金信托业务,分委托人确定用途的资金信托和委托人授权公司确立用途的资金信托两种。前者中信托公司对信托本金的损失及最低受益不提供保证;后者中信托公司可以在信托文件中约定对信托本金的损失及最低收益提供保证,且信托期限不得少于1年。信托公司吸收的委托人确定用途的信托资金金额,不得超过其自有资本总额的25倍。

(五) 证券机构

证券机构是指从事证券业务的机构,包括证券公司、证券交易所、证券登记结算公司、基金管理公司、证券评估公司等。它们在证券市场上扮

演不同的角色，从事不同的业务，起着不同的作用。其中，证券公司和证券交易所是证券市场的主要机构，它们各司其职，共同支撑证券市场的日常运作。所以，这里重点介绍这两类机构的情况。

证券公司又称证券商，是经中国人民银行批准成立的非银行金融机构。推销政府债券、企业债券和股票，代理买卖和自营买卖已上市流通的各类有价证券，参与企业收购、兼并，充当企业财务顾问等是证券公司的主要业务。为了方便投资者买卖股票和债券，证券公司和信托投资公司在全国设立了2600个机构，称为证券交易营业部。人们在这里可以方便地买卖各种上市证券。

证券交易所是不以盈利为目的，为证券的集中和有组织的交易提供场所、设施，并履行相关职责，实行自律性的会员制事业法人。在我国，设立证券交易所必须报国务院批准。目前，经批准设立的交易所有两家，即上海证券交易所和深圳证券交易所。

证券交易所的职能是：提供证券交易的场所和设施；制定证券交易所的业务规则；接受上市申请、安排证券上市；组织、监督证券交易；对会员和上市公司进行监管；设立证券登记结算公司；管理和公布市场信息及国务院证券委员会许可的其他职能。到1996年底止，深、沪两家证券交易所上市证券共计667种，当年成交141 610.79亿元。

由于证券交易必然带来股票所有权转移和资金流动，为确保过户准确和资金及时、足额到账，两家证券交易所都附设有登记结算公司。

(六) 财务公司

企业集团财务公司不是商业银行，它的业务空间限制在本集团内，不得从企业集团之外吸收存款，也不得对非集团单位和个人发放贷款。

根据有关规定，企业集团财务公司可以经营下列业务：吸收集团成员的本外币存款；对集团成员单位产品的购买者提供买方信贷；对集团成员单位办委托贷款业务；办理同业拆借业务；对成员单位办理票据承兑、票据贴现；买卖和代理成员单位买卖债券、外汇；办理成员单位产品的融资租赁业务；办理成员单位间的内部转账结算；承销及代理发行成员单位企业债券；为成员单位办理担保、信用签证、资信调查、经济咨询业务等。

财务公司不得在境内买卖或代理买卖股票、期货及其他金融工具，不

得投资于非自用不动产、股权。

1996年9月，中国人民银行发布《企业集团财务公司管理暂行办法》，规定财务公司的注册资金必须从企业集团成员单位中募集，其股本结构和股东资格应符合《公司法》和有关向金融机构投资入股的规定。财务公司的信贷资金管理、利率管理、现金管理，以及费率管理等均执行中国人民银行的有关规定。总的方向是，财务公司应区别于商业银行，主要是筹集中长期资金，包括在境内外发行中长期债券筹资，用于支持企业技术改造，而企业集团成员所需短期资金专由商业银行贷款支持，以更好地发挥财务公司的作用。

三、几种主要的管理机构

（一）中央银行

中央银行在银行体系中居于中枢地位，负责执行国家的货币金融政策，统一管理和监督全国的金融活动。中央银行独占货币发行的权利，一般又称为"发行银行"；中央银行不与一般企业和个人发生业务关系，其业务对象主要是商业银行，因此又称为"银行的银行"；中央银行除按法定存款准备率集中商业银行的存款准备外，当商业银行资本不足时还向其提供信用支持，故又有"最后贷款者"之称。中央银行通过对商业银行的管理，起到调节和控制宏观经济的作用。中央银行所采用的主要政策工具有：第一，调整法定存款准备率（规定商业银行必须按吸收存款的一定比率转存中央银行），以控制商业银行的信贷规模；第二，公开市场业务（中央银行在公开市场上买卖有价证券），以控制利率和货币信用量；第三，调整再贴现率（一般银行将贴现票据转向中来银行再贴现的利率），以影响商业银行的信贷规模。

中国的中央银行是中国人民银行，是国务院领导和管理全国金融事业的国家机关，它不对企业和个人办理各种信贷业务，而是集中力量研究和作好全国金融的宏观决策，加强信贷资金的集中统一管理，保持货币稳定。中国人民银行对各专业银行和其他金融机构主要采用经济办法进行管理，其管理集中表现在对信贷资金的管理上，主要办法有：第一，财政金库存款和机关、团体等财政性的存款，划为人民银行的信贷资金；第二，商业银行吸收的存款要按人民银行根据放松或收缩银根的需要而核定的比例存

入人民银行；第三，各专商银行的自有信贷资金数额由人民银行根据其业务量的大小进行核定，等等。此外，中国人民银行对国内各金融机构办理的外汇贷款和外汇投资也实行管理。

（二）证券交易委员会

这是对证券交易所进行管理的专门机构。西方国家对证券交易所的管理是很严格的，一般都有专门的立法，对交易所的管理有两个原则：完全公开原则和防止背信原则。

美国的证券交易委员会是美国政府的一个专门机构，其主要职责是贯彻执行联邦政府有关证券交易的各项法律，以保护投资者的合法利益。其主要任务是：第一，对证券市场上的各种交易进行监督；第二，对证券市场进行管理；第三，代表政府发布有关证券的行政命令、决议和规定；第四，发表有关证券的各种数字和其他经济统计资料。

（三）其他各级政府机构

其他各级政府机构是指计划部门、财政部门、外贸部门及工商部门等，它们具有管理经济活动的职能，对企业资本运营活动有管理和监督的权力。其中以计划和财政部门最为重要。计划部门主要是通过制定整个社会的经济发展目标、规定发展的重点和任务，从宏观上对企业的资本运营活动进行引导，有时也规定一些具体的指标要求企业完成；财政部门主要是通过预算和税收控制经济活动的总量，并通过税收对企业的筹资与投资活动进行调节，即通过税种、税目、税率及减免规定调节企业筹资与投资的方向和规模。各级政府部门对企业资本运营进行管理的手段主要是通过各项政策进行引导或直接进行行政干预。当然，政府也可通过立法手段达到调节的目的。

资本运营的法律环境

一、法律环境的基本内容

企业的资本运营活动受国家法律的制约，国家法律是影响企业资本运

营的重要外部因素，它属于企业资本运营的软环境。

企业资本运营的法律环境，既包括由国家立法机关制定的法律，也包括政府有关部门制定的行政法规。

企业资本运营活动的法律属于经济法的范畴，其调整对象就是企业资本运营活动中的经济法律关系，它具有如下的特征：

第一，多样性。经济法是由适用于不同领域不同目的的许多单行法规构成的、没有统一的法典。

第二，政策性。经济法是作为实现一定的经济政策而使用的一种立法手段。

第三，公共性。经济法以调节国民经济的发展为目的，因此是一种公共性很强的法规。

第四，变动性。经济法的对象是经济现象，由于经济现象是经常变动的，为了适应这种状况，法律规定也须随之变动。

法律关系实质上是一种权利和义务的关系，即按法律规定承担义务，并享受法律规定的权利，法律关系必须用法律的形式确定以后才能成立。经济法律关系是法律关系的一种，是由经济法律规范规定的、国家强制力保证实施的经济权利和经济义务关系。经济法律关系是由主体、客体、内容三要素构成的。主体是参与法律关系并在法律关系中享有权利和承担义务的自然人和法人；客体是指经济法律关系的主体的权利和义务所指向的标的这里是指企业的资本运营活动；内容包括经济法律关系的主体所享有的权利和承担的义务，它是经济法律关系的基本要素，是经济法律关系的实质。在有关企业资本运营的法律中，一方面要保护企业的合法权利，一方面要强制企业承担应尽的义务，协调经济法律关系，使企业在较好的环境下开展正常的资本运营活动。

企业的资本运营活动是一种法律行为，必须符合以下几个条件才能有效。经济法律主体有行为能力；主体的意思表示要真实、自愿；经济法律行为的内容必须合法；经济法律行为必须具备法定形式。

企业资本运营活动的法律的作用可以归纳为以下两点：

第一，调整企业的资本运营活动，使之符合国民经济大系统的目标，保证资本运营活动的效果同整个宏观经济的稳定与发展的要求相适应。

第二，保障企业在资本运营活动中的合法权益。权利和义务是相应的，在经济法律关系中，一方的权利就是另一方的义务。因此，企业依法办事，服从于法律规范，既是对自身利益的保障，也是对他人利益的维护。

二、几种主要的法律规定

（一）银行法

银行法是对银行业务进行调整的法律规定。在我国，银行法包括货币制度、信贷制度和结算制度。

1. 货币制度

这是银行发行货币、管理现金和监督工资基金的法律制度。其主要规定是：人民币的发行权集中于国务院，中国人民银行代理国库职能；各单位除核定的现金库存限额外，所有现金必须送存银行；各单位经济往来在结算金额起点以上的必须进行转账结算。

2. 信贷制度

这是关于各银行机构收存和贷放资金活动的法律制度。银行在运用资金时，需要签订信贷合同，合同具有法律效力；对于拖欠贷款不还的借款人，银行可以提高过期贷款的利率，或强制收回过期贷款本息；银行可以提前收回使用不当的贷款；对于出借人未按合同规定及时贷款，应偿付违约金，使借款人由此受到损失的，应承担赔偿责任，等等。

3. 结算制度

这是关于社会组织、个人相互之间因商品交易、劳务供应等发生债务的了结和清算的法律制度。结算分为现金结算和非现金结算，银行结算主要是非现金结算。现行的结算制度规定，各社会组织间的经济往来除按现金管理办法规定使用现金结算外，都必须通过银行进行非现金转账结算。

（二）投资法

投资法是调整因投资关系而发生的各种经济关系的法律规范的总称。其内容包括：资金的来源和筹集，投资的方向和方式以及因投资而发生的各方面的权利义务关系；对投资的监督；等等。其中主要是调整在投资活动中，投资方和接受投资方或投资双方的权利义务关系。例如，美国在有关投资的法律中规定：参与投资活动的自然人，必须年满18岁、拥有所从事事业的资本，并具有行为能力；从事投资活动的法人，必须在一个国家

政府登记，有确切的营业地址，有与所从事的投资事业相适应的资本；政府保证投资者的财产和权益不受侵犯；投资者可以依法设立公司、企业（银行和保险业除外），等等。

由于投资的来源既有国内资金，又有国外资金，所以投资法分为适用于国内投资者的法律和适用于外国投资者的法律。西方国家的投资法有的包含在公司法、商法或合同法中。目前中国还没有颁布正式的投资法，有关国内投资的规定放在预算法和有关基本建设法规中；对外国投资者在中国投资的规定主要反映在《中华人民共和国中外合资企业经营法》和《中外合作企业经营法》之中。另外，为了协调国际投资关系，国家之间订立关于投资的条约或协定，应按《国际投资法》的有关规定办理。

（三）外汇管理法

外汇管理法是调整外汇关系的法律规范的总称。外汇关系是指在外汇管理和外汇经营中所发生的经济关系。外汇管理一般是指国家为维护本国货币汇价，平衡进出口贸易，对外汇买卖、收入和支出，对各种外汇票证的发行和流通、国际结算、投资以及外汇、票证、贵金属等进出国境等活动实行不同程度的限制，因而又称之为外汇管制。目前世界各国对外汇管理的法律规定主要有：贸易收支方面的外汇管理规定；非贸易收支方面的外汇管理规定；外资及引进技术方面的外汇管理规定。中国1980年颁布了《中华人民共和国外汇管理暂行条例》，指出中国外汇管理实行"集中管理、统一经营"的方针，并对外汇管理的对象和办法作了详细的规定。

（四）证券法

证券法是关于证券发行和交易方面的法律规定。这里介绍一些美国证券法的情况。

美国政府对证券的管理，是由间接管理走向直接管理、由分散管理走向集中管理的。美国政府先后制定了邮政防伪法和证券交易法（1933年）等。但这几个法律都有很大缺陷，很难对证券交易进行全面细致的管理。1934年证券交易法在1933年证券交易法的基础上作了改进，才趋于完善。这是美国当前证券交易方面的重要法律。该法规定了政策目标、登记手续、对证券交易的管理、对经纪人和自营商的管理及对违法者的制裁几个方面的内容。其中对证券交易的管理采取以下办法：第一，证券交易委员会对

各交易所的规章条例和惯例有监督权和修改权;第二,严格禁止操纵价格的行为;第三,严格禁止限定证券价格的行为;第四,对卖空交易进行控制;第五,禁止圈内人员利用职权谋取私利,圈内人员指企业高级管理人员、董事和大股东等;第六,对证券交易中的信贷加以控制等。

(五) 税法

税法是调整税收关系的法律规范的总称。税收是指国家为了实现其职能,满足各项开支的需要而凭借政治权力,由代表机构依据税法向义务缴纳单位或个人无偿地、强制地征收一部分货币或实物时所形成的国家收入。税收法律关系的主体是执行国家税务职能的税务机关和负有纳税义务的单位或个人;客体是税收活动,包括特定主体的征税活动和义务主体的纳税活动;内容包括主体在税收法律关系中享有的权利和承担的义务。税收法律关系有以下特征:第一,征税、纳税活动具有强制性,是凭借国家政治的力量进行的;第二,税收法律关系的主体的权利和义务是不对等的;第三,国家税务机关是特定的主体,它依法将企业、公民等的一部分收入征归国家所有,用以为整个社会谋福利。

税务机关作为税法的主体,执行税务管理的职能。在中国,税务管理主要有税务登记、填制纳税报表、监督检查和违法处罚4项。

对于企业资本运营活动来说,税法主要是通过税种、税目、税率和减免税来调节企业资本运营的方向和规模。

资本市场

当今中国经济的发展,正处在一个需要企业"巨人"、而且必将产生企业"巨人"的时代。而企业"巨人"的产生离不开资本营运,离不开资本市场,无论中外,概莫能外。在美国,没有发达的资本市场,就不会有今天的通用、可口可乐、麦当劳、万宝路、雀巢和微软这些称雄世界的大企业。而中国的长虹、海尔、格力等企业也不例外,它们通过在资本市场的资本营运,在短短几年的时间内迅速发展为中国家电行业中的"巨人",就

是很好的典范。所以，中国企业必须认识到资本市场对企业发展的巨大作用。加强在资本市场上的资本运营，迅速实现由产品经营向资本营运的战略转变，有效地实现资本的并购和重组，使资本活跃起来。

资本市场为企业"巨人"的诞生提供条件和可能，因而与企业的关系密切。从改革的角度看，资本市场是深化国有企业改革的助推器。资本市场的发展和完善，将有利于解决企业过度负债、减少冗员、减轻"企业办社会"的负担，以及明晰产权和建立现代企业的治理结构等；从经济发展的角度看，资本从所有者手中流入企业必须通过资本市场，才能形成一种有效的契约关系，从而约束企业的生产和经营活动，提高企业经营的效率；从发展要素市场角度来看，通过资本市场的发展来促进非银行金融机构的成长，将有利于中国企业在真正市场经济的意义上实现可持续发展，因为它一方面为行政性融资机制破除后企业的融资提供了"替代通道"，另一方面资本市场发育得越充分，企业融资机制的市场性就越强，对企业改革和发展的促进作用就越大。因此，无论是作为企业，还是政府都应该对资本市场有个全面的了解，对其功能和作用有个清楚的认识。

一、资本市场的含义

古人云：授人以鱼，不如授人以渔。"渔"是一种方法、一种工具、一种技能。资本市场就具有"渔"的意义。资本营运如果离开了资本市场，等于鱼儿离开了水。实际上，资本市场的运作过程本身就是资本营运的过程。

（一）资本市场的概念及金融工具的使用

资本市场是指一年以上的中长期资金交易关系的总和。资本市场是金融市场的主要组成部分，是提供一种将资金从储蓄者（同时又是证券投资者）手中转移到投资者（即企业或政府，它们同时又是证券发行者）手中的转移机制。在现代社会中，货币化程度已经很高，储蓄向投资转化主要是以货币资本的形式来进行，实物储蓄所占比例较少。在金融市场进行的资金交易，一般都借助于一定形式的金融工具来进行，即需要资金的单位或部门发行金融工具，而提供资金的单位或部门则购买金融工具，这样就达到交换货币资本的目的。

金融工具，按其第一次被购买后能否被持有人转让或交易可以分为两

类，即证券类金融工具和非证券类金融工具。在发达国家的资本市场中，非证券类金融工具一般被诸如银行、租赁公司、退休基金会和保险公司等金融机构所购买，寻求资金的公司同资金所有者直接通过谈判而达成交易。拥有资金的机构可能将其资金的一部分投资于其他金融机构，但这种投资并不以可被个人或机构投资者所购买的证券类金融工具作为中介。比较典型的非证券类融资包括定期贷款、租赁和抵押贷款等。在发展中国家，定期贷款和抵押贷款是最主要的融资工具，而且，很多的非证券类金融工具逐渐被证券类金融工具所代替。

证券类金融工具一般是指股票和债券，这类工具可以在个人和机构投资者之间自由交易，其交易市场又叫证券市场。实际上，将所有金融工具分为两类，仅仅是一种大概的划分，每类金融工具又可分为数种，在一些金融工具交易的基础上，又产生了衍生金融工具，衍生工具有期权和期货两大类。

（二）资本市场与货币市场的区别与联系

我们将一年以内的短期资金交易关系的总和，称为货币市场。货币市场是短期融资的源泉，它的发展适应了政府、金融机构和企业对短期资金的需要。在大多数发达国家，货币市场主要由银行之间的短期资金交易而形成。在现代市场经济中，货币市场金融工具的品种是非常丰富的，但最为主要的是商业票据、短期政府债券和银行承兑汇票等。发达市场经济国家中，货币市场所使用的金融工具包括政府证券、商业票据、定期存款、回购协议以及汇票等。在传统习惯上，只有银行才是参与货币市场的金融机构，但过去十几年来，发达国家的共同基金以货币基金的形式参与货币市场的交易，取得显著的发展。

资本市场与货币市场之间有很大的区别，其中一个显著区别就是后者的金融工具是同质的，即代表短期的货币形式的资金；而其前者的金融工具则是不同质的，资本市场工具代表了不同类型的、异质的资本品，如股票代表企业投资形成的各种形式的资产，而政府债券则代表了政府的债务，住房抵押证券则代表了房地产等。资本市场由于其金融工具的独立性，使其表现为由各种分割的小市场所组成的市场体系，而货币市场则是全国统一的。

货币市场与资本市场又有非常密切的联系。一般来说，货币市场的资金，可以随时转化为资本。发达的货币市场是资本市场发展和稳定运行的基本条件之一。在市场经济不发达的情况下，货币市场对于资本市场有一定的替代作用。银行机构可以将货币市场上的短期的、分散的、小额的资金，聚合在一起，转化成为长期资金这样就可以用来购买机器设备、可以买进原材料或支付工资。就是在发达的市场经济中，货币市场往往也成为中小企业获得融资的主要渠道，因此，货币市场通过商业银行提供信贷所起到的资源配置作用，历来是很大的。此外，货币市场与资本市场的联系，还表现在以下几个方面：金融市场的参与者可能同时在两个市场进行投资，融资者可能同时在两个市场进行融资；资金同时在两个市场流进流出；一些金融机构和机器设备同时服务于两个市场，如商业银行同时提供长期和短期贷款；所有接近到期日的中长期证券都成为短期证券；长期证券和短期证券的收益是相互联系的。货币市场投资的收益率也影响到资本市场，成为资本市场投资的重要参考。

二、资本市场的功能

资本是企业的"血液"。资本市场能为企业生血、补血、活血；能消除"淤肿"，使呆滞、低效甚至负效的资金活起来；还能扶优扶强，使优势企业强身健体，加快发展。

改革开放以来，中国采取了与大多数西方国家不同的金融市场培育和发展方式，优先发展了资本市场。之所以如此，主要原因是因为它适应了中国经济和改革开放的需要，是企业进行资本营运不可缺少的中间环节，在转化社会闲散资金为投资资金，优化资源配置，分流银行金融风险，拓宽居民投资渠道等方面发挥着越来越重要的作用。所以，作为企业不仅要熟悉资本市场的自身更要熟练地掌握资本市场的功能，充分利用资本市场这个资本营运的大本营来进行资产的重组，在重组中优化，在优化中使资本增值裂变。具体讲，资本市场有如下功能：

（一）筹资功能

筹集资金是资本市场最基本的功能之一，也是资本市场形成和发展的推动力之一。就中国的资本市场的形成来看，其主要原因就是国有企业遇到了许多困难，其中资金瓶颈制约尤为突出，而靠国有银行的间接融资已

难以满足其资金需求。在这种情况下，资本市场应运而生，通过资本市场来筹集资金以缓解国有企业的资金瓶颈成为最主要、最直接的目的。就规范的资本市场而言，其筹集资金的功能主要表现在以下几个方面：

第一，使企业和政府有可能迅速和低成本地为弥补赤字而筹集资金，如发行各类债券。

第二，使单个银行连为一体，使每个银行的存款都能成为全国信贷市场资金来源的组成部分，有利于资金的流动与筹措。

第三，对企业、政府、家庭（个人资金）周期性和季节性的盈余和赤字变化进行调节，平衡各类经济主体财政的周期性波动，特别是在弥补企业流动资金的缺口方面发挥着重大作用。

第四，使企业和政府可以筹集到长期使用的资金，如企业的技术改造、设备更新、投产新项目所需的巨额资金都能通过资本市场筹措到定额资金，政府的一些基础设施建设也可以通过发行长期政府债券，筹集绝大部分的建设资金。

（二）优化资源配置的功能

资本市场是市场经济的重要组成部分，因而它也具有市场经济的优化配置资源的功能。而其首要的是优化"资金"这个资源的配置效益，并通过资金的运动与集中，来调剂生产资料和劳动资源在社会生产各部门之间的重新优化组合，从而达到优化配置社会资源的作用。其功能主要表现在以下几个方面：

第一，自发地调节资金资源在社会生产各部门之间的分配比例。企业要把资本市场上的"资金"变成自己的"资本"，就要为资金寻找最佳的投资场所，给"资金"以丰厚的回报。反之，投资人为使自己的"资金"能够在资本市场上寻找到合适的载体，促其增值，必定会选择风险成本低、收益大的企业进行投资。因此，效益好（现期或潜在）的企业就很容易成为"资金"追逐的对象，成为引导资金流向的主导者；而效益差（现期或潜在）的企业，不仅很难吸收到资金，而且已有的资金还会通过多种方式游离出来，去寻找理想的投资场所。所以，资本市场通过资金利率变化，客观上对社会资源进行着有效的调节，使社会资源得到优化配置。

第二，通过资金的运作，使企业不断优胜劣汰。资本市场的禀性就是

"扶强不扶弱",具有明显的马太效应。越是强大的企业越能吸引资金,从而实力也越强,而且很快就能成长为经济巨人。这样的企业往往通过兼并、收购,使自己的规模不断壮大,专业化水平不断提高,发挥其规模效益。从横向收购而言,能够达到优化资源配置的目的;从垂直兼并的角度来看,可以有效地提高市场占有率。另一方面,那些破产企业只有通过资本市场交易才能反映出净资产的真实价值,从而实现资产变现,完成破产程序。就企业兼并而言,也只有通过资本市场,才能完成以资产真实价值为基础的资产交易,使资源流向那些收益较高的企业或领域,起到优化资源配置的作用。

(三) 引进产权制度的功能

资本市场既为建立现代企业制度创造条件,也为其提供内在动力和外部压力。

现代企业制度的最根本特征,是产权明晰和产权主体多元化,而产权是以物(包括有形和无形)为载体,以价值形态来衡量的。要使产权明晰和多元化,必须首先使之可量化、可衡量、可交易。这就要求作为产权主体的物具有真实价格。只有在资本市场上,真实价格才会形成。

另一方面,当整个经济体制改革进行到一定程度时,企业的投资机制要由行政性向市场性转化。此时,企业只有通过资本市场才能筹措到长期发展所需要的资金。这就推动企业制度进行相应的变革。例如,企业要从股票市场上筹集资金,就必须是现代企业制度的形式之一股份有限公司。为此,企业必须按股份有限公司的基本规范进行组织体制、管理体制等方面的改革。个别或部分企业改革成功后,又会产生示范效应,使更多的企业加入到改革的行列中来,使现代企业制度向全社会扩散。而对那些已经按现代企业制度运作的企业,将会受到股票价格变化、资本流动等方面的压力,迫使其进一步深化内部改革,搞好生产经营活动。

联系中国产权制度改革的实践,可以看出资本市场对企业改革的重大意义。目前,中国股份制试点的企业普遍存在着产权单一(国家所有制)的问题,许多已改制的企业,虽然换了名称,换了"帽子",但实际上,企业的组织体制、运行机制等还是沿袭传统计划经济的老模式。要转变机制,进行产权制度改革,其基本途径就是出让部分国有股,通过资本市场完成

资本交易和股权转移,形成国家和个人参股、法人持股的多元化格局。

(四) 风险定价的功能

在发达的金融体系中,资本市场的一个最基本的功能是风险定价,资本市场也正是在这一功能的基础上来指导增量资本资源的积累与存量资本资源的调整。

风险定价,具体是指对风险资产的价格确定,它所反映的是资产所带来的未来的收益与风险的一种函数关系,也就是金融产品以其真实价格在资本市场中实现转让。在所有的资产中,股票是最为基本和最为重要的一种。

资本市场的定价功能在资本资源的积累和配置过程中都发挥着重要作用。首先,它决定了风险资本的占有条件,只有能够支付得起一定风险报酬的融资者,才能获得资本资源的使用权,这点也保障了稀缺的资本资源只流向对其使用效率最高的单位;其次,企业收益的自留和分配,部分地反映了它们对于预期收益和企业风险资本在资本市场中的价格(股票价格)状况的考虑。对于获得超过平均利润率的企业,往往具有发行新股票的资格和条件。而低于一般平均利润率的企业,则要么将其可用于投资的收益分配出去,以维持其现在的股票价格水平,要么或使其股票贬值。

(五) 提供资本流动性的功能

投资者在资本市场上购买了金融工具以后,在一定条件下也可以出售持有的金融工具,这种出售的可能性和便利性,称为资本市场的流动性功能。流动性良好的资本市场中,投资者的积极性就会更高,他们也愿意持有更多品种的金融工具,并可以根据市场的变化和自己对市场变化的预期来调整其投资组合。如果资本市场的流动性不高,投资者就会被迫持有金融工具,直到该工具的到期日,这可能是一个较长的时间段。在这段时间内,他们不能出售这些工具。这无疑增大了投资者的投资风险。因此,流动性的高低,往往成为一个检验资本市场风险高低的重要指标。

(六) 奖惩功能

奖惩功能是对资本市场的交易主体而言的,主要是收益与风险的比较,即资本市场根据其市场规则,使收效高的企业或领域能够获得更多的资金,不断扩充实力,而无收益甚至负收益的企业或领域无法从资本市场上得到

资金的补充。

三、资本市场的规范

建立和发展资本市场的基本思路是：资本的投资者必须能够约束资本的使用者，所有者要能够形成对经营者的约束，企业要进入市场，首先要建立企业出资人制度，明晰产权，应当保证有机构性的投资者代表所有者行使所有者权力。为此，还要立法，建立规则，使整个运作纳入法治轨道。

（一）必须规范公司的行为

规范的公司是股票市场的基础，所以要改造和培育资本市场上的筹资者，即使上市公司行为规范化。目前，中国的一些公司尽管上市了，但它的产权问题仍没有解决，它与地方政府、国有银行、主管部门、国资局等政府部门的关系仍不明晰。由此，国有企业原有的资金运用软约束问题、内部管理失控问题等均毫无保留地带到股份制公司里去。这样，公司上市成为公司可以不计风险随意套取资金的最好途径，资本市场优化资源配置，建立有效的激励机制和监督机制的功能只能停留在理论的蓝图上。

资本市场如果就在现有的制度基础上发展，那么无论怎样的速度和规模，也实现不了国有企业改革的目的。所以，需要加快国有资产管理体制、投资体制、金融体制的改革，以使上市公司把工作的重点放在明晰产权关系、建立公司治理结构上，而不是一味追求溢价发行"圈钱"。

（二）改造和培育资本市场的投资者

经济学家在对1993年所有深沪上市公司进行分析时发现，无论用何种指标衡量，上市公司的效益与国家股的比重成反比，与法人股比重成正比，和个人股、职工股、B股比重无关。

这一结果在一定程度上解释了为什么投资者不关心企业长期走势的现象。一般来讲，谁的股份额大，谁就最关心企业的效益和增值。中国国有企业的股份总额中，国有股占绝对比重，但个人股东该怎样行使监控的权力呢？这个问题解决不了，也就解决不了股票市场上无人关心企业效益、无人监控企业的问题。如此，资本市场必然是短期行为盛行，投机泛滥，建立企业评价机制的目的落空了，市场效率大大降低。因此，培育机构法人投资者为核心的资本市场极其重要。

那么，理想的投资者是什么呢？很多经济学家认为，理想的投资者是

法人投资主体,如投资银行、投资基金、投资公司、各种社会保障基金等。机构投资者的存在能维护资本市场的稳定,并建立起供求机制、监督机制。它能吸收社会闲散资金,取得规模效益;它能促成投资者的多元化,分散社会风险,提高安全性;它采用专业化的经营方式,运作效率高。现在,理论界大力呼吁以法人持股为主的资本市场,旨在减少股票市场的投机性,使投资者具备长远观念,从而提高市场投资操作的长期性和有效性。

为此,我们必须建立健全若干服务效能高的中介机构。资本市场上的中介人、中介机构,主要是投资银行和证券商。

投资银行,它既是直接长期投资主体和长期资金需求主体双方的搭桥人,又是直接长期投资者,它既是经纪人,又是自营商。它既能为企业改组、合并、兼并、收购和股份制改造,提供咨询、策划和参与组织工作,又参与企业创建,对企业直接参股或控股。因此说,投资银行是资本市场上的"全能"机构。今后应视资本市场上的发展需要,建立健全若干服务效能高的投资银行。中国现有投资银行,不仅数量少,服务功能也不健全,需要着力解决。

投资银行作为替人经营资本的中介机构,最了解资本如何最优配置才能达到它的最大效益。在市场经济中,投资者为了追求以最小的风险获得最大的回报,总是希望投资于最具有收益潜力的项目和企业;而融资者,则希望以尽可能低的成本从市场上融资,以支持自身发展壮大。投资银行在这个巨大的资本市场上扮演着重要角色,这就是投资者与融资者的中介。它通过自身专业优势寻找并开发能满足双方需要、能为双方带来利益的落差。这种机制使资源通过市场得到优化配置,成了经济结构宏观合理化的基础。近年来,各个国家的政府当局都在热衷于寻找能带动本国经济起飞的"支柱产业",热衷于制定产业政策并以行政力量推行之,然而其整体效果很少能令人满意。主观愿望难以满足客观要求,其实,从产业的功能和作用顺序看,投资银行产业由于履行社会资源配置的职能,是寻求和培育这种支柱产业的最直接手段。

证券商(证券公司),它是债券和上市股票等证券发行和交易的中介人。企业、政府和个人在证券市场上发行债券和股票,进行债权和股权交易,以及收购等,证券商发挥着重要作用。它在经纪业务中是纯粹的中介

人，它在自营和承销业务中，又参与了投资。因此，它的作用和地位也很重要。证券市场是资本市场的重要组成部分，通过证券市场的发展，积极引导有投资能力的城乡居民和企业、基金机构等进入证券市场，进行规范有序地发行和交易活动。

商业银行虽不是资本市场上的中介机构，它不能直接投资，但是它在存款市场上的作用是巨大的，它以存款付息形式集聚社会上千家万户零星和分散的存款资金，形成巨大的资金源泉，并以贷款收息形式投资资金。这一存一贷，对中国企业改革和国家经济建设形成了巨大的推动力。商业银行一肩担两职，既是债务人和债权人，又是存贷款市场上的中介人，它的这种作用也是其他任何金融机构无法代替的。

为了发挥中介机构的作用，培训人才、提高人员的专业素质是一个十分迫切的问题。投资银行是知识密集型的行业，虽然中国证券业从业人员的文化素质高于其他行业，但要承担起企业重组的任务，专业知识与经验都必须在实践中得到进一步提高。

（三）充分发挥产权交易中心的作用

发展上海、深圳交易所，同时要发挥产权交易中心的作用。中国的企业数量很多，大量的是中小企业，能够而且需要到证券交易所上市的只能是少部分，大量的企业可以通过产权交易中心进行重组。因此，规范各地的产权交易中心，管理和引导它们，使它们对存量资产流动、企业重组和改革发挥重要作用。此外，企业重组也可以采取场外协议收购兼并的方式进行。要引导股票市场资金、特别是机构投资者的资金向产权市场分流，这既有利于股票市场的稳定，也有助于产权市场的发展，改变产权市场上外资主导的局面，为企业资产重组提供增量投入，具有一石多鸟的效果。

（四）加快立法工作和监督体系的建立

比如基金管理条例的出台就很重要，否则投资基金的发起和监管就无法可依，同时在证券监管部门应该设立专业的机构对基金进行监管。至于《证券法》等重要法规的出台当然更为重要，为了大力发展资本市场，加强立法，加强监管，是市场有序运行的保证。

资本运营机制

一、西方发达国家资本运营机制及比较

市场经济中资本的配置通过两个既有区别又有联系的市场进行，这两个市场是：第一，股本持有者与债权人借以向一些公司提供资本的外部资本市场；第二，公司将内外筹集到的资金分配给具体投资项目的内部资本市场。资本由投资者通过外部和内部资本市场分配给具体的投资项目。这两个市场中有很高程度的对应之处，它们形成一个国家的资本运营机制。

（一）外部资本市场

外部资本市场有四个特征对投资行为最重要。美国外部资本市场的主导结构非常不同于日本和德国，尽管在所有这三个国家都存在一些例外，每一例外都有一些条件，能够影响一大部分重要的公司。

1. 流质资本

在美国，上市公司依赖于暂时性的所有权基础，这一基础由作为投资者代理人的养老基金、互助基金及其他一些基金管理者组成。这些所有者的持股已从1950年占全部股本8%上升到1990年的60%左右。投资的绩效是通过股票指数的对比进行季度或年度评价的；因此，它们追求的是其股票的短期评价，持有一种股票的时间平均只有1.9年。由于法律限制所有权集中，基金管理要求多样化，对流动性要求也很高，所以，这些投资者所持有的资产组合只占公司股权的一小部分。

由于在许多公司分散持股、持股时间短、不能通过披露和董事会成员资格获得内部信息，所以，机构投资者的买卖选择只能主要依赖于相对有限的信息，用这种有限的信息只能做出短期价格波动的预测。尽管美国的机构投资者持股总量很大，它们却未能在公司董事会中占有相当席位，对经理人员的行为影响不大。

2. 专注资本

日本与德国的制度非常不同于美国的制度。占主导地位的所有者是委

托人,而不是代理人,他们持有很大比例的所有权。他们实际上是追求长期评价的永久性所有者,他们的目标更多的是关系驱动,而不是交易驱动。在这种所有权形式与所有者目标下,日本与德国的主要所有者掌握着公司经营的现实信息,控制着经理人员,有途径得到内部信息;在德国,所有者对经理人员的行为具有重大影响。有意思的是,日本的证券交易与美国一样频繁,买卖选择依赖的信息甚至更少。不过,无论在日本还是在德国,股票价格和非持久性所有者或代理人的压力对经理人员实际上没有什么影响。总的来说,日本与德国都有一种专注资本制度,主要所有者的资金长期投资于一家企业。

(二) 内部资本市场

内部资本市场是这样一种制度,公司把从公司内外得到的资本分配给所属经营单位的投资项目。在美国占主要地位的内部资本运营机制也明显不同于日本与德国。

1. 投资收益最大化

美国公司的目标是投资的高收益及其股票价格最大化。董事会为外部董事支配,这些外部董事与企业没有别的联系,对公司目标的影响非常有限。对公司目标起主导影响作用的是经理人员。经理人员根据外部资本市场信号来调整经营行为,因而常常限制董事会或所有者的直接影响。目前实行的报酬支付方法主要是以现期会计利润或不受限制的股票期权为基础的,因而只能强调外部资本市场的重要性。

在过去的20年里,美国的许多公司采取了分权的经营方式,即让经营单位拥有高度的自主权,纵向横向流动的信息也很有限,这使高层经理人员对经营情况比较陌生。由于高层经理人员得到的信息有限或受其影响,资本安排就在很大程度上通过"数量"性的制度进行,在这种"数量"性的制度中,经营单位或职能部门的经理人员被要求定量评价投资项目。只有在财务衡量指标说明项目正在失败时,高层经理人员才进行干预。

美国内部资本市场制度的特征可以概括为可度量的投资收益最大化。它强调财务收益,激励经理人员实现之,通过组织结构增强经营单位对财务收益的责任,决策与投资配置的基础主要是财务标准,信息流动也是有限的。

2. 确保公司的地位

日本与德国的内部资本运营机制非常不同于美国,在公司目标与信息流动方面尤其如此。在日本与德国,公司的主导目标是确保企业持久存在下去,分权使公司的多个经营单位之间及经营单位与顾客、供应商之间有更多的信息流动。它们的分权程度比其美国同行低,即使实行了分权,在业务上也有密切的联系。经理人员很可能有一定的技术背景,并在企业经营中有很深的资历。在日本与德国,虽然也有财务控制和资本安排,但投资主要是由确保企业长期经营地位的愿望所推动的。日本与德国的制度于是就有压倒一切的目标,那就是确保公司的地位,高层经理人员对经营更内行、更明了,直接参与也更多,信息流是极其强大的,财务标准对投资选择的支配性作用也比较小。

(三) 资本运营机制比较

外部内部资本市场相互联结,形成一个全国性的投资资本运营机制。公司在选择内部配置资本的方式时,就要考虑到股本所有者和贷款人是如何评价公司的。内部资本运营机制就反映了所有者、代理人的目标,反映了公司如何被评价的,也反映了所有者试图影响经理人员的方式。经理人员报酬中的股票期权在股票市场评价与经理人员的行为之间建立了直接联系。另一方面,所有者与代理人对公司如何管理、如何配置其资金的考虑也影响到投资者评价公司及对经理人员行为的评价方式。结果就形成一个全国性的自我强化的投资资本运营机制。

1. 对投资行为的影响

美国的投资资本运营机制在其演化过程中产生了以下不同于日本、德国的投资行为趋势与偏好。

(1) 美国的制度总体上不太支持投资,因为它关注的是许多现有公司的现期收益,再加上公司的目标也是强调现期股票价格,而不是强调公司长期价值。

(2) 由于财务收益的重要性,以及投资者与经理人员得到的信息有限,美国的制度就偏爱于那些最容易度量收益的投资形式。投资资本因此就很可能流向有形资产,而不是流向那些其收益难于度量的无形资产。

(3) 同时,美国的制度导致在一些公司、一些投资形式上投资不足,

而在另一些投资过度。在那些面临前景逐渐恶化的成熟公司中，只要现期收益令人满意，只要情形没有恶化到极点，以至于需要改变对公司的控制，那么，目标的不一致、所有者的信息有限、所有者有效干预的缺乏，都会使投资（及积累）难于消减。

（4）美国的制度极其偏爱容易做出评价的资产，而不愿意有那些给现期收益拖后腿、比较难于评价的内部开发项目。

（5）美国的制度鼓励一些部门的投资，同时限制另一些部门的投资。在属于新兴产业、处于转型过程或不能再继续经营下去的公司中，这方面做得最好。在这些公司中，投资者认识到现期收益并不重要，因而追求的是其他一些价值代表形式，如专利、新产品推销，这都是更支持投资。当然，一些新兴产业的长期前景也可能被高估。

美国制度的这些特征有助于解释前面提到的许多复杂问题。对可度量投资收益的压力解释了为什么平均说来美国与日本、德国相比投资不足，在无形资产方面尤其如此。这些特征也有助于解释为什么美国的公司报告上有高利润，但股东的收益却长期持续偏低。日本与德国的公司尽管每一时期的利润率低，但借助于较高的投资水平却能保持公司的竞争地位，并逐渐增加其销售额和收入。美国制度对不同企业、不同投资进行评价的方式的不同也有助于说明为什么美国的投资问题在不同产业、不同公司都有不同，以及为什么美国能够为新出现的公司和处于转型期的公司成功地提供资金。

也有一些公司和所有者的活动方式不同于美国占主导地位的制度，并取得了更好的成绩。一些持久地为家族拥有的企业，如惠普、摩托罗拉等，看来在投资方面具有竞争优势。一些投资者实际上已成为一些公司的永久股东，它们支持表现良好的现任经理人员、集中注意控制权设置。这些投资者很好地克服了美国制度的许多弱点。但总体而言，美国的制度在构筑恰当的投资行为和经济竞争力方面仍有差距。

2. 不同机制的权衡

美国的投资资本配置制度有一些很大的弱点，但日本与德国的制度也并非十全十美。不同国家制度之间有一些重要的权衡。尽管美国的制度亟待改革，但也有一些重要的优点值得保留。美国的制度善于在部门之间重

新配置资本，为新兴领域筹集资金，善于把资本从"不盈利的"产业转移出来，在每一时期具有较高投资收益的公司中私人可获得很高的收益。不过，这种反应能力和灵活性是用一定的代价换来的：没有足够的投资来确保现有企业的竞争地位，投资形式不当，在一些情形中过度投资。

日本与德国的制度鼓励积极进取的投资，使现有生产能力升级，生产率提高。它们也鼓励内部分权到有关领域，以确立和增强公司的实力。但这种结果的代价是，生产能力投资过度、生产过多、无限期地维持不盈利的业务。美国的制度比较接近于使私人短期收益最大化。而日本与德国的制度则接近于使私人的长期收益和社会收益最大化。在日本与德国，由于更多地集中注意公司长期地位、所有权结构和治理过程，能把雇员、供应商、顾客和当地社区的利益结合在一起，因而使其更好地获得由私人投资创造的社会利益。

总的来看，美国的机制善于在产业、部门之间重新配置资本，为新的领域筹集资金，善于把资本从"不盈利的"产业转移过来，这正是中国资本配置中最大的困难所在。日本与德国的机制更有利于公司长期竞争地位的形成，这也是中国资本配置中必须吸取的。美国的资本运营机制对解决中国庞大的资本存量调整具有直接的借鉴意义，日本、德国的资本运营机制对国有企业摆脱困境后的再发展有更大的参考价值。

二、利用有限责任制度有效动员资本

我们现在主要的资本动员方式是间接融资。居民将收入的积累部分存入银行，银行再将资金借给企业，企业付利息给银行，银行扣除利差后再向储户支付利息。

由于我们的银行绝大多数都是国家银行，贷款很难摆脱行政指令，而企业没有兼并破产的真正威胁，银行对储户又必须要按期还本付息，投资风险全部落到银行身上，也就是全部落到政府身上。

在中国金融机构的资产结构中，以信用贷款形式存在的风险资产的比重远高于一般国家，即间接融资额远远高于直接融资额。银行一方面要完成上级下达的利润计划，另一方面又要考虑社会稳定，不得不给效率低下的国营企业发放政策性贷款。据中国人民银行对湖南某市206户企业进行调查，至1994年7月末，它们共欠工商银行贷款46607万元，只有14322万

元贷款重新落实债权债务，近70%的贷款补空和赖掉。据统计，河南某市工、农、建、中4家国有商业银行1994年底不良债权总额占贷款额的24%，其中逾期贷款、呆滞贷款、呆账贷款分别占贷款总额的8.49%、9.23%、3.59%，呆滞、呆账贷款均超过《巴塞尔协议》规定的"商业银行呆滞贷款应低于1.5%，呆账贷款应低于1%"的标准。这些不良贷款的大量存在，使银行信贷资金严重流失，影响了银行的正常经营，使专业银行向国有商业银行转轨举步维艰。

到目前为止对大多数居民而言，合法而又可行的投资选择只有到国家银行存款。到2007年末，中国居民储蓄存款余额已达172534亿元，比同年末增长10967亿元。高额存款证明了我们真正缺乏的并不是资金，也证明了我们资金利用效率的低下。

1980、1985、1988、1989年的通货膨胀率分别为7.5%、11.9%、20.7%、16.3%，当年的实际利率均呈负数，分别为-2.1%、-5.41%、-12.14%、-5.04%。到1994年，通货膨胀率达21.7%，当年实际利率为-10.79%，也就是说，这几年居民的存款没有实现预期的增值。为了减少居民损失，国家几次调高存款利率，并增加保值贴补。以农业银行为例，1994年该行用于保值贴补的资金达9亿元，1995年上半年已达17.5亿元，预计全年将达40亿元。

2006年中国城乡储蓄存款余额为161587亿元，按平均年利率10%测算，银行支付的利率将高达16000多亿元。尽管如此，对居民而言仅仅是保值而已，由于储蓄效益低下，毫无投资收益可言。有投资意识的居民开始另寻出路。

这种政府被动、银行艰难、居民不满的状况说明了什么？它的根源何在？

问题的核心在于目前的体制中政府垄断了几乎一切投资机会。在当今世界上可以说投资机会是比资金本身更为宝贵的资源。而垄断使政府感觉不到它的稀缺性，结果资源变成了负担。权利和义务是对等的，垄断投资机会的后果是背上了全部风险，承担了无限责任，中外历史的经验已反复证明，这无限责任，政府是承担不起的，是不应该、也不必要承担的。

在计划体制下，国民收入的可积累部分绝大多数在政府手里，1979年

城乡储蓄存款在国家银行资金来源中的比例仅为9.4%。政府可用计划手段自如地调动资金、安排投资。到1994年城乡储蓄存款在国家银行资金来源中的比例上升为34.6%，这种量的变化必将引起投资机制的质变。其核心在于让全体国民公平地分享投资机会，同时分担投资风险。人类社会经过几百年的制度创新，已经摸索出一套有效的动员资本的制度，即有限责任制度。有限责任制度的关键在于"有限责任"，投资者在其投资额的限度之内承担企业的风险，真正实行了有限责任制度的企业在市场中是有独立利益的竞争主体，有生死存亡的危机；而股东做为企业的所有者，则没有这样的危机，即使企业破产了，也并不意味着其所有者也要破产，不意味着企业所有者的生命的结束，无论这个所有者是自然人、法人还是政府，他对企业风险不负连带破产责任。这种制度限制和分散了投资者的风险，为更多人创造了参与投资的制度环境和安全保障。同时它实现了投资者和经营者的分工：投资者承担有限的投资风险，取得相应的投资收益；经营者承担经营风险，取得相应的劳动报酬。值得注意的是，经营者用以承担风险的是其作为经营者的资格，一旦经营失败，将很难得到其他企业的聘用，很难以经营者的身份在社会上生存。历史经验表明，这是一种动员资本的有效制度。没有这种制度，发达国家中的"人民资本主义"是不可想象的。

在有限责任制度中，投资者的权利和义务对等体现在承担投资风险和获取投资收益的对等，也体现在投资者在股权面前人人平等。将投资者分为三六九等，用行政手段保护一些人而损害另一些人，允许一些人把义务当权利出售，保护一些人稳获利润而不承担任何风险，都是在破坏平等原则。同时，有限责任制度也使作为市场经济中交易主体的国有企业的利益真正独立化，这一点对于形成真正的市场机制至关重要。不能认为，只要把企业推向市场，市场机制就会发生作用。事实上，如果没有真正建立有限责任制度，国有企业和政府之间就没有隔离带，政府就要负无限责任，国有企业就不可能成为市场经济中真正的有独立利益的竞争主体。

政府对有限责任公司的设立应采取保护和鼓励的态度，只要符合公司法的规定即应批准其设立，烦琐的审查和限制除了降低效率和制造腐败外不会有任何积极的作用。对公司的管理应集中在两个方面，一是执法，二

是征税。一个公司，只要照章纳税，只要不违法，政府就不应干预其经营活动。税收应是政府最主要的经济来源，我们的税率太高而税法松弛，客观上是在鼓励偷税漏税。应适当调低税率，更重要的是严肃税法。政府应大幅度减少对企业经营的干预，将有关政府官员充实到税务系统和经济司法系统去。

总之，我们的资本动员不能只依靠间接融资一条渠道，还必须发展直接融资，这是提高资本配置效率的必要条件。

三、以兼并破产机制监督资本和配置资本

（一）两难境地：放权不到位和权力不受约束

中国资本利用效率低下的一个重要原因在于经营者的权利和义务不对等。在传统的计划体制下，企业领导人权利和义务都极为有限，他不过是厂长、车间主任，只要按上头的计划完成任务就可以了，谈不上也不可以有自己的主观能动性。企业领导人事实上是政府官员，他们拥有在大范围内调拨资源的权力，所以当时能进行许多与国力不相称的巨大工程。另一方面，他们对经济效益几乎不负什么责任。投资失误、企业亏损，只当是交学费。

以放权为特征的前期改革大大加强了企业领导人的权力，但保证其履行义务的监督机制却迟迟建立不起来。为了个人和小集团的利益，拼设备、拼消耗、截流利润等已是普遍现象。用公家的资金去投机，盈了装入个人和小集团的腰包，亏了算公家的，这已是许多人"脱贫致富"的捷径。特别是公司制改组以后，企业内部人控制现象严重，一些有业绩经营者面对其应得未得的经营报酬心理失衡，往往借助于内联、合资、参股等形式，将本企业的资产转移出去，变成私人财产，谋求非契约利益，出现了西方经济学家称之为的"自发的或非正式的私有化"，这种现象已成为国有资产流失的主渠道，表现了中国经济体制改革中"放权不到位，权力不受约束"的两难境地。在讨论国营企业为何每况愈下时，不少人认为关键在管理松弛，然而管理松弛的原因在哪里？回到原来的行政控制体制是出路吗？

（二）结构僵化：缺乏兼并破产机制

中国资本利用效率低下的另一个重要原因在于资本不能自由流动和重新组合，致使经济结构僵化，不能适应变化了的经济环境。

纵观新中国成立几十年来经济结构调整的历史，我们的经济结构总是阶跃式地调整。新中国成立以来，我们实行了以农保工，强行工业化的产业政策，这使工农业结构逐步失调。但我们的经济系统中没有任何机制能对此做出反应，并加以调整，反而越走越远，将工农业结构失调推到极端，终于导致20世纪60年代初的大饥荒。这才迫使政府提出"以粮为纲"，按"农、轻、重"的优先顺序实行"调整、巩固、充实、提高"。以后也多次重复这种长期积累、一次调整的模式，致使"关、停、并、转"成了汉语中的成语。这种模式是以行政手段调整代替兼并破产机制调整的结果。

随着改革开放的深入，人们对市场经济的认识越来越深，兼并、破产逐渐成为资本重组的一种必然选择。特别是在国有企业破产难的状态下，兼并便以"舍我其谁"的姿态走向企业，以明显的经济效益和社会效益，充分显示了其生命力。但由于中国市场经济还处在探索阶段，在企业兼并的实践过程中还存在着许多问题。从各地区反映的情况看，从1989年下半年开始，企业兼并的势头有所减慢，具体表现在企业兼并数量减少，跨地区兼并更为困难，兼并形式以资产无偿划拨为主，出现了大量强制"撮合"和"拉郎配"。兼并受阻的重要原因是体制因素，主要表现在：企业产权界定不清限制了企业兼并的发展；现行的财政、税收体制在一定程度上对正常的企业兼并的发展起着阻碍作用；消除"三不变"的束缚，虽已几经呼吁，但仍难以突破，使企业跨行业、跨地区的兼并步履艰难；贷款指标按区域切块，实行跨地区兼并后的企业，贷款指标并不随之划转；优势企业兼并劣势企业影响优势企业的经济效益，在工效挂钩的条件下，意味着优势企业工资水平的下降，客观上削弱了企业兼并的动力。这些原因归结起来，就是旧的体制仍没有改变，使得破产难，兼并也难。

（三）双管齐下：监督资本与配置资本

要有效地使用我们宝贵的资本，必须解决两个问题：监督经营者和随时对经济结构进行柔性的调整。在市场经济条件下，这两个问题由兼并破产机制来解决。

一个企业如果管理松弛，股东将是直接受害者，股东如果握有足够的股权，能直接控制企业的重大人事安排，他将毫不犹豫地改组经营班子。如果股东无法直接控制重大人事安排，他将抛掉手中的股票，导致股价下

跌。当股价低于企业的内在价值时，将会吸引其他企业大量吃进，从而控制其表决权，其结果仍是现经营班子的改组。如果企业不能实现这种改组，持续的经营不善将使其破产。这就是市场经济中对企业经营者最主要的监督机制——兼并破产机制。

兼并破产机制分为兼并和破产两种实施方式，兼并即通过企业产权有偿转让，优势企业购买资产或股票，接管劣势企业，使之失去产权和经营权，达到优胜劣汰的目的。破产即对资不抵债、不能清偿到期债务的企业，根据债务人或债权人的申请，通过法院将其财产强制拍卖，变价归还债权人，即通过债务关系的处理达到优胜劣汰的目的。

兼并破产机制的直接作用在于激励与鞭策经营者尽最大的努力高效率地使用所支配的资本。它把企业推向了市场，经营有方的企业可通过兼并迅速扩大其可支配资本，而经营不善的企业随时可能破产，随时可能成为"狙击手"的目标。一旦企业被兼并或破产拍卖，所有者将损失他的投资，经营者则将失去他的地位。这种机制使企业像非洲的羚羊一样时刻处于狮子的威胁之下。狮子吃掉落后的羚羊迫使每一头活着的羚羊拼命奔跑，从而推动了整个羊群的进化。兼并破产机制则迫使经营者带领整个企业发挥其全部潜能，拼命提高效率，从而在淘汰劣势企业的同时改善企业群体的素质。可以说，市场经济发展到今天，还没有任何办法比兼并破产机制对企业压力更大，更有驱动力，更能把企业的潜能发挥出来，从而使企业具有真正的活力。这应该是我们经济体制改革的首要目标，也是企业自身寻求长远发展的必然选择。

与此同时，兼并破产机制通过优胜劣汰的办法实现企业生产要素优化重组，促进企业存量资产在全社会范围内流动，为市场经济发展提供了生产要素重组的途径，有利于资本配置和经济结构的优化。它将资本从衰退的行业转向新兴的行业；从缺乏发展余地的地区转向有发展空间的地区；从无能怠惰的经营者手中转向精明勤奋的经营者手中，从而实现资本的合理配置和经济结构的调整。

企业兼并收购加速了资本的集中、积聚、增值和资产规模的扩张，促进了一批巨型、超巨型和跨国企业的产生和发展，提高了企业的规模经济效益，推动了产业升级和资本在全社会范围的优化配置，曾在美国经济发

展史上产生深远的影响。美国经济发展过程中，出现了五次兼并收购浪潮。

第一次浪潮发生于1893—1904年间，高峰时期为1898—1903年。其基本特点是同一行业的中小企业合并成一个或几个大企业（横向兼并）。通过这次兼并收购浪潮，美国经济形成了更加合理的结构。这一时期共计有2864起兼并，涉及兼并资产总额63亿元。100家最大公司的总规模扩大了4倍，它们控制了全国40%的工业资本。其中，爱理斯·查默斯公司、阿纳康达铜业、杜邦公司、全美烟草、钢铁、炼冶、玉米产品等一些巨头企业由此产生。兼并触及了几乎每个工业部门，在钢铁、石油、烟草等行业，兼并后的企业控制了50%以上的市场。

第二次浪潮发生于1915—1929年间，1928年达到高潮。其特点是兼并形式开始多样化，纵向兼并时兴起来。这期间，工业以外的部门，也发生了大量兼并。据统计，至少有2750家公用事业，1060家银行和10520家零售商进行了兼并。一些行业特别是汽车制造业、石油工业、冶金工业及食品加工业，在这次浪潮完成了集中的过程。

第三次浪潮发生于1954—1969年间，60年代后期形成高潮。其特点是把生产不同性质产品的企业联系起来的混合兼并数目大增，产生了许多巨型和超巨型的跨行业公司。据统计，1960—1970年间，兼并收购达2500多起，被兼并收购的企业超过2万个。这一时期，工业中兼并收购资产的数量占全部工业资产的21%。其中，1280家具有100万美元以上资本的企业，在1948—1968年间，因兼并而消失。从1947—1968年，美国200家最大的企业通过兼并使资产增加了15.6%。通过这次兼并，美国涌现了一批跨部门和行业的混合企业。如美国电话电报公司，除了经营电讯设备以外，还经营服务业、食品、自然资源、金融保险业、化妆品以及药品专卖业。

第四次浪潮发生于1975—1991年间，到1985年达到高潮。这次浪潮的特点是大量的公开上市公司被兼并，还出现了负债兼并方式和重组兼并方式。在1985年的高潮时期，兼并事件达3000多起，兼并收购额达3358亿美元，创历史最高记录。兼并企业范围广泛，从食品到烟草，连锁超级市场、大众传播媒体、汽车、化学、银行、医药品、太空航空、电讯通信、电子、石油、钢铁等各种产业。

1994年以来美国又掀起了第五次兼并收购浪潮，目前仍在发展着。这

次兼并的主要特点是：不是一般投机行为，而是从战略上考虑的巨额投资行为，有的是同行业，更多的是跨行业、跨国兼并；被兼并企业并非走投无路被迫接受，而是居安思危以图进一步振兴。这一次兼并收购约有2/3项目分布在5个方面：金融服务业、医疗保健业、电信业、大众传播和国防工业。1995年8月，分别名列美国银行第四、第六的化学银行和大通曼哈顿银行发表声明，宣布它们将合二为一，组成拥有约3000亿美元资产的全美最大的银行；1995年10月，美国康柏公司以3.72亿美元兼并了专门从事交互网络业务的内特沃思公司，这是康柏公司继收购托马斯一康拉德公司后不到一个月的时间兼并的第二家网络公司；1994年8月，美国电话电报公司以126亿美元收购麦考移动通信公司；美国家庭用品公司以93亿美元收购美国氰氨公司，从而成为全球第四大制药公司；两家最大的国防工业公司决定合并，价值100亿美元，合并过程结束后，美国国防工业只剩下4~5家大公司，从而在国际竞争中处于更有利地位。

根据美国Venture One公司8日公布的数据，2007年前三季度美国企业并购额较上年同期大幅增加，达到283亿美元，接近2006年全年的319亿美元。在并购额大幅增加的同时，被并购企业数量则大为减少。2007年前三季度被并购企业为279家，低于上年同期的338家；2007年第三季度，被并购企业为90家，少于2000年第四季度的105家。这表明美国企业并购交易的平均金额在上升。

美国的每次企业兼并高潮实质上是经济结构和产业组织结构方面的一次大调整，总的说来，它有利于提高美国企业的竞争能力以及整个生产力水平。在这一过程中，由于各阶段经济发展程度和文化背景的不同，其效果也是不同的。

美国第一次兼并收购浪潮的发生背景是南北战争结束后美国工业革命进程加快，各行业竞争加剧，以减少过度竞争为目的的同行业兼并应运而生；兼并产生的规模经济效益和垄断利润，使得兼并收购成为有利可图的事。1896年后，对证券的过度需求与投机是这次收购的推动力。这次兼并浪潮有许多是在股票市场上通过收购完成的。工业企业股票的大量上市，投资银行融资工具的创新以及收购理论的出现使收购交易更为有序，当时差不多60%的兼并是在纽约股票交易所中进行的。这次浪潮后来由于《谢

尔曼反托拉斯法》的出台而降温。从总体上看，第一次兼并浪潮促进了美国企业形成经济规模，优化了经济结构，加强了企业的竞争优势。

第二次浪潮的主要背景是过度旺盛的证券需求和兼并经纪人的疯狂投机，使炒产权成为一本万利的职业；投资银行家在收购中起到越来越重要的作用，使许多企业变卖资产更为方便易行。由于颁布了《谢尔曼反托拉斯法》，各行业的支柱企业不敢进行大规模兼并，反倒是一些较小的企业大肆进行了兼并。第二次浪潮扩大了规模经济的范围，加剧了市场竞争。

第三次浪潮发生的主要背景是股票持有者要求持有多样化的证券以分散风险，要求经营管理人员增加企业产品种类，《反托拉斯法》也鼓励不同行业的企业合并。这个时期，所有权和经营权完全分离，现代意义的公司逐渐发展起来。

第四次浪潮发生的背景是20世纪70年代以来美国的劳动生产率停滞不前，国际竞争能力相对削弱；股票的市场价格低于它所代表的资产的账面价值，以致投资者购买现存企业要比新建企业更为合算；里根政府放松了反托拉斯法的执行。过去，美国一直是对横向兼并限制最严，对纵向兼并次之，对混合兼并最松。但在第四次高潮中，里根政府放松了对横向兼并和纵向兼并的限制，目的是为了加强企业国际竞争的能力；投资银行家为兼并创造出丰富的融资工具。

当前美国大企业掀起兼并狂潮的背景是：世界经济全球化大趋势迫使公司扩大规模和联合发展，以增强全球竞争能力；美国政府对兼并和垄断的限制有所松动；资本市场上融资的方法、渠道多样化，主要包括股票互换、债股互换、现金筹集以及综合式筹资等。

从总体上看，有限责任制度和兼并破产机制是相互依存的有机整体。有限责任制度通过保护投资者来动员社会资本，没有真正建立有限责任制度，国有企业和政府之间就没有隔离带，国有企业就不可能成为市场经济中真正的有独立利益的竞争主体；兼并破产机制则通过鞭策经营者和推动资本的合理配置来提高资本利用效率。有限责任制度削弱了早期无限责任制度的残酷性，使投资者的基本生存有了保障，实现了国有企业的利益独立化；而兼并破产机制则以资本的竞争迫使支配资本的人提高效率。没有有限责任制度，兼并和破产将造成大量以生命为代价的悲剧，从而危及社

会安定；没有兼并破产机制，有限责任制度将成为让经营者安闲怠惰的"土围子"，社会则将承担效率低下的代价。可见，现代企业制度中，有限责任制度和兼并破产机制是并重的，缺乏一方另一方就毫无意义。缺乏这两种机制正是中国经济困难的根源。在中国建立有限责任制度已作了初步的努力，但兼并破产机制的形成尚在萌芽状态。我们许多企业效率低下，不尊重投资者权益，很大程度上是缺乏兼并破产机制造成的。

综上所述，市场经济中资本的配置通过两个既有区别又有联系的市场：外部资本市场与内部资本市场进行。资本由投资者先是通过外部资本市场，然后经过内部资本市场分配给具体的投资项目。

美国的机制善于在产业、部门之间重新配置资本，为新的领域筹集资金，善于把资本从"不盈利的"产业转移过来，这正是中国资本配置中最大的困难所在。日本与德国的机制更有利于公司长期竞争地位的形成，这也是中国资本配置中必须吸取的。建立适合中国国情的资本运营机制，最重要也是首先要做的是要建立两个基本机制，有限责任制度和兼并破产机制，利用有限责任制度实现资本的有效动员，实现国有企业的利益独立化；以兼并破产机制监督资本、配置资本，从而提高资本的利用效率。在此基础上，借鉴美国、日本和德国经验，才能把中国的事情办好。

第十章

中小型企业的信用管理与控制

中小企业信用管理与控制的重点是指通过制定信用管理政策,指导和协调内部各部门的业务活动,对客户信息的收集和评估、信用额度的授予、债权保障、应收账款回收等各交易环节进行全面监督和控制,以保障应收账款安全和及时回收的管理活动。

中小型企业信用管理与控制概述

"童叟无欺""人无信而不立"曾经是中国经济活动中经营者奉行的金科玉律。但由于我国市场经济正处于发展阶段，约束、惩治失信行为的法规制度极不完善，再加上一些配套的治理措施跟不上，给一些企业和个人的不守信行为造成了可乘之机，形成了失信者受"惠"，守信者受"罪"的极不正常的现象。失信行为也使经济活动中的债务链被一再拉伸，不少经营者在债务链中疲于应付，很多不该出现、不应存在的失信行为堂而皇之地裸露于大众面前，对经营秩序及诚信观念造成了极大的冲击。信用风险已成为我国企业最亟待解决的问题之一，企业学习信用管理知识和技能已经到了刻不容缓的地步。尤其是中国正处于转型经济体制下，提升中小企业的信用水平，帮助企业掌握从根本上控制信用风险的思路和技术，全面改善中小企业的融资能力、综合竞争能力和抗风险能力，加强中小企业信用管理与控制更加迫在眉睫。

一、信用管理内涵及意义

（一）企业信用的定义

企业信用是指企业在市场经济活动中，遵守有关法律法规和约定俗成的社会行为规范，信守交易双方当事人之间的正式或非正式的交易契约，交易主体之间采取互惠互利的可持续交易策略。企业信用在经济学、管理学以及一些交叉学科中有着不同的定义，具有代表性的企业信用定义见表10-1。

可以发现，这些定义对于企业信用本质特征的描述是一致的，区别仅在于因研究或观察的角度不同而对企业信用的定义在某个角度加以强调和突出。按照企业交易对象的不同，企业信用关系可以分为：企业与股东的信用关系、企业与债权人的信用关系、企业与消费者的信用关系、企业与政府的信用关系等几种类型。而对这些信用关系进行管理与控制就构成本章的内容。

表 10-1　企业信用的一些代表性定义

作者	对企业信用的定义
Shapiro	企业信用是在不完全信息或不确定性情况下对产品质量的预期。
Raub & Weesie	企业信用是基于过去行为的行为者特征。
Fombrun & Shanley	企业信用是利益相关者通过观察不同的信号得到的信息成果，信号包括：市场信号（与市场绩效、红利政策相关）、会计信号（会计利润与风险）、机构信号（所有权、社会责任、传媒形象、企业规模）、战略信号（差异、多元化）。
Weigelt & Camerer	企业信用是关于企业的一个特征集合。
Rao	企业信用是企业行为规范化的社会结果。
Shenkar & Yuchtman Yaar	企业信用是一种组织声望。

（二）中小企业信用管理与控制的含义

企业信用管理与控制（corporate credit management & control）是指企业为增强信用能力、控制交易中的信用风险而实施的一套业务方案、政策以及为此建立的一系列组织制度，其核心是是对企业的授信决策进行科学管理，所研究的是如何科学地运转一个企业信用管理部门正确执行企业的信用政策（credit policy），将该部门职责所在的客户风险管理、应收账款管理、商账追收、辅助企业市场部门开拓市场等功能充分地发挥出来。企业信用管理是市场营销、财务管理和信息管理相互交叉的一个管理领域。发达国家中信用管理常被认为是企业的生命，没有一个完善、有效的信用管理体制和政策，企业将缺少足够的市场竞争力、失去防范风险的能力、最终会被市场无情地淘汰，从这个意义上讲，企业信用管理是现代企业管理中最重要的组成部分，是企业管理学的一个重要分支。

中小企业信用管理与控制（SMEs credit management & control）主要是指中小企业组织内部通过建立相关的信用管理机构或配备相关的信用管理人员所组织的信用管理活动，包括前期的资信调查和评估机制、中期的债权保障机制以及后期的应收账款管理和回收机制等管理活动。

从管理职能看，中小企业信用管理与控制的重点是指通过制定信用管理政策，指导和协调内部各部门的业务活动，对客户信息的收集和评估、

信用额度的授予、债权保障、应收账款回收等各交易环节进行全面监督和控制,以保障应收账款安全和及时回收的管理活动。

从管理目的来看,中小企业通过信用管理活动,力求在达到销售最大化的同时,将信用风险(坏账)降至最低。在现代市场经济中,随着信用交易的日益扩大和普遍,信用风险也日益增大。对信用风险防范和化解的要求,使中小企业对信用的管理与控制应运而生,并发挥其特别重要的作用。

(三) 加强中小企业信用管理与控制的重要性

首先,我们以广西玉柴集团为例说明加强中小企业信用管理与控制的重要性。玉柴集团的前身是玉林柴油机厂,透视玉柴集团的成功之路可知,企业自身的诚信建设是其得以成长的重要因素。多年来,玉柴集团倾其所能、顽强执着地打造着自身的信用工程。早在1985年,玉柴集团就提出信用建设,同时开始了负债式的承诺与践诺。那一年,玉柴集团提出"顽强进取,刻意求实,竭诚服务,致力文明"的企业精神。20世纪90年代初期,玉柴集团提出"用户就是上帝",对用户竭诚服务,就是对用户的信用。1991年,玉柴集团提出了"倾我所有,尽我所能,竭诚用户,诚信天下"的经营理念,提倡"信用为本,诚信天下"的工作方法。2002年,玉柴集团进一步提出"借债与还贷的财务信用、投资与回报的业绩信用、真实与对接的职业信用、承诺与践诺的用户信用"4个信用体系,玉柴集团的信用建设得到进一步丰富和完善。市场经济是法制经济,是规范与信用的经济,无数企业因其信誉或倒闭或发达。在中国逐步完善的市场经济中,诚信建设正被无数企业视为生死攸关的工程建设。

1. 信用管理问题是影响企业竞争力的关键

在买方市场条件下,一个企业要在激烈的市场竞争中脱颖而出,除了加强商品质量和价格竞争力以外,还有一个重要的方面就是要提高信用销售(赊销)的能力。在西方国家,所有商业贸易的90%都采用信用方式进行,只有不到10%的贸易采用现汇结算,信用结算方式已经成为商品交易中的绝对主流。而在我国,由于企业信用的缺失和不足,企业间信用交易方式仅占所有交易的20%左右,现汇交易达到80%,落后的结算方式严重地阻碍了贸易的扩大和企业的发展,也使我国企业的竞争力大大减弱。随

着经济全球化进程的加快，我国企业已处于和国外企业同台竞争的环境中，而同样规模的企业，西方企业的信用销售能力是我们的4倍。因此，我国企业必须大大提高赊销比例，才能在销售上与国外企业竞争。提高赊销比例的前提是加强企业信用管理。

2. 信用是市场经济的重要基础

规范有序的市场经济活动需要建立一个能够有效调动社会资源和规范市场交易的信用制度。良好的信用关系是企业正常经营与国民经济健康运行的基本保证。改善中小企业信用状况，对于提升中小企业整体素质和综合竞争力，抵御信用风险，改善中小企业融资条件，促进中小企业健康发展具有重要意义。加强中小企业信用管理，对于实现宏观调控目标、扶持优强中小企业发展，具有重要的现实作用。

近年来，中小企业在我国国民经济和社会发展中发挥着日益重要的作用。但是，个别中小企业的一些欺诈行为和由此引发的抽逃资金、拖欠账款、逃废银行债务、恶意偷税欠税、产品质量低劣等信用问题，已在一定程度上影响了中小企业的整体信用形象，成为制约中小企业发展的突出问题。特别是在建立社会主义市场经济体制和我国已加入世界贸易组织的情况下，没有良好的信用，将难以保证宏观经济政策的顺利实施，难以保证中小企业的健康发展和社会经济的安全运行。加强中小企业信用管理已成为提高中小企业信用，增强企业抵御市场风险能力的迫切要求。

中小企业信用状况是中小企业在持续经营期间，对外进行经济交往的基本信息的集中表现，它主要包括企业登记、合同履行、应收应付账款、银行贷款偿还、产品质量、企业经济合同纠纷以及法定代表人信用记录等情况。加强中小企业信用动态监管工作的目的，一是促进中小企业改进自身的信用管理，提高信用管理对企业发展的贡献程度；二是推动政府培育良好的信用环境，实现产业、产品结构调整和升级的良性循环。

二、信用管理现状

（一）中小企业信用现状

由国务院发展研究中心下属的中国企业家调查系统等单位开展的"企业信用：现状、问题及对策"专题调查发现，目前我国企业信用方面存在的主要问题是：拖欠货款、贷款、税款，违约制售假冒伪劣产品，以及披

露虚假信息、质量欺诈、商标侵权、专利技术侵权和价格欺诈等。占我国企业90%以上的中小企业，普遍面临着严重的信用问题。一部分中小企业是新兴科技型中小企业，这些企业是经济主体中最富有贡献性力量，然而这类企业自诞生时起就具有固定资产比重较小、信用基础不足、投资周期短的特点，使得这些企业信用风险大，融资信用极为低下；另外部分中小企业虽然有一定的履约能力，可是投机套利的可能性较大，因此信用缺失的概率也大。我国目前正处于经济转轨时期，以买方市场为特征的市场格局越来越明显，信用需求也就越来越迫切，在信用制度不完善的情况下企业面临的信用矛盾与冲突随之严重，更多的信用问题凸现出来，这些问题不及时解决就会逐渐积累，演变成危机，如金融信用危机、商业信用危机、消费信用危机等。我国中小企业信用问题突出表现如下：

1. 中小企业先天不足使信用问题更加突出

主要表现在：

第一，经营者素质低，经营决策容易失误；

第二，中小企业投入多、产出低、亏损比较严重。近几年国有中小企业亏损率高达80%以上。高亏损率和高破产率并存；

第三，科技人员缺乏，生产技术和装备落后，技术创新和产品开发能力弱，产品质量差，竞争力弱。据权威资料显示，中小企业产品合格率、产销率分别为70.2%和90.1%，大大低于大企业的水平；中小企业数量占企业总数的比重在98%以上，而其产品销售收入仅占58.2%；

第四，中小企业自有资本太少，偿债能力有限。中小企业由于其规模小，经济实力小，自有资本很少，往往没有足够的现金或净资产偿还被担保的债务本息。

2. 融资信用不足

据调查，我国商业银行向中小企业提供的信贷仅占到大中型企业的0.5%左右，但在业务审批时，每笔业务的流程是完全相同的，这种现象的背后是严峻的融资信用问题。一些中小企业缺乏对融资信用的重视，不愿意守信还贷，为中小企业树立了不好的形象；一些中小企业由于没有还款能力，信用风险偏高，银行不愿意放贷。但是我国中小企业中不乏社会贡献好、科技潜力大的企业，由于没有资金许多项目不能开发和实现产业化，

这些企业迫切需要信用贷款和追加投资，实现规模生产。

3. 商业信用缺失

中小企业是市场经济中最活跃也是交易最频繁的信用关联方，大量的商业、商品往来都发生在中小企业之间，企业为了节约成本和扩大销售，常常利用信用合同、协议、授权、承诺等信用交易方式。但是实际上，信用交易的背后是大量的违约行为，据悉，我国每年合同履约率平均不到70%，由于合同欺诈造成的损失约55亿元，相互拖欠的未付资金超过3000亿元，由于三角债和现款交易增加的财务费用约有2000亿元。

4. 生产信用缺失

生产信用缺失表现为企业隐藏事实，欺诈消费者，追求暴利。许多中小企业没有严格的质量管理体系或认证，企业在生产的过程中，使用劣质、有害的原材料，采用非法生产方式，而这些消费者是不知道的。

5. 财务信用缺失

财务信用缺失是中小企业信用缺失的一个突出点。大量的中小企业都曾提供过虚假的财务报告，企业为了逃税避税，与审计机构串通一气，制造虚假的财务数据，少纳税或者不纳税；有些企业甚至通过虚设分公司，开设多个不同的账户，以达到其套利的目的。虚假财务信息也欺骗战略投资者和银行，造成大量资本金的误投和流失。中小企业财务信用的缺失既和企业自身有关，会计师行业也负有重大的责任。

（二）中小企业信用管理方面存在的问题

当前，在以买方市场为主的竞争格局中，信用交易已成为企业获得市场竞争力的必要手段和经营方式。但从我国中小企业经营管理现状来看，他们在进入市场经济之后，内部经营管理机制并没有随之进行根本的调整，具体反映在信用管理方面，存在一系列的问题。

1. 中小企业信用观念淡薄，偿债意愿差，整体信用水平低

良好的信用秩序是信用担保机构得以正常运作的基础。由于我国长期计划经济体制的影响，社会信用问题不受重视，以致目前社会信用体系仍不健全，包括中小企业在内的经济主体信用观念淡薄，以致正常的信用关系被扭曲，所谓"欠债有理""贷敢用敢不还"便是我国信贷关系中信用恶化的真实写照。我国中小企业面广量大，虽然不乏信用优良的企业，但整

体而言，由于整个社会信用问题没有得到根本改善，对借款人或被担保人缺乏严格的监督制约机制和惩罚制度，信用问题和道德风险呈日益恶化的趋势；有的企业管理混乱，会计制度不规范，征信难度很大；有的企业资金使用混乱，提供虚假财务信息，监控难度大；有的企业制假售假，产品质量低劣；有的企业缺乏还款意愿，即使还得起债务，也是久拖不还，有的甚至千方百计采取各种非正当手段"逃、废、甩、赖"债务。信用等级高低是衡量中小企业信用状况和整体信用水平高低的重要标志。目前 A 级以上的中小企业所占比例很低，绝大多数在 BB 以下，其中相当一部分企业根本够不上认可的信用等级。

2. 企业经营管理目标发生偏离

我国许多中小企业近几年迫于市场竞争的压力，在其发展上单纯追求销售业绩的增长，但其背后的财务状况却常常不乐观，甚至出现经营危机。具体在业务经营中，企业简单地采取以销售为导向的经营管理模式，例如"销售承包制"和"销售买断制"等，忽视了应收账款上升、销售费用上升、负债增加、呆账坏账增加等问题，偏离了最终利润这一企业最终目标。实际上，企业经营管理的目标是要在业绩增长和风险控制这两个目标之间寻求协调和一致，保证最终利润这一根本目标的实现。

3. 缺乏专门的信用管理职能部门

在我国企业现在的管理职能中，应收账款的管理基本上是由销售部和财务部两个部门承担。然而，这两个部门由于管理目标。职能、利益和对市场反应上的差异，都不可能较好地承担起企业信用管理和应收账款的职能。在实践中，这两个部门常常出现职责分工不清、相互扯皮。效率低下，甚至出现管理真空等种种问题。国内外成功企业的管理经验表明，增加独立的信用管理职能，由信用部门或信用经理承担和协调整个企业的信用管理工作是一个有效的管理方式。

4. 信用管理方法和技术落后

在目前销售业务管理和财务管理上，我国大多数中小企业还没有很好地掌握或运用现代先进的信用管理技术和方法。比如缺乏客户资信方面的资料；对客户的信用风险缺少评估和预测，交易中往往是凭主观判断作决策，缺少科学的决策依据；在销售业务管理中缺少信用额度控制；在账款

回收上缺少专业化的方法。例如，有的中小企业单纯用销售提成的方法激励业务人员拉到大量订单，而后寄希望于一些缺少专业技能的人员去收账，结果是应收账款居高不下，累积越来越多，呆坏账比例逐步增加。

5. 信用管理重点严重滞后

目前许多中小企业解决拖欠问题多采取"事后"控制的方法，即只有在账款被拖欠了相当长的一段时间后才开始催收。结果出现了"前清后欠"的现象，使企业顾此失彼，包袱越背越重。

6. 缺乏经过专门训练的信用管理人员

信用管理是现代企业管理的核心内容。在企业内部管理机制中，信用管理与市场营销、财务管理、信息、管理相互交叉，缺一不可。这就要求信用管理人员不仅要掌握信用管理、信息、财务、管理、法律、统计、营销、公关等多方面的综合知识，同时实践能力和工作经历也必须出色。目前，我国教育系统还缺乏信用管理专业，专业研究人员很少，需求和供给缺口极大。中小企业在招聘信用管理的员工时，缺乏科学、严格的标准，大量缺乏专业知识的人员被配置到了信用管理工作岗位上，致使信用管理人员的总体素质偏低。

因此，从当前中小企业信用管理现状来看，可以说还处于信用管理的基础建设时期，强化我国中小企业信用管理与控制必须从解决一些最基本的问题入手。

三、信用管理职能及其模式

(一) 中小企业信用管理职能

1. 信用调查职能

从企业信用管理的职能角度分析，中小企业信用管理的具体工作是收集客户资料，评估和授予信用额度，保障债权，保障应收账及时回收。了解客户合作伙伴和竞争对手的信用状况，同样是企业防范风险、扩大交易、提高利润、减少损失，在激烈的商战中取胜的必由之路。目前大多数中小企业已经开始重视收集客户的信息资料，并取得良好的效果。应收账款逾期率、坏账率大幅下降，企业效益明显回升。

2. 信用评估职能

评估客户的信用决定给予客户怎样的信用额度和结算方式，是企业控

制信用风险的重要手段。企业信用部门在评估客户信用时，可根据客户的财务会计报告等信用资料进行分析评估，也可以编制出适合本行业特点和本企业特征的信用评估系统。

3. 信用监控职能

在与客户合作过程中，中小企业应密切注意可能出现的风险，对不同信用等级和不同交易方式的客户，寻求不同的债权保障措施。例如，在中期信用管理控制阶段的工作中，信用管理人员应当会同法律专家审核合同条款，排除可能造成损失的漏洞；严格审查单证、票据，防止各种结算方式下的欺诈；信用部门还可以提出债权保障建议，包括采用保理、信用保险、银行担保、商业担保、个人担保等手段转嫁信用风险。

中小企业信用管理的实质就是收益与风险之间的平衡。企业是采用信用形式进行销售，还是采用收现形式进行销售，其实没有固定的规则，也并非说信用形式就一定比传统的收现形式好。中小企业在信用交易时采用的信用形式又是不尽相同的，这完全取决于企业在市场中的地位和权益所处的环境，以及企业本身对信用交易的偏好。信用管理只是企业经营活动中的一种经营手段，目的是通过有效的信用管理能够获得价值的增值。从成本、收益与风险的角度来看，企业信用管理是一门科学。

充分发挥以上三个方面的职能作用，将使中小企业信用管理与控制具有以下几个方面的重要功能（见图10-1）。

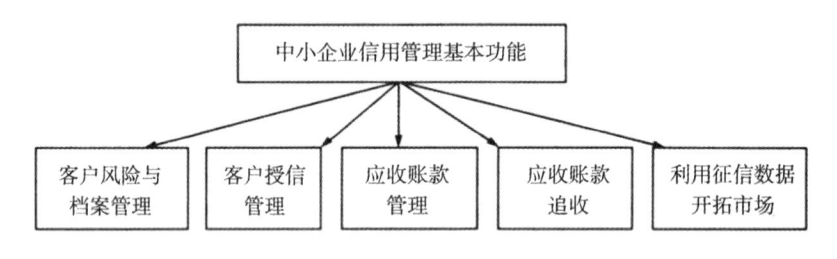

图 10-1 中小企业信用管理的功能

(二) 中小企业信用管理模式

1. 财务部门兼管信用的模式

中小企业由于规模较小，一般不单独设立信用管理部门，而又财务部门兼管工作。在一些传统的中小企业中，财务部门的权力比较打开它不仅

掌管着企业的资金分配和流动，甚至参与制定企业的发展和销售策略。于是，将信用管理纳入财务管理部门兼管，似乎是顺理成章的事。然而，财务部门对信用管理往往难以到位的，这主要与财务部门工作性质有关系。财务人员对于信用管理的大多数知识知之甚少，不能构想业务人员一样与客户讨论销售合同条款的细节或起草正规的追讨信函，这些工作已经超出了他们的知识范围和工作范围。因此当财务部门被委以信用管理的重任后，个别中小企业会逐步呈现出业务量下降、客户减少、利润降低的现象，有的会走向保守销售的极端。

2. 销售部门负责信用管理的模式

销售部门主管信用管理工作的做法也是目前中小企业最流行的信用管理模式。这种情况在进出口企业中较为突出。通常的做法是对不同信用限额，由不同的业务主管分级管理，超过次数额由部门经理或更高层经理审批决定，等等。这样，销售人员处在经营活动的第一线，直接面对和接触客户，对于客户的品格、经营情况、资金状况、信誉等方面的情况相对更加了解一些或掌握得更为全面。但最为突出的一个问题是，把授予客户信用的权利和业务执行的权利集中在销售部门，就缺乏了应有的监督和控制。

3. 独立的信用管理机构模式

中小企业建立独立的信用管理机构，有利于提高信用分析和信用管理的专业性、技术性，有利于独立地运用信用管理手段客观分析风险，对销售部门、财务部门有监控功制衡作用，而且独立信用制度的建立，使信用管理部门具有一定的权威性，也使企业真正有可能成为一个创造利润的有机体。信用部门横向主要与销售部门、财务部门发生关系，因此，如何协调处理信用部门与相关部门的关系至关重要。选择一个称职的信用经理是中小企业信用管理的核心。中小企业应当根据各自不同的情况确定对信用管理部门的信赖程度。尽管有充分的证据和事例证明建立独立的信用部门的重要性，但并不是所有的投资者和经营者都愿意接受这个建议。因为，有的投资者或管理者没有认识到独立的信用管理部门能够有效收集和客观分析客户信息及资料，控制或降低信用风险发生；有的还认为区域销售采用现金交易或现汇交易为主，交易方式简单，交易对象单一，产生风险的可能性不大，况且建立独立的信用管理部门会增加人员和企业的经营成本。

对于中小企业来讲，庞大的信用管理部门和人员确实会加重企业的负担。因此，信用管理部门的人员需要身兼数职，承担数项工作，担信用管理的职能却不能因为企业规模小而缩减。

当然，至于中小企业在信用管理中究竟如何选择信用管理模式，有与每个企业的管理基础、管理规模各不相同，只有正确分析自身情况后才能选择合适自身利益的最好的管理模式。

中小型企业信用评级

资信评级即由专业的机构或部门按照一定的方法和程序在对企业进行全面了解、考察调研和分析的基础上，作出有关其信用行为的可靠性、安全性程度的评价，并以专用符号或简单的文字形式来表达的一种管理活动。

由于中小企业规模偏小，又缺乏国际公认的信用评级，致使我国中小企业难以参与国际、国内重大项目的竞争。因此，通过对中小企业的资信状况进行评价，可以正确分析市场经济中中小企业的信用行为，评估、判断其偿付能力与信誉状况，确定信誉等级，并在微观评估的基础上评估与界定其信用状况是否符合生产、交易、信贷等经济活动综合发展的需要，从而决策单位可以根据中小企业的资信级别和评分做出选择。

一、信用评估要素

信用要素反映出人们对信用管理的认识水平及其程度，是对信用状况进行分类描述的方法。建立中小企业信用评级指标体系，首先要明确评级的具体内容包括哪些方面。国际上对形成信用的要素有很多种说法，主要有5C、6A、5P等学说。

1. "5C"要素论

是美国银行家爱德华在1943年提出的。"5C"学说建立在较早的"3C"和"4C"的基础上，认为企业信用的基本形式由品格（character）、能力（capacity）、资本（capital）、担保品（collateral）和环境状况（condition）构成。由于该5个英文单词都以C打头，故称"5C"。

● 企业的品格是指企业和管理者在经营活动中的行为和作风，是企业形象最为本质的反映。企业的品格如同人的品质一样，决定着企业信用的好坏。对于别人给予的信用，不论遭到何种困难和打击，都应以最大的努力偿还债务，保持良好的作风，这样的企业和经营者可以说品格优良，是授信的优良对象。

● 能力是仅次于品格的信用要素。能力包括经营者能力（如管理、资金运营和信用调度等）和企业能力（如运营、获利和偿债等）。考察企业的能力，必须从这两方面入手。

● 资本主要是考查企业的财务状况。一个企业的财务状况基本反映该企业的信用特征。若企业资本来源有限，或资本结构比例失调，大量依赖别人的资本，则会直接危及企业的健康。一般而言，授信者资本结构、资本安全性、流动性、获利能力等财务状况是考察的主要方面。

● 许多信用交易都是在有担保品作为信用媒体的情况下顺利完成的，担保品成为这些交易的首要考虑因素。当然，毋庸置疑的是，虽然担保品可以减少授信人的潜在风险，但对于授信者而言却不能起到改善其信用状况的目的。因此，担保品的作用仅是促使授信，而绝不是授信的必要条件。

● 环境状况，又称经济要素。大到政治、经济、环境、市场变化、季节更替等因素，小到行业趋势、工作方法、竞争等因素，诸如此类可能影响企业经营活动的因素都归为环境状况。它有别于以上的4个要素，是企业外部因素造成的企业内部变化，不是企业自身能力所能控制和操纵的。

在5C的基础上，后来又有人加入保险（coverage insurance）这个因素，形成"6C"系统，但现在国际上一般的信用评级都按照"5C"要素展开的。后人又将"6C"要素重分类归纳，把品格和能力归纳为管理要素（management factor），把资本和担保品归纳为财务要素（financial factor），把环境状况和保险归纳为经济要素（eonomic fctor）。

2."6A"要素论

"6A"说是美国国际复兴开发银行提出的，他们将企业要素归纳为经济因素、技术因素、管理因素、组织因素、商业因素和财务因素等6项。

● 经济因素（economic aspects）主要考察市场经济大环境是否有利于守信企业的经营和发展；

●技术因素（technical aspects） 主要考察受信企业在技术先进程度、生产能力、获利能力上是否有利于还款；

●管理因素（managerial aspects） 主要考察受信企业内部各项管理措施是否完善，管理者经营作风和信誉状况的优劣；

●组织因素（organizational aspects） 主要考察受信企业内部组织、结构是否健全；

●商业因素（commercial aspects） 主要考察受信企业原材料、动力、劳动力、设备是否充分，产品销售市场和价格竞争力等方面是否占有优势；

●财务因素（financial aspects） 主要从财务角度考察受信企业资金运用、资金结构、偿债能力、流动性、获利能力等水平高低。

3."5P"要素论

"5P"说从不同角度将信用要素重新分类，条理上更加易于理解。它包括人的因素、目的因素、还款因素、保障因素和展望因素。

●人的因素（personal factor）。是企业和经营者的统称。需要从企业经营者的能力和企业的能力两方面来全面考虑。

●目的因素（purpose factor）。即受信企业申请信用的目的性。如受信企业申请信用的目的是否确属业务需要；信用资金计划用途是否妥当，信用额度是否合适等等。如果授信企业没有经过调查就盲目授信，信用资金的风险极大。

●还款因素（payment factor）。排除其他因素，受信企业能否按期还款，取决于信用额度到期时受信企业即时的财产状况。因此，认真分析受信企业的资金来源是很有必要的。短期授信的还款资金来源应来自受信企业短期的经营活动；中长期授信常被用于固定资产的购置，其还款资金来自长期的利润积累和追加投资。

●保障因素（protection factor）。保障因素一般分为内部保障和外部保障。内部保障类似于担保品，内部保障需要分析担保品的合法性、可靠性、市场价格、销售难易度等；外部保障是第三人承担债务人信用责任的保障形式，采用方式有保证、背书、第三人提供担保品等。在授信时，应认真考察第三人提供担保品的合法性，再分析第三人与受信企业的关系。

●展望因素（prspective factor）。不论是短期受信还是中长期授信，授

信时都要分析受信企业的短期还款能力和中长期获利能力，这就是授信展望。授信展望主要从受信企业再受信期间的还款目的、支付能力和安全性上分析，辅以受信资金用途的收益分析。

4."五性"分析

"五性"分析是国内评级较为常用的分析方法。五性包括安全性、收益性、成长性、流动性和生产性。通过五性分析，就能对企业信用状况作出客观的评价。

以上各种信用要素观点虽然不尽相同，但其实都是以"5C"为基础，辅以其他的要素。因此在进行企业信用要素分析时，最好从"5C"入手，再根据具体行业和企业的特征，设计最适合的要素分析模型。

二、信用评级内容

（一）企业信用评估的信用评级等级

我国企业信用评估的信用评级等级采用国际通行的"四等十级制"评级等级，具体等级分为：AAA，AA，A，BBB，BB，B，CCC，CC，C，D（见表10-2）。

表10-2 企业信用评级等级说明表

信用等级	信用状况	含义
AAA	信用极好	企业的信用程度高、债务风险小。该类企业具有优秀的信用记录，经营状况佳，盈利能力强，发展前景广阔，不确定性因素对其经营与发展的影响极小。
AA	信用优良	企业的信用程度较高，债务风险较小。该类企业具有优良的信用记录，经营状况较佳，盈利水平较高，发展前景较为广阔，不确定性因素对其经营与发展的影响很小。
A	信用较好	企业的信用程度良好，在正常情况下偿还债务没有问题。该类企业具有良好的信用记录，经营处于良性循环状态，但是可能存在一些影响其未来经营与发展的不确定因素，进而削弱其盈利能力和偿债能力。
BBB	信用一般	企业的信用程度一般，偿还债务的能力一般。该类企业的信用记录正常，但其经营状况、盈利水平及未来发展易受不确定因素的影响，偿债能力有波动。

信用等级	信用状况	含义
BB	信用欠佳	企业信用程度较差，偿债能力不足。该类企业有较多不良信用记录，未来前景不明朗，含有投机性因素。
B	信用极差	企业的信用程度差，偿债能力较弱。
CCC	信用很差	企业信用很差，几乎没有偿债能力。
CC	信用极差	企业信用极差，没有偿债能力。
C	没有信用	企业无信用。
D	没有信用	企业已濒临破产。

（二）企业信用评估的信用评级内容

中小企业信用评级时需要涉及的内容主要有以下7个方面。

1. 宏观环境和产业分析

这里主要分析信用行业趋势、信用政府政策、信用企业竞争地位和信用发展阶段与生存方式。

（1）信用行业趋势

中小企业一般而言总是去迎合市场发展的需要，而对市场的影响较小。与此同时，中小企业对市场的变化敏感度高，市场较小的变化往往会对企业产生较大的影响。因此，必须对中小企业所在行业尤其是直接相关联的细分市场的长期发展趋势作出评价。对企业所处行业发展趋势的分析评价主要考虑以下几个方面：国内外竞争情况、所处经济循环的阶段以及行业的集中程度。

（2）信用政府政策

政府政策对于中小企业影响深远，政府往往会根据一国的发展需要制定相应的发展纲要与政策，企业将受到政府政策正面或负面的影响决定着企业长期发展的可能性。目前尚存在一些对中小企业发展不利的限制条件，但国家正在逐步完善对中小企业的扶持政策，并且将主要通过市场化的手段进行。评级机构主要分析企业的经营是否属于政策支持的范围及受支持的力度。

（3）信用企业竞争地位

不同企业在同一市场上往往处于不同的竞争地位，属于市场先入者的企业对市场的控制能力一般较强，而市场后入者在一些方面将受到限制。

但企业具有一定的差别程度，企业差别程度大、创新能力强可以在相当程度上弥补市场后入的缺陷。

（4）信用发展阶段与生存方式

随着进入市场的时间不同，企业的发展阶段不同，处于不同发展阶段的企业，评级机构认为其信用能力存在着差别。处于初创期的企业存在许多不确定性，并且因为迅速扩大市场的需要而往往采取宽松的信用政策，企业信用风险相对较大；而处于成熟期的企业因为相对较为稳定，并且具有一定信用管理制度与方法，企业信用风险可以得到较好的控制。

2. 管理与发展策略

主要指信用企业经营战略、信用管理层素质、信用内控制度和信用危机管理4个方面。

（1）信用企业经营战略

企业从建立开始就具有自身的经营战略，企业经营战略是否符合企业的发展需要并具有长期性是评级机构衡量一个企业信用评级的重要考察因素之一，尤其在进行中小企业信用评级的过程中，鉴于企业规模较小，企业长期有效的经营发展战略是确保企业信用能力的一个重要基础。

（2）信用管理层素质

企业管理层对企业的影响是很大的，中小企业相对而言对管理层素质的重视不够，在进行企业快速扩张的同时忽略了人力资源的储备，而具有优秀的管理人员是企业长期稳定发展不可或缺的因素。

（3）信用内控制度

缺乏内控机制的企业容易陷入混乱中，并且难以保证正常有序的经营与发展。建立严格有效的内控制度，与企业管理人员的素质是息息相关的。

（4）信用危机管理

企业是否具有有效的危机管理是评级机构考虑的一个重要环节，因为企业在运营过程中遇到不可预料的情况是完全可能的，并且可能出现的频率会比较高，如果具有有效的危机管理机制，企业可以及时地采取应急措施进行弥补，这是企业信用能力的一个重要保障。

3. 组织结构

组织结构主要指信用产权结构和信用机构设置两方面。

（1）信用产权结构

企业的产权结构一直都是企业发展中较难解决的问题之一，产权分析主要包括产权是否明晰，股东构成以及产权对企业经营战略、治理结构的影响。产权往往决定了企业的经营自主性、经营责任和自我约束的能力，中小企业在发展初期一般是业主对企业具有绝对控制权，而随着企业不断发展壮大，企业的规模可能超过业主的管理能力，此时可能导致企业的迅速衰败。对于这类企业，评级机构会非常关注企业规模与管理的变化。

（2）信用机构设置

企业在不同时期的机构设置会有不同，处于初创期的企业多采取职能划分模式，而处于成熟期时则多采用区域划分模式。评级机构会将企业机构设置的合理与有效性作为企业信用评级的一个考虑因素。

4. 基本生产经营状况

基本生产经营状况包括信用市场占有情况、信用成本结构、信用营销方案和信用财务稳健原则。

（1）信用市场占有情况

分析一个企业的产品或服务在市场上处于领先地位的可能性，并了解企业是否具有长期的创利能力，是否拥有良好的市场声誉，与顾客是否保持有稳定信任的关系，以及是否具有不断开发新市场的能力。

（2）信用成本结构

成本结构的分析重点在于测评企业生产投入、供应，生产或服务等环节的效率，主要对企业的两种指标进行测评，一是企业自身维持现有经营状况的成本水平；二是企业达到市场竞争需要所需达到的成本结构安排与成本水平。

（3）信用营销方案

中小企业因规模的影响，在市场上多处于竞争劣势，但在特定方面具有优势的中小企业应通过恰当有效的营销方案表现并推广自身的优势。但营销方案的制定必须遵循一定的原则，其中最为重要的是真实性原则与合理性原则。

（4）信用财务稳健原则

企业财务部门采用的是财务稳健原则，还是投机性较强的财务管理原

则，对于评级机构进行企业信用评级有很大影响。采用财务稳健原则的企业一般而言具有比较严格的信用政策，而投机性强的企业则往往缺乏信用管理的相应措施。

5. 经营风险分析

主要分析信用企业资本结构、信用债务构成和信用融资能力三个方面。

（1）信用企业资本结构

企业合理安全的资本结构是企业控制经营风险的前提，负债比例过高的企业必须建立严格的跟踪控制程序，防止企业经营风险变成现实，并在可能的情况下进行适当的资本结构的调整。

（2）信用债务构成

债务主要可以分为两类，短期债务和长期债务。债务构成最为重要的环节就是债务期限的安排，债务安排需要注意两个方面：一是避免过多的短期债务以防止企业短期运营资金的短缺；二是控制企业长期债务的数量，避免给企业长期发展带来沉重的负担，长期债务尤其要注意债务时间的安排。

（3）信用融资能力

企业的融资能力是企业信用能力的有力保障，具有强大融资能力的企业可以在出现信用危机时进行有效的补偿。

6. 特殊事项风险

特殊事项风险主要有两种，一是法律诉讼。中小企业违法行为比较频繁，主要为偷漏税等，调查企业的法律历史记录及是否聘有法律顾问等方面来估计企业产生法律诉讼的可能性。二是信用破产重组。中小企业的破产率、转产率、资本重组率等机率都比较高，尽管具体发生的比率难以计算，但应该结合企业的实际情况与市场环境仔细研究这类事件发生的机率。

7. 外部支持

外部支持主要有两种方式，一是政府支持，主要表现在特定情况下政府制定的扶持性政策；二是商业性担保，随着信用体系的建立与完善，中小企业信用担保体系将逐渐发挥作用，是对中小企业的一个重要外部支持渠道。

三、信用评估方法

信用评估的方法，主要有定性分析和定量分析两种：

（一）信用评级的定性分析方法

信用评级的定性分析方法通常根据人们的经验和主观判断来确定信用等级，这种评估能否准确，在很大程度上取决于人们知识经验和认识能力以及能否掌握一定信息资料并正确运用分析推理方法。例如企业素质，包括领导素质、员工素质。技术装备水平和管理水平等内容，它们都反映了企业素质的一个侧面，把这些侧面综合在一起，就形成企业素质的整体。但是对于这些侧面很难用数量指标来表示，这就要通过调查了解，用文字来加以描述，分析它们的好坏，指出它们的功过，估量它们的分值，评定它们的等级。定性分析方法按照分析人员的不同可以分为以下三种：

1. 信用专业人员个人分析法

业人员个人分析判断主要有以下三种方法：

（1）相关推断法

即根据因果性原理，从已知的信用状况和经济指标发展变化趋向，判断未来的信用状况。例如企业的销售收入同信用状况相关，按照企业今后生产发展情况，销售收入会有较高增长，从而推断信用状况会比现状要好。

（2）对比类推法

即根据类推性原理，把信用状况同其他类似情况加以联系对比分析以推断未来信用状况的趋向。例如电视机行业目前价格竞争激烈，赊销情况普遍，可以推断其他生产电视机的企业信用状况不可能会有好转。

（3）多因素综合推断法

即在深入分析众多信用因素的基础上，综合判断今后信用状况的发展趋向。例如通过分析企业近年来宏观环境。产业分析、企业素质、经营能力、盈利能力、偿债能力、发展前景等众多因素后，综合判断企业信用状况会向好的方向发展。

2. 信用专业人员集体分析法

集中多数专业人员的判断，就能提高信用评估质量。通常有以下几种方法：

（1）征求意见法

即向部分专业人员征求意见，通过集思广益，相互启发，补充个人的看法，使其更加完善。

(2) 集体讨论法

即通过座谈，互相讨论，特别是对一些关键性问题，经过讨论，统一认识。如果有不同意见，相互交锋，利弊权衡，十分清楚，便于综合判断，提出准确结论。

3. 信用专家调查法

这种方法是美国兰德公司在20世纪60年代所首创，当时叫特尔菲法（Delphi method）。它开始用于技术发展预测，以后推广用于其他领域，在国外广为流传。专家调查法开始采用座谈会讨论，广泛交流看法，但座谈会容易产生个别权威人物左右会场的局面。以后又改用背靠背办法进行个别征询，把调查表发给专家填写，然后收回加以整理，形成正式意见。如果专家们有不同意见，也可把不同意见，再向专家征询，采用第二轮征询或第三轮征询。在采用特尔菲法时选择专家十分重要，必须精通专业，而且征询专家的人数不能太少，否则缺乏代表性。这种方法具有较多优点，可以依靠专家们的丰富知识和宝贵经验，评估有一定基础，而且专家们都不见面，可以充分发挥独立思考的作用，收集到各方面的意见。

(二) 信用评级的定量分析方法

信用评估的定量分析方法就是对企业的信用状况从数量上确定差异的一种方法。主要是根据历史数据，通过经济分析指标，利用数量计算或建立数学模型，分析信用状况好坏的方法，主要有以下5种方法。

1. 信用比率分析法

是财务分析的主要方法，也是信用评估的主要方法。因为信用评估很多方面要采用财务分析中的比率指标。例如，总资产报酬率是利润总额对资产总额的比率，表示总资产的盈利能力；又如，流动比率是流动资产对流动负债的比率，反映了企业的短期偿债能力等。通过这些比率计算，反映出企业财务指标相互之间的关系，可以判断企业对于资金的配置是否合理，可以使原来不可比的财务状况变成可比。例如企业利润总额，各厂之间无法比较，有的企业多，有的企业少，但是通过总资产报酬率这一比率指标，就可能衡量出企业总资产盈利能力的大小。评价信用状况同样如此，对单独一项数量指标，很难判断是好是坏，如果把它计算成为比率指标，就可能相互比较，作出正确的判断。

2. 信用趋势分析法

是将同一单位连续几年的相同财务指标进行对比以观察其成长性的一种分析方法。通过趋势分析，可以了解企业在这一方面的发展趋势。例如销售收入增长率可以通过几年销售收入的对比求得，利润增长率可以通过几年利润总额的对比求得。通过销售收入增长率和利润增长率就可以判断企业信用状况的发展趋势是向好的方向发展，还是向坏的方向发展，发展的趋势有多大。

3. 信用结构分析法

是衡量企业对财务指标各分项目在总体项目中的比重或组成的一种分析方法，可以说明各分项目在总体项目中的地位。一般来说，分项目的比重越大，对总体项目的影响也越大。同时，通过连续几年各项目比重的对比，可以判断各项目的比重是上升还是下降。例如不良贷款率是商业银行不良贷款数占全部贷款数的比重，不良贷款比例越高，商业银行的贷款安全性越差。它是衡量商业银行信用状况的一项重要指标。通过这一指标连续几年的比较，可以看出商业银行的资产质量是下降还是提高。

4. 信用相互对比法

是通过经济指标的相互比较来揭示经济指标的数量差异的一种方法。它是信用评估中极其重要的一种方法。经济指标的实际数可以同上期比较，可以在相同企业之间比较，也可以和指标的标准值比较。通过比较，可以找出差距，以便进一步分析形成差距的原因。在信用评估中，要分析企业信用状况的好坏，就要对经济指标根据有关的要求，设置一定的标准值，通过同标准值比较，就能找出差距，用以判断企业信用状况的好坏。但是要注意在采用相互对比法时经济指标在计算方法、计算口径和计算内容上要保持一致性，否则的话，就难以比较，甚至会得出错误的结论。

5. 信用建立数学模型法

在现代管理科学中，广泛应用着数学模型，特别是经济预测和管理工作不能进行实验，更有必要通过数学模型来分析经济决策所产生的结果。但是数学模型是由变量、参数和一定函数关系组成的，而参数是数学模型中的一些常数，除特殊情况外，一般保持稳定不变。它是在长期实践中归纳出来的，不易求得。因此，信用评估中较少应用数学模型。从国外经验

来看，保险企业信用评估中曾经用过风险测试模型。现举一例加以说明。

流动性比率模型 = ∑（某种流动资产该种流动资产的流动性因子）/
∑（某种流动负债该种流动负债的流动性因子）

以上流动性比率模型比一般财务分析中的流动比率更为科学，因为这个模型把各项流动资产和流动负债分别乘以流动性因子，不同的流动资产和流动负债，其流动性是有区别的，乘以各自的流动性因子，就更能体现流动资产和流动负债的流动性了。但是在这个流动性比率模型中，流动性因子这些常数值很难求得。国外的常数值不一定适合我国，因而难以在实际评估中推广。

（三）信用计分法

1. 百分制计分方法

在信用评估中，如何通过指标对比确定信用等级，在我国多采用百分制计分方法，即把最高的信用等级定为100分，例如AAA级为90~100分，AA级为80~90分，依此类推。如果我们通过信用评估算出了信用的总分值，就可求得它所属的信用等。采用这种方法，首先要把各项评估指标按照它对企业信用状况的重要性分别确定各项评估指标的权数分，也叫重要性系数，权数分之和也为100分。在实际评估时，只要把各项评估指标的实际值同标准值进行比较，然后乘以权数分，就可算出它们的信用分值，再把各项评估指标的信用分值相加，即可求得信用评估的总分，根据总分就可确定企业的信用等级。百分制计分方法比较简单，容易为人们所掌握，而且评估出来的结果基本接近，不会出现大的偏差。缺点是不能发挥评估人员的智慧，完全按照评估办法计算分值，确定信用等级。为了解决这个缺陷，一般在设计这种评估办法时，都增加一项"经验调整分"作为评估人员的参考。

（1）确定定量指标的实际值

通常评估企业信用等级，都要对企业进行连续三年的考核，因为单独一年的业绩不够稳定，把连续三年的业绩联系起来，可以衡量企业的业绩是发展，还是倒退。通常都采用近三年实际数值的平均数。如何计算三年的平均数，目前主要有两种方法，一种是计算算术平均数，即把三年的指标实际值相加除以年数3即得。另一种是计算加权平均数，即最近一年用

0.5作为权数,前一年用0.3,前、二年用0.2,例如某项指标实际值最近一年为120,前一年为110,前二年为100,则三年加权平均数为:120·0.5+110·0.3+100·0.2=113。这样,越是靠近年份,权数越大,体现近期业绩占有主要地位。目前大多数信用评估机构都采用这种方法。

(2)要规定各项评估指标的权数分

即该项指标在评估最终结果中所占的分数,它体现了评估指标对信用评估结果的影响程度。权数分大,表示该项指标对评估结果的影响大;反之则小。评估指标的权数分目前各家评估机构规定也不一样,有的规定高,有的规定低。评估指标的权数分的确定,可以采用专家打分法取得共识,比较合理。

(3)要计算评估指标的分值

目前主要有以下4种方法:

● 信用分段定分法。先确定评估指标的最高标准值和最低标准值,最高标准值及以上为满分,假设为10分,最低标准值及以下为0分,在最高值和最低值之间按间隔一定距离分段定分。

● 信用比例定分法。此法采用评估指标的行业平均值作为标准值,然后按标准值的偏离距离的一定百分比计算分值。如果某指标高于同行业平均值50%以上的给满分,低于同行业平均值50%以上的不给分,在标准值上下50%范围内,按一定比例增减数计分。

● 信用功效记分法。即按照指标实际值所做的贡献确定分值。此法把每项指标都定一个满意值和不允许值,作为指标的上下限,然后按指标上下限距离同指标实际值与指标下限的距离,采用代数中的线性插值法加以计分,计算公式如下:

指标实际值的分值=(指标实际值-指标不允许值)指标规定分值/
(指标满意值-指标不允许值)

功效记分法也可采用另一种方法记分,即以指标的行业最佳值为100分,以行业的平均值为60分,此时采用功效记分法,就要采用以下公式:

指标分值=100-40(指标行业最佳值-企业指标实际值)/
(指标行业最佳值-指标行业平均值)

在上式中,如果企业指标实际值正好是行业的平均值,则指标分值等

于 100 分减去 40 分，即 60 分。如果企业指标实际值正好是行业最佳值，则指标分值等于 100 分。如果企业指标实际值在行业最佳值和平均值之间，即可按以上公式计算。例如流动比率指标，行业最佳值定为 2，行业平均值为 1.5。

有时信用评估指标实行分档计分，表示在不同档次指标所起作用不一样，这时指标实际值的得分公式就要按照以下公式计算：

指标实际值的分值＝（指标实际值–指标不允许值）本档规定分值/
　　　　　　　　　（指标满意值–指标不允许值）+上档规定分值

● 方程式法：此法直接按照信用评估办法规定的要求，推导出代数方程式，再根据代数方程式求得该指标实际值的得分。

2. Altman 的 Z 计分模型

模型中，Z1 主要适用于上市公司，Z2 适用于非上市公司，Z3 适用于非制造企业。

$Z1 = 1.2X1 + 1.4X2 + 3.3X3 + 0.6X4 + 0.999X5$

其中 X1＝（流动资产–流动负债）/资产总额

X2＝未分配利润/资产总额

X3＝（利润总额+利息支出）/资产总额

X4＝权益市场值/负债总额

X5＝销售收入/总资产

对于 Z 值与信用分析的关系，Altman 认为 Z 小于 1.8，风险很大；Z 大于 2.99 风险较小。

$Z2 = 0.717X1 + 0.847X2 + 3.107X3 + 0.420X4 + 0.998X5$

其中 X1＝（流动资产–流动负债）/资产总额

X2＝未分配利润/资产总额

X3＝（利润总额+利息支出）/资产总额

X4＝权益/负债总额

X5＝销售收入/总资产

$23 = 6.56X1 + 3.26X2 + 6.72X3 + 1.05X4$

X1＝（流动资产–流动负债）/资产总额

X2＝未分配利润/资产总额

X3＝（利润总额+折旧+摊销+利息支出）/资产总额

X4＝所有者权益/负债总额

3. 巴萨利模型

Altman认为，根据上述公式计算的Z值，如果Z小于1.23，风险很大；Z大于2.9风险较小。后来，有些研究者又进行了其他变量的分析，巴萨利模型如下：

Z＝ X1+X2+X3+X4+X5

X1＝（利润总额+折旧+摊销+利息支出）/流动负债

X2＝利润总额/（流动资产-流动负债）

X3＝所有者权益/流动负债

X4＝有形资产净值/负债总额

X5＝（流动资产-流动负债）/总资产

对这些模型的研究一直在继续，1977年Altman又建立了第二代模型，称为ZETA信用风险模型。主要变量有7个，即资产报酬率、收入的稳定性、利息倍数、负债比率、流动比率、资本化比率、规模等。

4. 新的信用评级方法

信用评级的方法随着技术的发展层出不穷，KMV信用监控模型和VAR两种方法为当前常用的信用评级方法。

（1）基于期权理论的KMV信用监控模型

KMV信用监控模型基本思想是，当公司的价值下降至一定水平时，企业就会对其债务违约。根据有关分析，KMV发现违约发生最频繁的分界点在公司价值等于流动负债+（-）长期负债的50%时。有了公司在未来时刻的预期价值及此时的违约点，就可以确定公司价值下降百分之多少时即达到违约点。要达到违约点资产价值须下降的百分比对于资产价值标准差的倍数称为违约距离。违约距离＝（资产的预期价值-违约点）/资产的预期价值资产值的波动性。根据此模型，KMV公司已对世界范围内约2万家企业进行信用风险评价。

KMV公司已被穆迪公司收购。KMV信用监控模型具体的数学推导和论证可参见相关参考资料。应当讲，该方法具有比较充分的理论基础，值得我们借鉴，特别适用于上市公司信用风险。

（2）在险价值（VAR）方法

在险价值就是在给定的置信区间（如95%、99%等）下衡量给定的资产在一定时间内可能发生的最大的损失。对于信用风险的衡量，运用在险价值（VAR）方法进行的信用分析回答的问题是，如果下一年是个坏年份，我的贷款会损失多少？借助于信用评级机构的评级结果、下一年评级变化的概率等，在险价值（VAR）方法可以回答这个问题。但是，实际上，在险价值（VAR）方法并不是一种信用风险分析方法，而是一种计量风险大小的方法，它需要以评级结果为依据。

其他信用风险度量方法大部分也是从计量信用风险大小的角度进行研究的。这些研究对于确定资本、定价具有重要的参考价值。但是，这些方法并没有解决如何确定一家企业或一个金融工具的信用风险，都离不开主观评价的基础。

四、信用评级程序

企业信用评估程序，是指从确定评估对象至完成整个评估的过程。具体包括：

（一）前期准备阶段

1. 接受评级申请或委托

被评估企业提出申请，或接受其他单位的委托，签订委托信用评估协议书。在协议书中，明确规定委托内容、委托方和受托方的权利义务等，在委托协议签订生效后，评估工作才能正式进行。

2. 成立评估组和专家委员会

签订委托信用评估协议书之后，组织成立评估工作组，并根据需要组织成立专家委员会，相应确定有关工作人员和选聘有关咨询专家。

评估工作人员应具备的条件是：具有丰富的经济管理、财务会计、资产管理和法律等方面的专业知识；熟悉企业信用评估业务，具有很强的综合分析判断能力；坚持原则，清正廉洁，秉公办事；具有丰富的经济专业工作经验。

专家委员会的专家应具备的条件是：熟悉企业管理、财务会计、法律、技术等方面的专业知识；具有非常丰富的工作经验和相关领域的长期工作经验；以及拥有相应领域的高级技术职称和相关专业的执业（技术）资格。

3. 资料搜集

研究与企业相关的行业、政策、法规等方面的资料，初步把握企业的发展概况。

4. 制订评估方案

评估方案是评估组进行某项评估活动的安排，其主要内容包括：评估对象、评估目的、评估依据、评估项目负责人、评估工作人员、工作时间安排、拟用评估方法、选用评估标准、准备评估资料和有关工作要求等。

评估方案应由评估组制定，已组织专家委员会的，评估方案应送交每位专家，并向专家委员会介绍评估程序。

(二) 现场调查阶段

核实企业所提供的各种资料，进行深入地现场调查和访问求证。

实地调研包括与有关人员的访谈及现场勘察，旨在了解企业经营状况，直接感受企业的管理氛围。其中与管理层的会谈非常重要，会谈内容涉及企业业务开展状况、竞争状况、财务政策、以往业绩、以及长、短期经营展望等。此外，企业的营运风险、经营策略和内控机制都是重要的访谈议题。为提高访谈效果，评级人员应在正式访谈之前，将访谈要点通知访谈对象。如有必要，还需与地方主管部门及与企业有主要债权债务关系的单位访谈。与主管部门访谈旨在了解地方主管部门对企业的看法、对该行业的态度以及对企业支持的可能性等。与企业有债权债务关系的单位，包括向企业贷款的商业银行、大额应付账款债权人、企业应收款主要欠款单位等，与这些单位的访谈是为了了解受评企业历史信用记录、目前债务压力，以及企业款项回收情况。在这阶段，评估人员主要通过多样化、表格化、简单化和实用化的工作底稿将调研的内容程序化、规范化、书面化，在现场调查取证，特别是在查账时，要尽可能取得第三方出具的函证为准，第三方函证通常指税务局出具的纳税务局凭证、银行出具的扣息凭证等。

(三) 分析评级阶段

1. 准备评估基础数据和基础资料

评估的数据资料必须保证真实和完整，这是做好评估工作的基本前提条件。

2. 进行评估计分

评估计分主要运用计算机计算出各种指定分值总和减去应扣除的分数，

得出被评企业信用评估总分，对评估分数和计分过程进行复核，发现问题首先复核基础数据，必要时进行手工计算检验，以确保计分准确无误。

3. 形成初步评估结论

根据评分结果，结合被评企业具体情况，对被评企业的经营情况进行深入、细致的分析判断，形成综合评估结论，并确定相应的信用等级。

4. 撰写初步评估报告

评估报告是由评估工作组完成全部评估工作后，对评估对象在评估年度内资本经营业绩、财务效益状况进行对比分析、客观判断形成的综合结论的文件。

5. 评估报告复核

评估组在评估报告初步完成后，应报送信用评估委员会进行评审，确认审核评估程序是否完整、评估方法是否正确、选用的评估标准是否适当、评估报告是否规范以及评估结论是否合理等。

(四) 决定评级级别阶段

1. 通知被评企业或委托人

评估工作完成后，将评估结果通知被评企业或委托人，并告知评估所根据的理由和基础，如果被评估企业提出异议且意见合理，或者发现新的重大情况，应进行重审，对评估结果和结论进行调整。

2. 公布评估结果

评估结果确定以后，不仅要颁发《信用等级证书》，而且还要对被评估企业评估结果和结论，通过适当媒介向政府部门、金融机构、新闻单位及其他投资者公布（除非被评企业或委托人要求保密）。

信用评估结果公开应该形成一种制度，确定一套规范作法，以确保投资者的利益，更好地发挥评估的作用。同时，对信誉较差和信誉一般的企业管理者在市场准入的有关规定中就应该确定，企业要进行融资活动，就必须经过企业信用评估。这样不论企业信誉好坏，不论其是否愿意评估并公布结果，都必须评估。这样，既有利于企业融资活动，又有利于支持评估机构发挥作用。

3. 文件存档

评估机构将全部评估基础资料、工作底稿及评估报告进行整理，存入

档案库妥善管理。同时，评估结果将报商务部、海关、商检、外汇管理、银行、工商、税务等职能部门备案。

（五）跟踪评级阶段

1. 跟踪受评企业

评级工作结束后，评级机构需不断跟踪被评对象信用等级的变动情况，被评对象应按信用评级协议中的有关规定定期向评级机构提供有关资料，评级机构将指定评级分析员保持与被评对象间的经常联系。

2. 提供复评建议

若评级机构在跟踪过程中发现受评企业信用状况发生重大变化，如信用等级提高或降低，则评级机构将对受评对象提出跟踪复评建议。

3. 更改评级结果

若企业信用等级经过复评后确实发生变化，则更改后的评级结果会按照原先发布方式进行公布。

中小型企业信用管理与控制内容

一、客户信用管理与控制

客户管理是指在客户信息收集和分析的基础上对客户的状况进行把握。客户管理的目的主要是通过与客户建立良好的关系，一方面用于提高企业销售活动的成果，并进行赊销即信贷管理，另一方面进一步提高客户的满意度，最终达到占领市场、扩大企业的目的。

（一）客户信息资料的收集处理

1. 客户信息资料

对客户信息的收集与分析是对客户进行管理的出发点。客户信息在广义上包括客户的动向、接近客户的其它竞争对手的动向、客户所处的环境等必须加以管理的信息。而狭义上的客户信息则是有关客户的直接信息的内容。中小企业根据自身的经济实力以及客户重要程度不同，对于不同的客户信息资料的收集方式可以有所侧重。

2. 客户信息来源

按照企业信用管理部门收集信息的方式，客户信息来源主要可分为企业自己收集的信息、官方信息、公共媒介信息、征信公司提供的信息和委托其他第三方调查的信息。各种不同来源的信息特点不同，企业信用管理人员必须对收集来的信息进行科学的分析和处理，将其中的有关部分转变为量化的征信数据，才能将其对应地输入标准格式的客户档案。

3. 客户信息核查

对于中小企业信用管理，征信数据是从诸多来源的原始客户信息中筛选出来的。客户信息质量的好坏，与以此为基础的客户信息源质量好坏呈正比例关系变化。信息风险就是企业信用管理部门使用有缺陷信息而产生的风险。所谓信息的缺陷分外部缺陷和内部缺陷。外部缺陷指的是从信息源来的原始性信息渠道不畅通造成的信息不完整、有偏见、有误导、不够及时等；内部缺陷主要是企业信用管理部门对信息进行技术处理深度不够、解读不正确、分析结论输入客户风险管理数据库不够及时、向企业业务部门传递信息的提示工作做得不好等。

4. 客户信息处理

企业信用管理对客户信息进行加工的目的，是将客户信息加工成为制作客户档案的征信数据，最终制成标准版本的客户档案。对于提供征信服务的信用管理公司，经过加工处理的企业信息是形成成品征信报告的基础。要形成这种征信产品，就需要对虽然是定向收集但却散乱无序的企业信息进行分类、比较、计算、分析、判断、编撰等加工处理，这样的企业信息还须被赋予方便用户的载体，并标以价格。征信产品是信用管理公司依据市场需求而设计和生产的，而生产活动是以盈利为目的的。信用管理部门的客户档案虽然不是征信产品，但其格式同普通版资信调查报告类征信产品形式基本相同，其数据结构对应于流行信用管理软件的要求。

5. 客户信用档案管理

信用管理部门对客户档案实施动态管理，目的是随着客户的财务、经营、人事变动情况，定期调整对客户的授信额度。建立合格的客户档案数据库是企业信用管理工作的起点，它属于企业信用管理部门的基本建设工作。处于初级阶段的中小企业，营业额总体比较小，并且企业的客户量不

是很大，将一些客户档案形成电子化文档资料即可。当企业规模发展到一定程度，客户的数量有一定的规模时，必须建立客户档案库才能更好地对客户进行管理。实际操作中，客户档案库的建设采用两种模式：一种是建设单独的客户信用档案数据库；另一种是融合在企业的信息化管理系统中，其中的某一部分是客户信用档案数据库。

(二) 客户信用风险与控制

1. 客户信用风险

客户信用风险主要来自于客户拖欠的风险、客户赖账的风险、客户破产的风险、不同付款方式造成的外贸信用风险和金融机构的不良信贷和信用证风险等。企业信用管理部门的职责是防范和规避来自客户的风险。

2. 客户风险管理程序

根据风险管理理论，市场风险管理的一般程序应该包括风险识别、风险评估、选择风险管理手段、实施风险管理措施、评价风险管理的效果、根据反馈修正风险管理程序等几个步骤。在信用管理的实践中，按照通常的信用管理手段和程序进行工作，可以达到规避大部分风险的目的，只是对于特殊的客户和交易，需要使用一些特殊的信用管理工具和技巧来加大保险系数。

3. 客户信用风险控制

首先，要识别风险。识别风险是指信用管理部门对新市场上潜在的各种风险因素进行全面的辨别和系统归类。这项工作需要客观和周密的调查研究，以揭示出潜在的风险程度及其性质。在信用管理工作中，这基本是一个收集信息和将信息归类的过程。以对客户进行资信调查，并对客户的财务状况进行分析为主，同时辅以对客户所在行业和客户所在国的政治风险等的调查是经常使用的信用管理常规的手段。有些资深企业信用管理人员的经验，往往对识别风险很有帮助。其次，对风险进行评估。风险评估是对于特定风险发生可能性或损失程度进行估计，比较客观地估计各种风险，以及可能造成的损失程度。只有比较准确地估计风险，才能选择合适的风险控制手段或采取适当的措施。再次，选择风险管理手段、实施风险管理措施。采取何种手段去规避风险，要依据企业信用管理的目标和对风险的客观评估。企业信用管理人员必须了解有关的信用管理工具和管理技

巧，有时我们也称有关的信用管理工具为风险管理工具，信用管理人员应该经常同信用管理专业公司接触，了解有关工具的发展情况。风险管理工具包括风险防范类工具和财务类工具两种。风险防范类工具用于规避风险、损失控制、风险转嫁等，它强调在损失发生以前消除风险因素。财务类风险管理工具是强调在损失发生后的经济补偿和财务处理的工具。例如：试探性地发放小额信用、信用保险、保理服务、坏账准备金等。对于风险管理工具的选择，有时并不是选择单一的工具，应该是一个数种工具的最优组合方案。对于信用管理部门，选择风险管理工具的原则是安全可靠和经济合理。最后，还要评价风险管理的效果，根据反馈修正风险管理程序。实施风险管理措施，应该雷厉风行，它强调完整、准确、快速。如果效果有偏差或外界条件有所变化，风险管理措施执行人员应该及时将信息反馈给信用管理经理，以尽快作出方案修正。

（三）客户信用额度管理

1. 设立信用额度

信用额度是公司允许客户以赊销方式交易的欠款的限额。其目的是加强客户管理，控制整个应收账款，限制过度赊账带来的风险。对信用额度的确立有较高的技术性，企业信用部门需要根据征信报告的结果结合企业内部销售的反馈和实际经验，合理地确定客户的信用额度。

2. 使用信用额度

对于使用信用额度的单位，必须注意及时根据客户的情况进行适当调整，否则就偏离了设立信用额度的基本目的。在信用管理较好的企业里，一般都是定期（一般为半年）审查老客户的信用状况，修改已设立的信用额度，有些使用信用额度的企业规定一年定期对客户重新进行评审。

3. 信用额度的设立方法

信用管理部门只有在完成信用调查后才能更准确地设立信用额度。确定信用额度通常采用的方法有：

（1）参考其他债权人所给予的信用额度

中小企业在采用这种方法时应该了解竞争者如何确定它的信用额度，在大多数情况下，小企业还是依据自身对客户信息的分析和理解来设定信用额度，只有在特殊的情况下才会使用这种办法。

(2) 低额启动，逐步增长

信用管理部门刚开始可以给客户一个低限额或仅够第一批购买的金额，随着与客户往来增加，则信用管理部门可以提高限额，以使客户能够支付更大的购买。

(3) 按时间段确定购买数量

某些中小企业尝试在一个特定的时期内限定某些购买的总金额。此种方法的优势在于简单统一，同时强调销售额，但其缺点是总金额难以准确确定。

(4) 以调查机构的评级为基础

信用调查机构提供评级以表明客户的财务能力和总体信誉水平。

(5) 使用公式方法计算出信用额度

此种方法以某些财务数据为基础，如净资产、流动资产、资产周转率等。中小企业可以采用财务指标的计算与与评分用于评价一个信用申请人的具体的资格和特征。如企业的经营状况越好或流动比率越高，在信用评价体系中的分数越高。

(6) 开展客户授信与年审评价制度

信用管理机构加强与各业务部门的联系沟通，及时掌握客户的信用信息，对客户实行分级管理，将客户的信用等级分为A、B、C、D四级，分别制定不同信用等级所对应的信用额度、信用期限和信用折扣。

4. 信用额度申请表

客户信用额度申请表包括企业客户信用额度申请表和个人客户信用额度申请表（或客户数据卡见表10-3）。申请表主要是了解客户的信用要求，更重要的是获得客户的信用相关的初步信息。一般要求客户填写的内容包括表明客户身份的信息（如法人或个人的名称或姓名、地址、法人代表、身份证及工作单位等）、客户的信用信息、财务信息等。

表10-3 客户信用额度数据卡

客户基本资料	营运资料	信用资料
名称、负责人、联络人	月营收、季营收、年营收	银行账户
电话、传真、Email Account	项目	同行评价
资本额、属性、员工人数、设备	比例	同业评价

二、产品赊销管理与控制

中小企业在与其他企业进行商业贸易往来的过程中，都不可避免地要进行赊销活动，商品与劳务的赊销与赊供，在强化企业市场竞争力、扩大销售、增减收益、节约存货资金占用以及降低存货管理成本方面有优势，但也产生拖欠甚至坏账损失的可能，即应收账款的增加，这就要求在公司内部设立专门的赊销信息管理部门或者开辟这一管理功能，对其产品赊销进行有效的管理与控制。

（一）产品赊销管理政策

企业的信用政策是企业根据自身的具体情况而制定的，信用政策确定了企业所追求的产品赊销效果，并以这一目标为出发点，确定对信用管理工作的授权、规范和评价。对内，信用政策是指导企业信用管理工作的纲领。对外，信用政策取信于赊购客户。

1. 完善应收账款管理制度

企业信用风险管理是一项专业性、技术性和综合性较强的工作，须由特定的部门或组织才能完成。我国大部分中小企业存在的主要问题是缺少管理的系统性和科学性，如在应收账款管理的各个环节，缺乏系统性，只是注重事后的强行收账，缺少事前和事中控制。反映在时间和风险控制上，忽视应收账款的流动性和实际成本的核算。针对这一问题，当务之急是要解决企业经营管理的制度缺损问题，即企业亟须建立一套适应现代市场经济要求的信用风险管理制度，对企业经营管理全过程以及每一个关键的业务环节和部门进行综合性的风险控制，尤其应当重视正式签订合同之前对客户的资信调查评估，即"事前控制"，对交易决策的审核，即"事中控制"，以及应收账款的专业化管理，即"事后控制"。据统计，实施事前控制可以防止70%拖欠风险；实施事中控制可以避免35%的拖欠；实施事后控制可以挽回41%的拖欠损失；实施全面控制可以减少80%的呆、坏账。

2. 设立独立的信用管理部门

完善的信用管理需要企业在整个经营管理过程中对信用进行事前控制、事中控制、事后控制，需要专业人员从事大量的调查、分析、专业化的管理和控制，因此设立企业独立的信用管理职能部门是有效信用管理的必要

途径。

(二) 产品赊销管理方法

我国中小企业普遍没有对销售业务实行规范的赊销管理。这是导致一些企业信用营销方式失败的根本原因。据统计、测算,我国企业应收账款平均回款期为90.3天,远远高于国际上发达国家45天的水平。更为严重的,逾期应收账款比率过高,平均在40%~50%之间。可采取以下几个方面进行赊销管理。

1. 制订公司整体赊销计划

赊销计划包括依据整个公司的销售计划和财务计划,对公司总的赊销额度、现金回收目标、应收账款各项管理指标以及风险控制方针等内容进行的规划。赊销计划可以分别以年度和月度作为时间单位。赊销业务不能完全等同于销售业务,它既是一个有风险、有成本的交易,又必须是一个有计划、可控的管理项目。

2. 制定并执行统一的信用政策对赊销业务进行规范化管理

信用政策是指企业为了鼓励和指导信用销售(赊销)而采取的一系列优惠标准和条件。它包括信用期限、现金折扣率、信用标准等。企业如果没有严格合理的信用政策,就会形成内部业务员和客户都有可能任意放长付款期限、给予过于宽松的信用标准的情况,使局面无法收拾。

3. 选择赊销客户

销售部门在判断客户的重要性时,依据的标准通常是按照客户的订单数量和金额大小,但往往销售结果却事与愿违。赊销管理的一项重要工作就是审核客户资信状况,选择赊销对象。客户不仅是公司财富的最大来源,也是风险的最大来源。只有那些有偿付能力的客户才应列入公司重要客户的名单,成为赊销对象。因此企业应建立一套先进的客户信用分析方法和信用评级体系。

4. 信用限额控制

发生较大的客户拖欠风险主要是由于业务人员向客户赊销的额度过大,而管理人员又缺乏一个科学审批的标准。因此,建立一套以控制客户信用额度为核心"授信管理制度",是有效控制呆账、坏账的关键。公司每项赊销业务的审批必须以信用额度作为依据,任何人不得擅自突破。

5. 应收账款管理

赊销业务给企业带来的另一项棘手的工作就是应收账款的催收和管理。应收账款管理表面上看是个财务问题,实际上涉及销售管理的全过程,从客户的开发、订单受理到货款回收工作。大量研究表明,企业应将应收账款管理的重点前移,移到货款到期日之前。实践证明,采用流程化管理的方式,合理地安排账款回收的职责,跨部门地控制应收账款的时间和质量,将大大地提高货款回收的效率。

(三) 产品赊销成本控制

企业是否向客户提供信用条件,主要是信用风险成本和其产生的收益之间进行权衡。企业在信用营销战略中获利的机会在于提供信用条件的同时,有效地预测并控制风险,使其成本始终小于收益。企业达到这一目的的唯一手段便是对赊销成本实行严格、规范的管理。应收账款在财务结构中占有很大的比重,而且,时间越长占用的资金越多,风险也会越大,各种成本急剧上升,因此,赊销成本不容忽视。

1. 管理成本

因信用缺失会增加以下几个方面的交易费用,使管理成本上升。

(1) 谈判成本

合作伙伴之间在交易过程中的许多细节问题上达成一致所需要的成本增加。

(2) 信息成本

当外部环境发生变化时,将增加信息收索成本。

(3) 兼管成本

由于信息不对称或契约不完备性需要付出高昂的监管成本。

(4) 沟通成本

交易活动中利益冲突或争端就增加了沟通成本。

(5) 催账成本

应收账款的管理成本是指企业对应收账款进行管理而耗费的开支,主要有对客户的资信调查费用、有机差旅费用、收账费用和其他费用等。上述管理成本实质上也可以理解为交易过程中的交易成本。这就增加了生产过程中的开支,造成企业运行成本的上升。

2. 机会成本

应收账款的机会成本是指因资金投放在应收账款上而丧失的其他收入。这一成本大小通常与企业维持赊销业务所需要的资金数量（应收账款投资额）、资金成本率有关。计算公式为：

应收账款机会成本＝应收账款投资额×资金成本率＝平均每日赊销额×平均收账天数变动成本率资金成本率

其中，平均每日赊销额＝年赊销额/360；变动成本率＝变动成本/销售收入 100%

资金成本率一般可按有价证券利息率计算。正常情况下，应收账款收账天数越多，维持相同赊销额所需要的资金数量就越大，应收账款机会成本在很大程度上取决于企业维持赊销业务所需资金的多少。

3. 坏账成本

应收账款基于商业信用而产生，存在无法收回的可能性，由此给应收账款持有企业带来的损失即为坏账成本。为了规避发生坏账成本给企业生产经营活动的稳定性带来不利影响，企业应合理提取坏账准备。

三、财务信用管理与控制

（一）加强中小企业财务信用等级管理

财务信用是企业立身之本，没有财务信用的企业根本谈不上企业信用。企业财务信用管理直接影响到企业的生存与发展。财务会计信用等级是企业信用现状的一个极为重要的方面，尤其是财务会计资料的合法性、真实性和完整性对于信用分析与评价极为重要。为进一步规范财务会计行为，提高财务会计信息质量，充分发挥财务会计信息在评价单位财务会计信用状况、加强财务会计兼管、维护财务会计工作秩序等方面的重要作用，上海率先在国内出台《上海市财务会计信用等级管理试行办法》（2002 年 1 月 1 日起试行），并于 2004 年 1 月 1 日又重新对此作了修订。主管财政机关通过对单位执行财务会计法律、法规和制度，提供财务会计信息的真实性和完整性，遵守其他财务法律、法规情况的评价，客观公正地评定出 A、B、C、D 四类财务会计信用等级，并据此实行分类管理。这是上海建设社会信用体系和应对入世的重要举措。

(二) 中小企业财务信用等级评估方法

1. 财务会计信用等级评定标准

财务会计信用等级评定实行百分制考核。考核得分高于 90 分（含 90）且无下面对 A 类规定情形之一的，为财务会计信用等级 A 类单位并实行 A 类管理；考核得分高于 75 分（含 75）低于 90 分的，为财务会计信用等级 B 类单位并实施 B 类管理；考核得分高于 60 分（含 60）低于 75 分的，为财务会计信用等级 C 类单位并实施 C 类管理；考核得分低于 60 分或存在下面对 D 类规定情形之一的，为财务会计信用等级 D 类单位并实施 D 类管理。

2. 对于 A 类单位评估规定

单位有下列情形之一的，不得评定为财务会计信用等级 A 类单位。

第一，单位负责人未采取有效措施重视、支持财务会计工作，未依法承担对本单位财务会计工作和财务会计资料真实性和完整性责任的；

第二，未设置独立的财务会计机构，或虽设置独立的财务会计机构，但中小型企业配备的具备会计师任职资格以上的专业人员不足一名的；

第三，财务会计机构负责人不具备任职资格的；

第四，单位财务会计人员会计从业资格年检又不合格的；

第五，未认真执行单位内部财务会计控制制度的；

第六，单位年度财务会计报告未依法实施注册会计师审计，或未能在最近两年内被出具无保留意见报告的；

第七，在最近两年有关财税法规、财经纪律专项检查中发现有违规、违纪行为的。

3. 对于 D 类单位评估规定

单位有下列情形之一的，为财务会计信用等级 D 类单位，实施 D 类管理。

第一，单位负责人未能依法履行组织和领导本单位财务会计工作的职责，未建立或未有效实施内部财务会计控制制度，单位内部管理混乱并造成资产流失的；

第二，单位负责人存在打击、报复财务会计人员行为的；

第三，提供不真实、不完整的财务会计报告，未按规定的要求及时编报财务会计报告，向不同财务会计信息使用者提供编制依据不同的财务会

计报告的；

第四，未按照财务会计制度的规定进行正确核算，造成账目混乱、财务会计信息失实的；

第五，单位年度财务会计报告被注册会计师出具否定意见报告或拒绝表示意见报告的；

第六，一年内在有关财税法规、财经纪律专项检查中，发现存在严重违法、违纪行为的。

（三）中小企业财务信用等级管理措施

1. 对于 A 类单位实行以下 A 类管理措施

第一，在两年内免除财务会计日常检查和专项检查（财政部及市政府布置的专项检查除外）；

第二，简化财务会计机构负责人和会计人员会计从业资格年检手续；

第三，作为评选财务会计工作先进单位和先进个人的重要条件；

第四，作为单位财务会计人员申报认定财务总监任职资格和申报审定高级会计师任职资格的重要依据；

第五，优先办理须批准实施的有关财政鼓励政策事项；

第六，中小企业需申请由政府出资设立的中小企业贷款信用担保基金提供贷款担保的，可优先办理。

2. 对于 D 类单位实行以下 D 类管理措施

第一，定期或不定期由财政部门实施对单位财务会计的日常检查和专项检查；

第二，除法律、法规规定的财务会计业务学习和培训外，单位负责人、财务会计机构负责人和财务会计人员每年至少增加一次由主管财政机关组织的财务会计法律、法规的强化培训；

第三，报送的有关财政、财务会计方面申请审批事项资料的真实性、完整性，须经注册会计师审计；

第四，按照有关法律、法规的规定，依法处罚有关负责人（包括对会计人员吊销会计从业资格证书；建议有关部门对单位负责人依法给予行政处分等）；

第五，单位负责人、财务会计机构负责人利用职权发生经济犯罪而被

司法机关依法追究刑事责任的，直接列为 D 类单位管理。

3. 对 B 类单位实行常规财务会计管理

按照有关法律、法规的规定，在财务管理、会计审核、内部财务会计控制制度、财务会计机构、财务会计人员管理、法律责任等方面，实行常规财务会计管理。

4. 对 C 类单位除采取常规财务会计管理措施外，还实行 C 类管理措施

第一，每年由财政部门实施对单位财务会计的专项检查；

第二，根据减持和评定情况，有主管财政机关督促单位限期整改，并将整改情况报主管财政机关。

四、纳税信用管理与控制

（一）加强中小企业纳税信用等级管理

依法纳税是一个企业诚实守信的表现，也是其应尽的义务。为了加强税收信用管理体系建设，规范纳税信用等级评定管理，促进纳税人依法纳税，国家税务总局根据《中华人民共和国税收征收管理法》的规定，印发了《纳税信用等级评定管理试行办法》。上海市也制定了《关于实施纳税人纳税信用等级分类管理的暂行办法》（2000）。这些文件的发布与实施，有利于进一步深化纳税征管改革，提高纳税征管质量和效率，有利于纳税人提高依法纳税水平，增强纳税人自律守法意识，营造宽严结合和公开、公平、公正的税收环境，是有限的税务管理资源发挥最大的管理效能。

（二）中小企业纳税信用等级划分

税务机关通过对纳税人遵守税收纪律、法规和财务基础管理情况的评估，评定纳税人的纳税信用等级，设置 A、B、C 三类纳税人，实施 A、B、C 分类管理。

1. 符合下列条件的纳税人为 A 类纳税人，实施 A 类管理

第一，开业连续经营量年以上且税务登记年鉴合格的；

第二，连续两年按期纳税申报率达 100%、纳税申报准确率达 95% 以上，且能按税务机关规定报送纳税申报表、财务会计报表以及其他纳税资料的；

第三，连续两年无拖欠税款情况的；

第四，连续两年无偷税、骗税、抗税行为记录的；

第五，连续两年未发生过骗取出口退税或涉嫌骗取出口退税问题的；

第六，及时报送财务会计报告，财务会计资料真实、完整，会计核算质量良好，财务会计部门至少配备一名会计师职称以上的专业财务会计人员，配有专职办税人员，或经有关部门批准，按规定配备一名会计师职称以上代理记账的财务会计人员的；

第七，配备专人负责保管和开具增值税专用发票或普通发票，按发票管理办法的规定正确使用专用发票或普通发票，且连续两年无发票违规记录的。

2. 纳税人有下列情形之一的，为C类纳税人，实施C类管理

第一，一年内无正当理由连续3个月不按规定办理纳税申报的；

第二，一年内按期纳税申报率在90%以下、纳税申报准确率在70%以下、按期纳税入库率在80%以下的；

第三，一年内有违法违规行为，且受到税务机关两次以上行政处罚的；

第四，一年内有偷税、骗税、抗税行为且已构成涉嫌危害税收征管罪并移送司法机关依法追究刑事责任的；

第五，会计核算混乱，信息不真实、不完备，为按有关法律、法规要求及时编报财务会计报告，会计基础工作规范化验收不合格且任用会计人员不符合会计法规定条件的；

第六，未按规定保管和使用增值税专用发票的。

3. 下列情况者实施B类管理

纳税人凡经审核既不符合A类纳税人评定标准又未发生C类纳税人所列情形，且能基本自律守法、照章纳税，及时编报财务会计报告，财务会计资料基本真实、完整，会计核算质量好，无其他税务违法违规行为记录的，暂作B类纳税人，实施B类管理。

(三) 中小企业纳税信用等级管理

1. A类纳税人管理措施

第一，免除纳税人当年及下一年税务登记证年检、增值税一般纳税人资格年检及其日常和专项检查；

第二，优先受理A类纳税人的纳税申报、发票申购和防伪税控增值税专用发票的认证等涉税事项；

第三，纳税人在规定期限内申报纳税，可直接到指定的申报窗口送交纳税申报表及有关资料，税务机关当场办毕，事后审核；

第四，税务机关受到纳税人纳税申报表及有关资料后，可开具缴税凭证，有纳税人自行纳税。如有困难经税务机关核准后可延续缴纳，但不超过3个月；

第五，对增值税专用发票可按实际需要由税务机关在权限内核定每次供应量，对普通发票可按需供应；

第六，如该纳税人同时具有进出口经营权并已办理出口退税登记的，可给予其出口退税 A 类纳税人资格，优先享受出口退税方面的各项优惠政策。

2．C 类纳税人管理措施

第一，每年必须其实加强日常检车进行两次专项检查；

第二，税务机关根据税法规定，对纳税人进行全面、严格的审核，出具年检合格标签，符合增值税条件的给予增值税一般纳税人资格；

第三，纳税人应及时申报纳税，报送纳税申报表、附表及有关凭证，税务机关对其严格审核，如无误可开具纳税凭证，如有误退回，纳税人重新申报；

第四，对增值税专用发票核定后一般每次供应一本，对普通发票应从严控制，严格审核。

3．B 类纳税人管理措施

对于 B 类纳税人，税务机关将按《中华人民共和国税收征收管理法》有关规定，在税务登记、账簿、凭证管理、纳税申报、税款征收、税务检查、法律责任等方面执行常规税收征收管理制度。

中小型企业信用体系的建立

加快中小企业信用体系建设,对改善中小企业经济环境,扶持优强中小企业发展,具有重要作用。中小企业信用体系建设是一项全社会的工作,需要从宏观的信用环境和微观的信用制度两方面着手构建。

一、建立中小企业信用体系的微观信用机制

从微观层面上,以国家信用体系为框架,以中小企业为切入点实施信用机制,逐渐形成包括信用记录、信用征集、信用调查、信用评价、信用担保在内的,面向全社会、跨行业、跨地区提供中小企业信用信息发布、查询、交流和共享的体系,形成可操作的中小企业信用运行机制。

(一) 建立健全中小企业融资信用担保体系

信用担保机制的完善是社会信用管理水平提高的重要标志,对中小企业的发展尤其重要。建立中小企业信用担保体系是世界各国扶持中小企业发展的通行作法,全世界已有48%的国家和地区建立了中小企业信用担保体系。世界第一个国际性中小企业信用担保区域性组织是1994年成立的欧洲投资基金。我国的中小企业信用担保实践始于1992年。1999年6月14日,国家经贸委发布《关于建立中小企业信用担保体系试点的指导意见》,标志着中小企业信用担保体系正式启动。2000年8月24日,国务院办公厅印发《关于鼓励和促进中小企业发展的若干政策意见》,我国中小企业信用担保体系开始进入建设阶段。截至2000年底,全国已有30个省自治区直辖市组建了200多个城市中小企业信用担保机构,已有13个省自治区直辖市组建了省级中小企业信用再担保机构,募集各类担保资金已达80亿元,预计可以为中小企业提供300亿~500亿元担保支持。另外,为中小企业提供担保服务的商业担保公司和互助担保机构也已有100多个。

按照《关于鼓励和促进中小企业发展的若干政策意见》的基本要求,在《指导意见》基础上建立起来的我国中小企业信用担保体系的基本框架见表10-4。

表 10-4　我国中小企业信用担保体系的基本框架

类别	具体内容
性质	中小企业信用担保机构为政府间接支持中小企业发展的政策性扶持机构；中小企业互助担保机构为中小企业自愿组成的、由会员企业出资为主、以会员企业为服务对象的担保机构，以上两个担保机构均属非金融机构，不得从事金融业务，不以盈利为目的；中小企业商业性担保机构为民间投资的、以盈利为主要目的的担保机构。信用担保机构可以设立为国有控股也可以组建为国有参股的企业法人、事业法人、社团法人；互助担保机构可以设立为社团法人或企业法人；商业担保机构可以设立为企业法人或个人独资、合伙企业。
原则目标	原则：支持发展与防范风险、政府扶持与市场操作、开展担保与提高信用相结合。目标：逐步由中小企业信用担保体系发展成为以中小企业为主要服务对象的社会化的信用体系，推动中小企业信用担保机构逐步发展成为信用记录、信用评价、信用担保相结合的社会化的信用中心。
体系构成	中小企业信用担保体系由一体两翼组成。"一体"指城市、省、国家三级中小企业信用担保体系，国家中小企业信用再担保机构以省级中小企业信用担保机构为再担保服务对象；省级中小企业信用担保机构以城市中小企业信用担保机构为再担保服务对象；城市中小企业信用担保机构以社区互助担保机构和商业担保机构为再担保服务对象并从事授信担保业务。"两翼"指在城乡社区中以中小企业为服务对象的互助担保机构与商业担保机构，是中小企业信用担保体系的基础，从事中小企业直接担保业务。商业担保机构和互助担保机构依据国家规定和协议约定享受中小企业信用担保机构提供的再担保服务和风险分担。
资金来源	政府预算拨付、国有土地及资产划拨、民间投资和社会募集、会员入股或风险保证金、国内外捐赠等。其中：中小企业信用担保机构的资金来源有政府预算拨付、国有土地及资产划拨、民间投资和社会募集等资本金以及政府信用担保基金、再担保准备金、会员风险保证金、国内外捐赠等；中小企业互助担保机构的资金来源有会员入股、其他民间投资等资本金以及会员风险保证金、国内外捐赠等；中小企业商业担保机构的资金来源有民间投资等资本金以及被担保企业交纳的风险保证金、国内外捐赠等。中小企业信用担保基金由政府预算拨款设立，仅限用于中小企业信用再担保和授信担保业务，按基金预算来源不同分别委托国家、省级、市级中小企业信用担保机构运作，分别由国家、省级、市级中小企业信用担保监督管理委员会（各级经贸委、人民银行、财政部门）进行监管。

类别	具体内容
机构职能与业务对象	中小企业信用担保机构的职能：运作自有资本和政府信用担保基金，开展再担保和授信担保业务，统一负责纳入中小企业信用担保体系服务范围内中小企业的信用记录征集、信用评价、信用信息等信用管理工作；中小企业互助担保机构的职能：运作由会员企业出资和其他民间投资形成的资本金，以会员企业为服务对象开展直接担保业务，可以从事会员企业的信用记录征集、信用评价、信用调查等信用服务；中小企业商业性担保机构的职能：运作由股东投资形成的资本金，开展法律和政策允许的直接担保业务，可以从事法律允许的对被担保企业的信用评价、信用调查等信用服务。
机构职能与业务对象	中小企业授信担保业务对象：符合国家产业政策的各类中小企业的贷款担保、创业投资担保、风险投资回购融资担保等；中小企业信用再担保业务对象：互助担保机构和商业担保机构，为他们提供以分担直接担保风险为主要内容的再担保服务；中小企业直接担保业务对象：法律允许的所有经济活动的担保服务。
协作银行与担保资金	协作银行有两类：从事直接担保贷款业务的协作银行和从事授信担保业务的协作银行；担保资金也按照直接担保业务与授信担保业务分别进行管理：互助担保机构和商业担保机构按照与协作银行确定的担保放大倍数和代偿率的乘积的一定比例（如50%），将担保资金存入协作银行或同级中小企业信用担保监督管理委员会和人民银行指定的银行；中小企业信用担保机构自有担保资金（货币资金）和托管的政府中小企业信用担保基金，按照确定的担保放大倍数和代偿率的乘积的一定比例（如80%），存入承办授信担保业务的协作银行或同级中小企业信用担保监督管理委员会和人民银行指定的银行。
风险控制责任分担	采取协定放大倍数、资信评估、会员资格、企业和经营者反担保、设定代偿率、实施强制再担保、依法追偿等方式进行风险控制；采取担保人与债权人、担保人与再担保人、担保人与被担保人协定责任比例等方式共担风险；中小企业互助担保机构和商业担保机构按照担保业务收入的一定比例（如20%）建立担保风险准备金。

类别	具体内容
行业自律与政府监督	成立中小企业担保机构同业公会，从事中小企业担保业务的各类担保机构必须加入一个本地区的同业公会。由经贸委、财政、银行、工商等政府部门组成省市中小企业信用担保监督管理委员会（一般由省市政府中小企业职能部门负责人兼任委员会主任），由财政、审计和其他出资者组成担保机构的监事会（一般由最大股东或财政部门人选担任监事会主席）。所有从事中小企业直接担保业务的各类担保机构必须参加所在城市中小企业信用担保机构的强制再担保，并可以在协商的基础上参加自愿再担保。城市中小企业信用担保机构必须参加所在省自治区直辖市中小企业信用担保机构的强制再担保，省自治区直辖市中小企业信用担保机构必须参加国家中小企业信用再担保机构的强制再担保。
行业准入和扶持政策	为控制担保风险要严格行业准入制度：设立中小企业互助担保机构和商业担保机构应由地级城市人民政府进行审批并由同级工商管理部门进行工商登记注册；设立省市中小企业信用担保机构应由省级人民政府进行审批并由同级工商管理部门进行工商登记注册。享受国务院办公厅"对纳入全国试点范围的非盈利性中小企业信用担保、再担保机构，可由地方政府确定，对其从事担保业务收入，3年内免征营业税"政策，其中全国试点范围应是：国家、省、市中小企业信用担保机构以及参加强制再担保的中小企业互助担保机构和商业担保机构。免税担保收入是指：国家、省、市中小企业信用担保机构的担保业务收入；中小企业互助担保机构和商业担保机构从事直接担保业务收入中转缴再担保部分；中小企业互助担保机构和商业担保机构按照担保业务收入中按照规定比例建立担保风险准备金的部分。

资料来源：中国信用信息网，2005-05-17.

在这个方面，韩国的做法值得借鉴。韩国于20世纪70年代颁布《韩国信用担保基金法》，并根据这一法律成立了隶属于韩国中小企业局的信用担保公司：韩国信用担保基金（KCGF，网址为：www.kcgf.co.kr）。据认为，韩国信用担保体系在亚洲几个国家中是最积极的，其在中小企业发展体系中发挥的作用也是最大的。仅在2002年，韩国信用担保基金共向约27万家中小企业提供了20多亿美元贷款的信用担保（2003年担保的企业数量上升到了28万多家），对韩国中小企业的发展提供了很大帮助。

（二）实施信用工程，建立企业信用数据库

中国在建立企业信用体系的初期阶段，应以中小企业为切入点，实施信用工程，在充分发挥银行信贷登记咨询系统、中小企业信用担保体系和工商登记年检系统等现有信用体系作用的基础上，探索建立部门间联合的信用信息征集与信用评价体系，健全中小企业资信调查体系。中小企业的信用信息包含企业的注册情况、年检、履行合同、被客户投诉、产品质量、融资信誉、纳税情况、涉诉案件、被政府表彰或被处罚情况等，涉及企业的多个方面，将企业的这些信用信息，借助互联网、数据电子化处理等高科技手段，实现信息的动态更新，形成规范的信用信息共享。目前，北京、深圳等一些地方已经建立了初步的中小企业信息系统，成都等地也正在通过对工商、税务等部门现有信息系统的改造，建立中小企业信息系统。

（三）健全中小企业信用评估体系

中小企业尤其是科技型中小企业大多具有高成长、高风险的特点，近期收益性往往不强。针对于这些特点，中小企业信用评估体系的建立应有别于其他大型或中型企业。开发银行可以利用其技术优势，应用其客户、行业、地区信用评级的丰富经验从市场前景评价、企业基本素质评价、经营管理评价、技术创新评价等几个方面重点着手，为中小企业设计一套符合其特点、具有操作性的信用评估体系。同时，借鉴国外的信用评价模型，利用统计学技术，开发和完善符合中国国情的各种信用评估模型，是信用中介服务更加安全和科学。并且，还应创造有利于中介机构公平竞争的市场环境，重视发挥中介机构在提升中小企业信用中的作用。信用中介机构应提高服务质量，打破地域的限制，真正让各个经济活动企业享受到高质量的信用服务，这对信用文化植根于社会的作用是潜移默化的。

（四）加强企业财务会计管理，规范企业财务信息披露

中小企业提供虚假信息的目的主要有两个，一是"避税"，二是争取贷款，这就是企业为什么会有多本账的原因。中小企业融资过程中产生信息不对称的缘由也在于此。在社会信用管理体系还未健全的情况下，企业尤其是中小企业经常有机会主义的行为，因此基于理性，银行往往根本不看企业的财务报表，因为他知道那是假的。企业为了取得贷款只有采取非正当的手段去跟银行搞好私人关系，或在政府部门的帮助下，取得贷款，而这些企业往往浪费社会成本，因此就有那些具有发展潜力的企业会觉得与银行沟通交易成本太大从而放弃努力，寻找其他途径的融资渠道。

所以为了中小企业的长远发展，必须建立一套科学的财务会计制度，对内监督经营活动，促进生产的发展；对外披露真实、合法、正确的信息。但是我们也要看到，中小企业大多财务力量比较薄弱，交易活动不多，人力资源一般都较紧缺，且会计人员素质普遍不高，因此，我们可以通过信用协会的组建，完善信用制度，迫使企业规范财务信息披露制度；通过信用体系的完善，使企业通过远期收益和近期成本的比较认识到加快自身会计制度建设的必要性。

(五) 健全企业制度，规范企业治理结构

公司治理是风险管理的基础，完善的公司治理结构将有助于高层管理人员迅速发展和解决问题，同时让投资者和债权人树立信心。对于中小企业而言，它的主要企业制度构成是单一业主制、合伙制企业制度和有限责任公司制三种企业制度。单一业主制企业制度所有权与经营权高度统一，代理成本低，在资金来源上主要以自我积累为主，企业规模不大，比较适合中小企业的初创阶段；合伙制企业制度使企业获得资金能力增强，抗风险能力增强，但每一合伙人仍然要对企业的债务承担无限责任。可以看出，这两种以个人出资能力、背景以及对企业的生产经营管理直接参与控制，即以人合为基础的企业制度缺乏连续性和稳定性。在企业制度变迁的过程中，由无限责任到有限责任的转变，即由人合走向资合是企业发展的里程碑；有限责任的企业制度保证了企业资金来源渠道更为广泛；在所有权和经营权分离的基础上建立的现代法人治理结构有利于促进企业经营效率的提高；现代企业制度的引进可以使企业被要求定时披露企业经营和财务信息等。规范的企业制度是企业发展的保障，也是企业信用建设的坚实基础。

在我国的中小企业中，集体企业、个人私营企业和三资企业已经成为主体，在市场经济不断规范的今天，中小企业为了提高融资地位，必须健全企业制度，规范企业治理结构。企业制度决定了信用主体，企业制度有缺陷就难以培育可信赖的信用主体，管理有随意性就无诚信可言。因此，健全企业制度，规范治理结构是提升中小企业信用能力的必要选择。

二、营造中小企业信用体系的宏观环境

(一) 理顺各级政府职能，营造建立信用机制的市场经济环境

信用体系的建立，无论是信用环境营造、法律规范的制定，还是具体操作的建立和运作，都需要一个强有力机构来对这一过程的各种问题和程序进行统一和协调。在我国能担当着一种认惟有各级政府。政府职能要由

对微观经济过多的干预转向为市场主体服务。从一定意义上说，中小企业的投资、创业和成长环境的好坏是评价一个地区市场信用环境的重要依据。哪个地方创业投资和信用环境好，各个地方的资源就会向这个地方流动，表面上看，这是争夺流动资源的竞争，实际上却是市场信用环境的竞争，是各级政府创造市场信用环境的能力和水平的竞争。目前急需由政府加大力度解决的问题是：一是快速提高面向社会服务的电子政务，方便有关企业信用信息的披露和查询；二是尽快出台与信用信息披露有关的法规。对政府所拥有的大量涉及企业身份、企业财务状况、企业履约记录、企业财产状况的信息进行有序开放；三是尽快开禁"商账催收服务"，对专业的信用信息服务机构提供税收优惠和必要的财政补贴。

（二）完善法律体系，提供建立信用机制的法律保障

信用体系的建立一定要立法先行。有关企业信用法制建设国内不少城市正在进行试点和探讨，但是由于缺乏经验，法制工作没有真正开展到实处，目前的关键是要加紧学习研究，加快建立健全地方中小企业信用立法工作，并将这项工作推向全国范围，建立国家信用法律法规。因此当前要从这几个方面加快信用法制建设：一是严格规范征信机构、征信评估、征信数据等征信服务活动；二是扩大信用法律约束范围，将所有中小企业纳入信用法制规范范围，制订中小企业信用报告法等；三是加快国家信用法律法规建立，统一管理统一协调，为企业信用体系建设创造良好的大环境；四要真正做到有法必依、执法必严，各地方政府要按市场规律管理、行政、公正办事，严格执法，严厉打击各种逃债和失信行为，严把信用关。

（三）加强信用教育，奠定建立信用机制的社会基础

加强信用教育是中小企业信用机制建立中一项重要内容，在信用意识缺失的环境中是无法形成良好的信用机制的。发展信用教育主要包括全民信用意识的普及教育和信用管理的专门教育。对于信用普及教育我们可以通过各种宣传和教育方式，利用学校、企业、社区、行业协会等组织机构广泛开展行之有效的信用道德平培养和教育，普及信用文化，努力营造诚实守信的社会文化环境，提高中小企业和消费者的守信意识，并能自觉参与监督和抵制失信行为。对于信用专门教育我们应列入高等学校教育课程和专业，配有信用管理专业人才，普及信用管理基本知识，提高信用管理机构的专业水平，推进信用管理的相关研究和发展，引导和培养中小企业种是自身信用程度的社会评价，努力提高自己的信用等级。

(四)设立失信惩罚机制,严厉打击中小企业失信行为

加快建立对失信者的惩戒机制。一是实行市场退出制度。首先建立对从事信用服务企业的惩戒机制。要明确行业规则,提高行业自律能力。对那些不遵守行业操守、自身就不守信用的企业,出现失信行为要承担无限责任,决不能把信用服务搞乱。一是要明确对失信者惩戒的政府主管部门。建议参照美国的做法,对失信惩戒的政府主管部门分两类,一类是金融系统的主管部门;一类是非金融系统的主管部门。三是建立与失信惩戒相适应的司法配合体系。如社区义务劳动、社区矫正、罚款、监狱各类短刑等,使失信者付出各种形式足以抵补社会危害的代价。

中小企业信用体系的建设和完善是一个环环相扣的系统工程,它需要体制的创新和国家有关政策的配合,需要政府、理论界、社会公众以及中小企业自身的积极支持。